采购与供应管理丛书

采购与供应中的管理

北京中交协物流人力资源培训中心 组织翻译

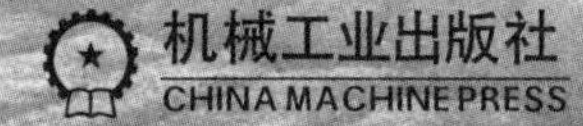

机械工业出版社
CHINA MACHINE PRESS

采购与供应中的管理涉及的范畴广，问题多，因此需要采购与供应管理人员掌握必要的管理理论和实践技巧，方能轻松自如地应付业务工作。本书主要包括以下四部分内容：管理的发展及组织行为，采购与供应职能中个体的管理方法，采购与供应职能中工作团组和团队的主要管理方法，采购与供应职能的人力资源管理计划。特别是对于员工激励、团队管理、如何协作和化解冲突、招聘与选拔、培训与发展等内容有务实性的介绍和分析，从而帮助采购与供应管理人员掌握组织中个人和团队的管理方法，更好地完成组织目标。

Original Title: Management in Purchasing and Supply
by CIPS STUDY MATTERS
Original ISBN: 9781861242327

北京市版权局著作权合同登记号：图字：01-2013-8830

图书在版编目（CIP）数据

采购与供应中的管理/英国皇家采购与供应学会（CIPS）著；北京中交协物流人力资源培训中心译. —北京：机械工业出版社，2014.1（2020.9重印）
（采购与供应管理丛书）
书名原文：Management in Procurement and Supply
ISBN 978-7-111-45555-4

Ⅰ. ①采… Ⅱ. ①英… ②北… Ⅲ. ①采购管理 ②物资供应—物资管理 Ⅳ. ①F253.2 ②F252.21

中国版本图书馆 CIP 数据核字（2014）第 012398 号

机械工业出版社（北京市百万庄大街 22 号　邮政编码　100037）
策划编辑：曹雅君　　责任编辑：曹雅君　杨勋
责任校对：刘　健　　封面设计：柏拉图
责任印制：孙　炜
保定市中画美凯印刷有限公司印刷
2020 年 9 月第 1 版第 13 次印刷
185mm×260mm・23.75 印张・287 千字
标准书号：ISBN 978-7-111-45555-4
定价：49.00 元

凡购本书，如有缺页、倒页、脱页，由本社发行部调换

电话服务
服务咨询热线：010-88379833
读者购书热线：010-88379649

网络服务
机 工 官 网：www. cmpbook. com
机 工 官 博：weibo. com/cmp1952
教育服务网：www. cmpedu. com
金 书 网：www. golden-book. com

封面无防伪标均为盗版

前　言

随着我国社会主义市场经济的快速发展和世界经济全球化步伐的加快，社会上对采购专业人员的巨大需求越来越大。2007 年教育部考试中心与中国交通运输协会在国内开展了中国采购与供应管理职业资格证书考试（Certificates in Purchasing and Supply，简称 CPS）。该项目同时也是中英合作教育项目，引进和吸收了英国皇家与采购供应学会（以下简称 CIPS）建立的采购与供应职业资格证书学习体系的内容，为我国采购与供应从业人员学习国外采购管理经验、提高专业技能、提升企业在国际市场的竞争力具有重要意义。

由于近几年采购实践的不断发展，CIPS 于 2012 年对其认证体系和培训课程进行了修订和更新，使其更加贴近最新的采购实践。2013 版的教材就是在这一背景下产生的。

中国采购与供应管理职业资格证书分为初级、中级、高级三个级别。各级证书规定了不同的考试课程。修订后的初级证书包含“采购与供应关系”、“物流运作基础”、“采购与供应环境”、“采购与供应运作概论”、“采购与供应业务流程”五门课程。中级证书包含“供应源搜寻”、“采购与供应的组织环境”、“采购与供应中的合同与关系管理”、“采购与供应中的谈判与合同”、“采购与供应策略”五门课程。高级证书除了包括中级的五门课程外，还包含“采购与供应中的管理”、“供应链风险管理”，共七门课程。中国采购与供应管理职业资格初级证书、中级证书与 CIPS 国际证书接轨。取得中国采购与供应管理职业资格证书单科合格成绩，可以在全国高等教育自学考试采购与供应管理专业（专科、独立本科段）中顶替相应课程的学分。

本课程既是中国采购与供应管理职业资格高级证书课程和英国 CIPS 采购与供应高级文凭证书（CIPS 五级）课程之一，又是全国高等教育自学考试采购与供应管理专业（独立本科段）的课程之一。该教材的一大特点是从国际视野的角度，引用了国际上的一些跨国公司的真实案例进行分析，学员在学习过程中应注意国际背景并结合我国的实际情况进行学习理解。该教材由王金玉译，北京中交协物流人力资源培训中心组织翻译，李东贤、李迅吉参与审稿。在此谨向他们付出的辛勤劳动致以衷心的感谢。

由于时间仓促，编译中难免有不妥之处，敬请读者批评指正。

教育部考试中心

中国交通运输协会

2013 年 10 月

《采购与供应中的管理》考试大纲

课程目的与目标

完成本课程学习之后，学员应当理解组织中个人、团组或团队的管理方法。

为了在采购与供应中制定并完成组织目标和职能部门的目标，学员应广泛了解有关采购与供应职能中人员管理的理论和技巧。

学习成果与评估标准

1.0 理解管理的发展及组织行为

1.1 解释组织行为的主要方面

- 人的行为
- 管理过程
- 管理过程所处的组织背景
- 组织隐喻
- 心理契约：个人期望和组织期望
- 与外部环境的相互作用

1.2 评价形成组织行为的主要影响因素

- 个体
- 团组
- 组织
- 社会影响与宏观环境

- 文化环境和文化类型评估方法

1.3 分析管理学和组织行为学的起源

- 管理学和组织行为学的经典方法
- 科学管理的发展和应用
- 组织设计和组织结构中的官僚主义
- 人际关系方法

1.4 分析几个主要的现代管理学和组织行为学方法

- 组织作为“社会技术”系统
- 组织行为学的系统方法
- 权变理论
- 组织中的后现代主义

2.0 理解采购与供应职能中个体的管理方法

2.1 分析在采购与供应职能中个体的不同行为特征如何影响对其的管理

- 理解个体之间的差别
- 个体之间的独特性与相似性
- 个体发展与测量的个人特质研究法
- 情商
- 组织中的多样性
- 多样性的管理

2.2 分析采购与供应职能中个体的不同学习方式如何影响对其的管理

- 作为正式过程和自发过程的学习
- 显性知识和隐性知识
- 认知学习理论

- 知识管理方法

2.3 评价采购与供应职能涉及的个体管理中激励的主要方法

- 激励的含义
- 外在激励和内在激励
- 挫折诱导的行为和建设性的行为
- 内容型激励理论
- 过程型激励理论
- 公平和目标激励理论

2.4 分析采购与供应职能中个体工作满意度的主要影响因素

- 工作满意度的维度
- 工作中的疏离感
- 工作设计、扩展和丰富的方法
- 灵活的工作安排

3.0 理解采购与供应职能中工作团组和团队的主要管理方法

3.1 评估采购与供应职能中工作团组或团队对于有效绩效的重要性

- 团组、团队和团队协作
- 团组价值观和行为规范
- 正式和非正式团组

3.2 解释采购与供应职能中工作团组或团队的发展阶段

- 团组/团队形成的原因
- 工作环境：团组规模、成员的能力、任务的特征、物理环境、沟通和技术的使用
- 关于团组/团队发展阶段的各种理论

3.3 评估采购与供应职能中有效工作团组或团队的特征

- 有效工作团组的特征
- 团队角色的不同视角
- 团组动力学和发展的阶段
- 自我管理的工作团组/团队
- 虚拟团队和远程办公
- 文化多样性的好处

3.4 分析采购与供应职能中工作团组或团队的角色关系的特性

- 采购与供应职能的利益相关者
- 角色一致和不一致
- 团组/团队内部凝聚力和冲突
- 冲突的积极和消极后果
- 减少冲突的行为
- 建设有效的团组/团队

4.0 能够为采购与供应职能提出人力资源管理计划

4.1 解释采购与供应职能中人力资源管理的重要性

- 人力资源管理（HRM）的定义
- 人力资源管理政策、活动和职能
- 人力资源管理是一项分担的组织责任

4.2 识别采购与供应职能中人员的技能和知识要求

- 岗位分析和岗位技能
- 识别岗位需要的知识与技能
- 人力资本管理

4.3 制定一份能够满足采购与供应职能技能和知识要求的招聘和选拔计划

- 起草职位描述
- 筛选和评价符合需求的申请求职者
- 面试流程
- 在招聘中使用 IT 应用软件
- 有关采购与供应职能中人员雇用的法律问题
  - 各种形式的歧视和骚扰
  - 有关人员雇用的法规

4.4 制定采购与供应职能中人员的培训与发展计划

- 培训的成本和收益
- 培训的方法、实施和评估
- 培训需求分析
- 个人发展计划的应用
- 培训绩效评估

教材使用说明

制订学习计划

“计划”是一个关键词，没有计划的学习是不够的，特别是在你还有一份全职工作的情况下。

一个好的起点是，为你的学习制订一个大致的时间表，从现在到你的考试日。你准备考几科？每科各有多少章？现在，请计算一下你可以为每章的学习分配几天/几周时间？

注意：

- 并不是每周都有时间学习。例如，你也许要休假，也许某些周工作特别忙。如果这些能够预先计划，应当将其反映在你的时间表中。
- 你也需要一段时间对自己所学的知识进行复习和练习，以准备考试。

做了上述计算之后，请为自己制订一份从现在到考试日的每周学习计划。

学习准备

尽量找一个安静的学习场所、在每天的同一时间段学习。这样的习惯有助于避免浪费时间。在你开始之前，要准备好各种资料，学习中尽量不要中断。

使用本教材

你应当根据自己的实际需要，充分利用本教材。

- 如果你之前对本课程内容不熟悉，则应当仔细阅读学习本书所有章节。

对大多数学员而言可能都是如此。

- 如果你之前对本课程的某些内容已经非常熟悉，无论是你以前学习过相关内容还是在工作中常常用到，那么你可以越过这些内容。

本教材的内容

本教材涵盖了《采购与供应中的管理》考试大纲的所有内容，基本采用了考试大纲的顺序，有个别地方稍有调整，主要是考虑到合理的学习顺序。

每章开头都列出了该章参考的考试大纲的内容和评估标准。每章分为数节，每节的标题一般都与考试大纲的内容一致。这些都便于你对照大纲把握自己的学习进度，并确保学习了考试大纲要求的所有内容。

每章的结构如下：

- 对应大纲内容。
- 正文。
- 本章小结。
- 自测题。

学习阶段

开始学习一章时，应先看看该章各节的题目，然后快速阅读完课文，掌握该章要点。课文内容的编排都是有目的的，请不要越过，除非你已经非常熟悉其内容。

然后再从头仔细阅读该章。阅读时你可以做一些简要的笔记。

最后做该章后面的自测题，测试自己的记忆和理解。每道自测题后面的括号内都标出了参考答案所在的段落号，你可以检查一下答案，以加深印象。

复习阶段

复习要讲究方法，可以参照大纲对每个重点内容进行一一复习。重新阅读学习笔记，并做一些练习题。CIPS 网站上有很多以往的试题，你可以找出所学科目的试题进行练习。

课外阅读

本系列教材为你提供了每门课程要求的主要内容，但 CIPS 强烈建议你尽可能地广泛阅读其他相关书籍以加深和强化理解。

本教材主要参考书是 Kenneth Lysons 和 Brian Farrington 所著的《采购与供应链管理》。

目录

CONTENTS

第一章

组织行为学概论

对应大纲内容

1.1 解释组织行为的主要方面

- 人的行为
- 管理过程
- 管理过程所处的组织背景
- 组织隐喻
- 心理契约：个人期望和组织期望
- 与外部环境的相互作用

1.2 评价形成组织行为的主要影响因素

- 个体
- 团组
- 组织
- 社会影响与宏观环境
- 文化环境和文化类型评估方法

引言

对经理人来说，重要的是要理解他或她所在的组织或团队在某一时间发生了什么及其原因；并且根据掌握的情况谋求对事件的预测和控制，以求达成组织的目标。

本章我们将简要介绍一下组织行为学原理：引导组织“发生行为”的观念意识，组织“行为”的组成要素，以及影响这些“行为”的因素。

第一节 什么是组织行为

1.1 组织是“为了可控地实现集体目标所做的社会安排。”（安杰伊·赫钦斯盖和大卫·布坎南，《组织行为学》）

1.2 正如我们在引言中所提到的，不论任何一种组织，对经理人来说重要的是，为了能够“管理”——解释、预测、指导、协调或控制——组织行为及后果，他需要理解所发生的一切并且了解其中的来龙去脉。特别是商业组织必须向其利益相关者中的股东、投资者和监管机构等说明企业活动和资源使用。组织具有特定的目标和责任。为了达成目标，或者为了负起责任，或者兼而有之，组织必须对构成“组织”及其“行为”的不同个体、团组和活动进行指导和控制。

1.3 不能说组织可以像人类或动物那样具有“行为”能力。不过，组织却包含了系统和人两部分：

- 系统以一种可被观察得到的方式在发挥“作用”，并且适应于内外部环境。
- 人为了追求个人目标和/或共同目标而做出“行为”——行动、反应并且互相作用。

1.4 “组织行为学”（Organisational behaviour）是所有下面这些功能的速记表达，它包括：

（1）工作中人的要素和人（个人和团组）的行为；受（2）的管理和控制。

（2）管理和领导过程，作为一项综合和协调活动；在（3）的框架之内。

（3）组织的结构、战略、过程、系统和职能，靠这些来完成工作；与（4）相互作用。

（4）“外部”环境因素，这些环境因素塑造和影响上述所有要素。

1.5 “组织行为学”是指“对组织的结构、功能及表现，以及其中团组及个体的行为的研究”（赫钦斯盖和布坎南）。劳里·马林斯（《管理与组织行为学》）将“组织行为学”定义为：“为了提高组织绩效和有效性，对个体和团组行为、结构模式的研究与认识。”马林斯将其总结如图 1-1 所示。

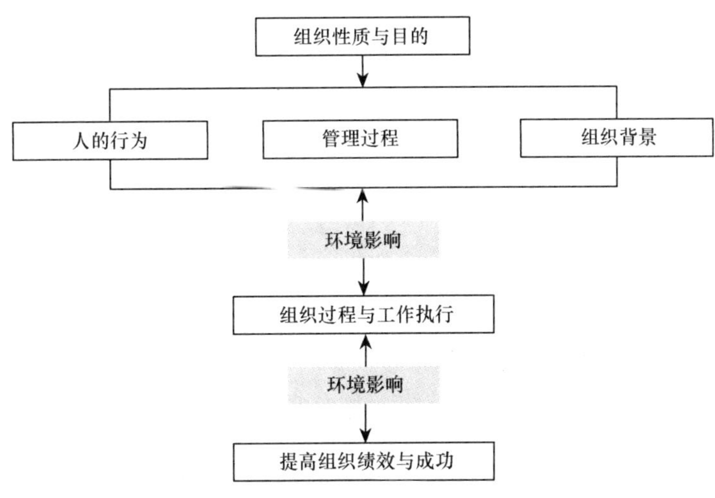

图 1-1 马林斯提出的组织行为学分析框架

1.6 组织行为学概念包括社会层次概念（例如政治、文化、伦理、公司社会责任和可持续性）、组织层次概念（例如体系、结构和组织文化）、团组层次概念（例如团队发展动力学和决策、领导、冲突和合作）和个体层次概念（例如人格、学习和动机）。

1.7 组织行为学是一门多专业交叉学科，包含了心理学、社会学、人类学、经济学和政治学等多门学科的研究成果和概念。这折射出各种不同类型的组织对社会生活与个人生活施加的广泛影响，同时反映了个体在不同的层面上介入组织内部或组织间的关系之中。

1.8 组织行为学研究在许多方法论和应用方面面临着具体的困难。对人，毕竟不像对其他自然现象那样，能够做到科学客观的分析研究。在研究及其结果的解释中几乎不可能排除主观因素的影响。不同的专业（和方向或同一专业内的学派）对同样的行为可能会给出大相径庭的解释。即使被广泛接受的行为学概念，例如动机和人格，也无法让我们可靠地预测和控制行为。现实中存在太多的变量，并非所有变量都在管理人员的控制之下。

1.9 不管怎样，组织行为学概念和模型确实为我们提供了有用的理论，让我们能够解释各种组织或环境因素是如何相互影响的，以及我们如何通过对一些因素的控制来达到预期的结果。"人"这一因素非常重要，所以经理们必须明白自己所做的计划、决策和管理方法可能会引起怎样的行为学后果。

人的行为

1.10 组织是由人组成的，既有个体，也有团组。

- 马林斯指出："如果没有将个体需要和组织需要很好地结合在一起，就会引起挫折和冲突。管理的作用，就是要将个体与组织很好地结合起来，创造一种良好的工作氛围，既满足个体需要，又可以使组织实现目标。"
- 团组中的人是互相影响的，团组功能及其维持过程又创造了团组自身的行为准则和独特的动力。团组行动的方式不同于个体自己的行动或决策方式。我们还将在第六章和第七章阐述团组和团队合作时详细讨论这个概念。

管理过程

1.11 "管理"这个词在商业和职业领域用得如此广泛，以至于我们都不会静下心来想想"管理"究竟是指什么。千百年来，人们一直在组织中从事着管理活动。

但年复一年，仍不断地涌现出新的研究成果和新的思想，针对的问题仍然是：为什么需要管理，职业经理人都在做些什么，他们怎样做才能做得更好。

1.12 “管理”有很多定义，其中有一些定义已经有所调整，越来越关注“领导”作用。

- 管理是通过对人力、财力和物力资源的最优化利用来实现组织目标的过程。“管理最重要的部分是，通过‘人’把工作完成，经理人则直接地或间接地关注所有其他资源，包括他们自己的（经验、诀窍、技能、能力和时间）。”（阿姆斯特朗）
- 管理（和领导）的主要目的是“通过有效地、创造性地和负责任地利用资源，确定方向、促进变革和实现目标”（管理标准中心）。
- 管理是“一个社会过程，它为了实现既定目标和任务，承担着有效的和经济的规划和企业运营监管的责任。这些责任包括：①在制订计划的过程中以及在运用数据对照计划控制绩效和进展的过程中，做出判断与决定；②对构成企业并且开展运营的人员进行指导、整合、激励和监督”（布雷克）。

组织背景

1.13 “可控地实现集体目标”这一需要，催生了几个重要的组织背景特点，例如：工作环境井然有序；合理分配工作任务（人员分工）；制定工作标准与目标（计划），对照计划测量结果（控制）。这反映了一种权力结构和责任关系（有些个体借此可以确定和/或监管他人的工作），也反映了沟通渠道的结构（通过它来传递指令、报告和反馈）。

1.14 所有这些要素都是正式组织结构所具备的特点。“人们是通过正式的组织结构来执行组织活动，从而完成组织目标的。人的行为会受到组织结构

形式、技术、领导风格和管理体系的影响，通过管理体系对组织过程进行计划、指导和监督。”（马林斯）

1.15 实际上，除了正式的组织结构之外，组织中还存在非正式的编组（例如派系）、影响模式（例如非正式的领导人）、沟通渠道（例如“小道消息”）和做事方式（例如走捷径和非正式的行为规范）——它们可能会偏离正式的设计和过程。这常常被归于组织风格或“文化”概念。

1.16 可以用不同的方式来看待组织。由于视角不一样，所以组织对不同的人而言，也具有不同的含义。根据以下不同情况，人们对组织可以有不同的概念和体验：

- 他们与组织之间的关系：可能作为雇员、经理、所有者，或者作为竞争者和供应商，不同的关系决定了其在组织中有不同的利益或“利害关系”。我们将在第七章阐述组织的利益相关者。
- 他们的信仰和观念：比如，资本主义意识形态（或权力和控制、工作的意义、技术的价值等观念）会影响人们看待组织的方式。随着时间的向前发展，组织理论的关注焦点和重心也发生了根本转变，从科学效率理论，到人的激励理论，再到倡导柔性理论。我们将在本书第二章阐述上述几种方法及其对组织的观点。

1.17 现在，我们看看所有组织共有的一些非常基本的特点。

- 结构（可控的执行）：一个关于权力和责任关系、人员分工和沟通渠道的正式网络。
- 目标（集体目标）：定性的和/或定量的明示目标，它是工作任务的方向，是绩效测量的基准。
- 人（社会安排）：组织是由处于复杂网络中的人组成的。这个复杂的网络是由正式的、非正式的角色和关系、个体和集体的努力、决策制定和沟通等要素一起编织成的。

外部环境

1.18　所有组织同时又是范围更大的社会和外部环境的一个组成部分。可以将组织视为"开放系统"：既影响外部环境，又受到外部环境的影响。

- 组织从外部环境中吸收或输入资源，包括劳动力、资金、信息和原材料。
- 组织向外部环境输出其经营的产品或副产品，包括信息、产品和经济、环境及社会影响。
- 组织的战略受到外部环境中机会和威胁的影响，包括关键利益相关者（如供应商、消费者和竞争者等）的影响和活动。
- 组织需要面对外部环境的变化（现在，外部环境常常有高度的不确定性与混乱性）：工人预期和消费需求的变化、技术和法律的变化等。

1.19　从根本上讲，组织行为学研究试图理解多变的外部需求和影响因素是如何影响组织的，并努力使组织响应和适应这些变化的外部需求和影响力。

第二节　心 理 契 约

2.1　我们将在第三章到第七章探讨个体和团组行为，重点放在管理的几个重要方面：人格和个体差异性，学习，动机和工作满意度，团队合作，角色、冲突与合作的管理。

2.2　将个体、团组行为与管理过程、组织背景联系在一起的一个基础概念，就是**雇佣心理契约**（Psychological contract of employment）。

2.3　"心理契约"是一套不成文的价值观，描述了在雇佣关系中，组织和雇员所存有的对彼此的期望。不管聘用合同正式写下的条款是什么，心理契约反映了雇佣关系中劳资双方在他们互相承担的义务与享受的权利这两方面的信仰、观念和认识。

2.4 这些不成文的“条款和条件”加强了雇佣关系以及他们在工作中的行为。英国皇家人事与发展学会（CIPD）认为，这些不成文条款在以下方面对组织的人力资源管理战略产生影响：过程的公平性（例如在决策过程中考虑多方面因素并咨询雇员意见），雇员关系和沟通，雇员期望的管理（尤其在招聘和入职期间），雇员态度的监测（绩效的重要组成部分）和管理风格（例如利用雇员的责任心、知识和热情）。

2.5 作为雇员领取报酬和福利的回报，雇佣组织一般都希望员工承担一些义务。例如，组织可能会希望员工做到：

- 工作勤奋努力，听从领导（或者追求组织目标）。
- 遵守组织的政策、程序和规定。
- 尊重经理的权威。
- 维护组织的价值观、声誉和整体形象。
- 作风正派，值得信任（例如做到保守工作秘密、正确使用资金与资源）。

2.6 同样的，作为付出劳力、贡献和承诺的回报，雇员希望能从组织获得一定的报酬与福利。例如，雇员希望雇主能够做到如下几点：

- 根据工作、贡献和/或绩效公平地支付报酬。
- 执行平等的（如果可能，温暖人心的）人力资源政策和体系，应当远超过法律（或者平等机会）所要求的最低标准。
- 提供安全、卫生的工作条件。
- 尊重职工代表的作用，尊重职工参与关乎自身利益的决策的热忱与激情。
- 尽可能地保护职业安全并促进人员和职业发展。
- 尽可能地提高雇员工作满意度，减轻工作疏远感和工作压力与枯燥感。

2.7　工人期望的性质和水平都会随着时间发生变化；同样，雇佣组织满足工人期望的意愿和能力也会随着时间而变化。这两个期望集合可能会交叉，也可能会冲突，而没有得到满足的期望（例如在工作岗位安全或报酬等领域）将会影响组织的雇员关系氛围。

2.8　杰夫·卡特赖特（《文化转化》）强调，**共有性**（为了在合作中创造双赢局面，员工自身利益和组织利益相契合）是积极心理契约的基石。正因为如此，我们一直强调，积极的人力资源管理实践和对管理中人这一方面的关注，是忠诚的和有建设性的雇员行为的根本所在。

员工想从工作中得到什么

2.9　出于生存的考虑，工作是许多人生活中的重要组成部分。但是，员工对工作感兴趣的程度，却取决于很多因素，包括员工各种需求和目标的相对强度、员工关于如何满足需求所做的选择，换句话说，是他对工作的定位。

2.10　戈德索普等人在《富裕的工人：工业态度和行为》一书中提出符合英国文化的三种工作定位。

- 官僚定位（Bureaucratic orientation）：将工作作为中心的生活问题，对组织的工作及其职业结构有一种身份认同感。工作可能是雇员自我身份认同的一个重要组成部分，是其迎接挑战、自我发展和成长学习的主要机会。
- 手段定位（Instrumental orientation）：将工作作为达成目的的手段，雇员通过赚取收入来支持他们喜欢的业余爱好，获取他们所重视的报酬。这是"工作—生活平衡"概念的一个重要导向，我们还将在本章后面的部分加以阐述。
- 团结定位（Solidaristic orientation）：将工作作为一种介入社会关系和团组活动的机会，雇员很重视工作团组或团队中的团结气氛。

2.11　我们还将在第五章详细阐述这些观点。

变化中的心理契约

2.12　人们普遍认识到，不断变化的商业环境使人们越来越重视心理契约（以及相应的人力资源管理实践）。以人为基础的因素，例如服务、知识、创新、灵活和承诺，已经被视为竞争优势和商业成功的重要源泉。我们将在第八章进一步阐述这些内容。

2.13　同时，近几十年来，经济衰退、激烈的竞争、技术的应用和其他环境因素已经使心理契约发生了变化。

- 人们已经认识到，现在组织越来越不可能为员工提供长期的职业安全、职业发展甚至稳定的收入增长。组织不得不宣布一套新的期望和报酬。越来越多地提供“新的”报酬（例如表彰、个人发展、团队合作和参与的机会，及更加鼓舞人心的领导风格），作为对忠诚和责任心的鼓励。
- 人们认识到雇员“承诺”（自愿地追求组织目标）的增值效果大于单纯的“合规性”（服从组织命令），这种认识促使劳动聘用合同由交易型的合同或计算型的合同（以按劳分配为基础），转变为关系型的或合作型的合同（经理人会努力将员工利益与组织利益结合在一起）。

第三节　管理过程

3.1　马林斯认为：“正是通过管理过程，组织成员的工作得以协调、指挥和引导，从而实现组织目标。管理是组织有效运作的基石。管理本质上是一种**整合性的工作**，它渗透到组织运营的方方面面，并应当服务于协调员工需要与组织需要。管理应当致力于在构成组织整体的相互关联的各种要素之间建立合理的平衡，并将这些要素融入最适合企业运营外部环境的活动模式之中。”

3.2 换句话说，有效的管理涉及以下几个方面：

- 满足工作人员的需要（为了保持积极的心理契约和雇员关系）。
- 创造积极的组织生态、环境或“气氛”，使人们能够乐意地、有效地工作。
- 完成组织的战略目标和任务。

管理职能

3.3 早期一些管理学者如亨利·法约尔和布雷克等所提出的经典管理理论认为，管理包括一定的基本功能，旨在促进组织环境的系统性、秩序、合理性和一致性。

3.4 法约尔（《一般管理与工业管理》）提出管理的五种功能如下：

- 计划：确定目标或期望的结果，规划实现目标的行动路线（战略、政策、流程等）。
- 组织：确定要实现目标所必须完成的任务，并把任务分配到合适的人员或单元。
- 指挥：对工作人员下达命令并施加影响，使他们顺利完成任务和目标。
- 协调：通过沟通，整合组织内个体和团组的目标和活动。
- 控制：对照计划测量并控制工作过程，必要时采取纠正措施。

3.5 布雷克（《组织：管理框架》）指出了四项主要的功能：

- 计划：制定战略以及战略的实施方法，确定绩效标准。
- 控制：对照标准检查进度与绩效，并以此为基础采取纠正措施或进行进一步的计划。
- 协调：通过合理分工（组织）使团队达到平衡，团队士气得以保持，同时，协调不同单元的工作，最终实现共同的目标。

- 激励：鼓舞、监测以及培养团队士气，使团队成员有效工作，并对团组和任务忠心耿耿。

3.6 彼得·德鲁克是美国一名企业咨询顾问和管理方面的高产作家。他认为，企业经理的一项基本功能是：保证经济结果。在这个基本功能下，他将基本的管理工作分为以下几类：

- 目标制定：确定目标、目的和指标。
- 组织：对任务分类与分工，创建组织结构图，选拔员工。
- 激励与沟通：建设高效与忠诚的团队。
- 考核：为了便于控制，建立个体、单元和企业整体的考核目标与标准。
- 人员发展：对团队成员进行指导、帮助、考验、培训与授权。

3.7 你也许能够看到，从法约尔到布雷克再到德鲁克，管理学理论的发展越来越重视人力资源——包括经理人自己。德鲁克也指出，经理人的作用是提供领导。“经理人是每个企业发展动力与活力的要素。在竞争经济中，首先是经理人的能力和表现决定了企业的成功，经理人确实决定着企业的生存。”

3.8 马林斯指出：“人—组织关系的许多问题与其说是来自管理决策和行动，不如说是来自管理决策和行动的执行方式。员工不安定和不满意的根本原因，常常是由于执行方式引起的，而不是由于执行的意图。例如，员工认同企业须引进新技术来维持竞争效率，但是对预先缺乏计划、不与员工协商、不提供再教育课程、没有让员工参与讨论新的工作业务等事情却感到愤愤不平，并且新技术引进的方式也会产生类似的问题。”

经理人的角色

3.9 经典的管理功能分类方法比较简单，对管理学教育也很有用；但有人认为，它并未说明现实世界中经理人“职位”所具有的复杂性。亨利·明兹伯格在《管理工作的本质》一书中采用了很不同的方法界定管理，他研究经理人实际“做”什么。

3.10 明兹伯格的研究表明，经理人并非独立于或凌驾于日常工作的需要之上。他们的部分工作是日常性的，常常间断且不连续：经理人并非总是深思熟虑、有条不紊的思想家。尽管开发有正式的管理信息系统，经理人通常更喜欢口头的和非正式的信息。

3.11 明兹伯格指出，经理人在其日常工作中履行一系列管理角色，如表 1-1 所示。

表 1-1　明兹伯格的管理角色理论

角色的本质	角 色 定 义
人际方面的： 来自于经理在组织及部门中的正式权力或职位	挂名首脑：名义上的角色，在公众场合代表企业 领导人：雇佣、监管、开发、激励、团队建设等 联络人：与其他部门中的同事进行联络与协调
信息方面的： 来自于经理人与内、外部联系人的联络	监督人：收集信息 发言人：代表部门或组织提供信息 传播者：与有关利益相关者或利益方分享信息
决策方面的： 来自于经理的正式权力和知情权，这使得经理人处于解决有关单元或部门整体问题最有利的位置	企业家：开始行动，抓住机会 干扰处理者：应对威胁与压力，采取纠正措施 资源分配者：将有限的资源分配到最发挥效果的地方 谈判者：解决冲突，在涉及他方的事情中保证获得有利的结果

3.12 谈到角色（执行任务时戴的“帽子”），采购经理可能充当挂名首脑（比如在一次 CIPS 会议上）、领导人（领导着采购与供应部门）、联络人（在跨部门管理或质量会议上）、信息处理者（分析供应市场风险和成本并管理采购信息系统）、企业家（可能采取新的质量管理措施）、干扰处理者（应对不可预见的供应问题或团队冲突）、资源分配者（选择供应商）和谈判者（不仅仅指价格方面，也包括使采购策略通过高层经理的审批）。

管理和领导

3.13 尽管现在“领导人”这个词更加流行一些，但是人们常常将“经理人”和“领导人”这两个名词互换使用。

3.14 约翰·P. 考特在领导和管理之间做了一个详细而有益的区分。他指出，管理处理的是**复杂性**，这体现在管理职能是与逻辑、结构、分析和控制有关的，可以对过程、项目、资源、时间等实施管理。另外，领导处理的是**变革性**；从本质上讲，只能对人实施领导，领导需要截然不同的一套活动，包括：

- 建立方向感：从不满于现状的挑战中，寻找新的愿景。
- 与大家沟通愿景：满足其他人的需要，增强愿景的可信度。
- 鼓舞、激励：激励他人，促进愿景向成果的转化。

3.15 关于领导和管理这两个概念的区别，其他比较有影响力的论述如下：

- 加里·宇克在《组织中的领导》一书中提出，管理是由组织层级结构中的正式角色和职位确定的，而领导是由其他人的感知和选择所赋予的。经理人有下级，而领导者有追随者。
- 亚伯拉罕·扎莱兹尼克指出，经理人主要关心秩序并维持现状，重视组织内的交际手段和决策过程；领导人更加关心新思想和新方法的引入，重视激情、愿景和与人的共鸣。
- D.卡茨和 R.L.卡恩（《组织社会心理学》）指出，经理人要保证组织日常目标的实现；而领导人则要保证团队的热情、激情和承诺。
- 佩德勒、伯戈因和博伊德（《经理人领导艺术指南》）指出，领导更为关注在面临重要挑战时找到方向和目标，而管理则主要关注组织工作以便有效率地、有效力地和创造性地实现预期目标。

3.16 大卫·A.惠滕和金·S.卡梅伦（《发展管理技能》）认为，经理人和领导人之间的区别已经没有必要了，“经理人如果不是个好的领导人，他绝不可能成功；而领导人如果不是个好的经理人，他也绝不可能成功”。在当今的商业环境中很重要的一点是，经理人也要成为好的领导人，理由如下：

- 领导人为企业注入活力并为革新提供支持，在激烈竞争和飞速变化的商业环境中，这对企业生存至关重要。
- 领导人获得员工的承诺，调动员工的思想、经验和动机。对于创新和提高质量与客户服务，这是有帮助的。
- 领导人确立方向，帮助团队和组织理解他们的目的和目标。这可以促进团队合作和授权（且不失协调）。
- 领导人支持、发展员工，将他们对组织的贡献最大化。
- 领导人采用的是一种帮助—授权领导风格，而不是命令—控制领导风格。这样就更符合被授权团队的预期和共享信息的需要。

3.17 正如我们将在第六章中看到的，现在更加强调授权的团队合作，经理人的角色也随之发生了变化。许多管理功能，例如计划、组织和控制工作，已经被团队决策过程所取代。这转变了团队领导人的角色：

- 从计划者转向愿景描绘者。
- 从指导者转向教练和促进者。
- 从控制者转向协调人。
- 从命令者转向游说人、激励者和启迪者。

管理风格

3.18 并非所有经理都按照同样的方式行事。不同的经理可能有各种各样自己“更喜欢的”做事方法，即“风格”。这方面已经有很多研究，不仅对经理们采用的风格进行了分类，而且对哪种风格最有效进行了分析。

3.19 我们将在第五章论述激励时讨论管理风格问题。

第四节 组 织 背 景

组织存在的原因

4.1 组织之所以存在，是因为组织能够完成一个人无法单独完成的工作。切斯特·巴纳德举过一个经典的例子，是关于一个人滚石上坡时所受到的限制。

- 环境限制：石头太大，以致一个人移不动。
- 个人和生理限制：人太渺小，移不动大石头。

通过与另一个人联合起来，共同用力，是有可能突破这两个限制的：两个人可以移动这块石头。

4.2 更详细地讲，人们形成组织的原因有如下几点：

- 出于社会原因。

组织满足了人们对于关系、归属以及认识比他们自身“更大的”东西等心理需要。（这受到组织的积极鼓励，因为可以提高员工对组织目标的承诺。）

- 为了扩展能力或提高生产能力。

我们不仅通过汇聚能量和资源，而且通过促进专业化的途径，来实现这一目标。当把人们划分为不同的岗位时，每个人就可以专注于做自己做得最好的那部分工作，所有人加起来，就可以提供所需的所有技能，同时完成所有的任务。这样可以产生最大的效率。不过直到最近，专业化原则在组织和管理方法中才得到广泛认同。

- 为了积累信息和知识。

因为组织是持续运营的，所以组织可以通过积累各个时期组织成员的学识和信息，建立组织的知识库。组织的社会属性也满足了个体交际的需要：为个人及其职业发展提供多种信息来源。

- 为了提高效率。

比起个人独自控制工作，组织有可能在时间和资源花费更少的条件下实现组织目标。联合的工作、有效的专业化、信息共享和规模经济可以产生协同效应，在这里，整体大于部分之和：2+2>4。

4.3 此外，出于各种更为特定的目的，会形成不同类型的组织。这些特定的目的包括：满足某个市场上的某种需求；实现赢利；筹到资金或发现市场机会等。可是，这些目的也可由个体单独行动达到，人们之所以形成组织来达到目的，还是出于上面提到的各种原因。

组织隐喻

4.4 隐喻是指用其他事物来描述某事物的方式，即通过类比的方法勾勒出该事物的基本特征。

4.5 加雷思·摩根（《创新性组织理论》）阐述了八种组织隐喻，每一种都代表了组织的一个方面。

- **组织像一台机器**。机器由许多活动的部件组成，这些部件全都以一种有序的、预定的、彼此互相联系的方式工作着。每个部件的工作都以一种可以预测的方式与其他部件发生相互影响。“机械论的”观点（上面提到的）以同样方式看待组织：不同部件（人、过程）以一种确定的、有规律的和期望的方式彼此互相影响、互相作用。改变其中一个变量，可以预见会影响其他的变量。这种类比导致官僚组织，官僚组织的优点就是稳定性和高效性，但在变化面前显得比较死板。

- **组织像一个生物有机体**。有生命的有机体会生长、成熟、学习并适应外部环境。它从环境中吸收养分（和其他影响）并处理养分（产生能量、排泄物等等）。有机体（另一种类比）是一个有生命的、开放的系统（具体阐述参见第二章）。“有机体”组织的概念以同样的方式看待组织：组织通过吸收、处理资源和影响（信息、技能、技术），成长成熟（经过其生命周期）、学习并适应外部环境，由此在其生命周期内满足不断变化的需求。
- **组织像一个大脑**。人类大脑是理性的、有创造性的和有目的性的。它们为了实现目标，采用逻辑性的问题解决办法，并且在此过程中产生新的思想。它们监督、收集并处理信息，建立新的联盟与联系以进行学习。理智在吸收感官经验的同时，得到持续的发展和变化。从这个角度看待组织，关注组织在以下几方面的能力：制定目标；运用系统的、理性的问题解决流程；搜索、收集并处理信息；积累并管理学问知识；产生真正的创新与变革；给事件赋予“涵义”（例如在组织文化形成过程中）。
- **组织像文化**。吉尔特·霍夫施泰德认为，文化是思想的一种集体规划，这种思想可以将一类人与其他人区分开来。文化包括一个国家、地区或组织共同的信仰、价值观、仪式和行为模式。（组织实际上就是文化；这不仅仅是一个类比）从行为准则、仪式、人工文化品和价值观（实际上，是我们做事的方式）的角度来看待组织，对于我们讨论组织所具有的独特“风格”是一条有益的途径。这种角度同样描述了潜在的价值观和信仰如何使组织行为变得丰富多彩。
- **组织像政治系统**。政治系统是为了实现共同目的（或共同利益）、实现控制而对他人运用权力、施加影响的系统。政治系统也涉及政治“博弈”：奠定权力基础、网络和同盟，角逐有限的权力和资源，代表个体或团组利益进行游说或谈判。从这个角度看待组织，强调了组织政治、人际关系和影响的重要性。明兹伯格认为组织就是高度政治性的系统。

- **精神监狱**。组织在某种程度上是由无意识精神过程形成的精神现象（分析心理学）。它们创造一个共享的神话，给外部世界留下一个外向的形象（或“假象”），并且试图留下它们的“影子”或黑暗面。它们被现实世界的这些建筑所困住（或“囚禁”）。从这个角度审视组织，可以让经理们牢记，组织行为中的知觉、形象和假象与理性决策同样重要。
- **流动和转换**。有关的科学理论也将之称为“混沌”或“湍流”。“流动”的意思是不断的变化或不稳定的状态；这是宇宙的一个基本状态。将组织看作是经受着持续不断变革压力及持续变革过程的主体，有助于我们理解组织学习的动力、变革阻力和变革管理。
- **统治工具**。社会统治是拥有权力的团组试图控制他人并将自己意志强加于他人的过程。组织在势力和权力方面不可避免地存在不平等的现象。多元论意识形态认为，为了实现共同目标，保证有序的合作，这是正常的现象。马克思主义意识形态认为，它让资产阶级富起来，让工人变得更加穷困。将组织看作是控制系统，就会凸显如下几个问题：控制和信任的平衡；在没有操纵与胁迫前提下运用控制；组织系统和关系中不平等的根源。

组织结构

4.6 明兹伯格（《设计有效的组织：五要素结构》）将组织的正式结构定义为：“分工方式与合作方式的总和。”马林斯将其定义为“组织内部职位之间和组织成员之间的关系模式。组织结构使管理过程的运用成为可能，并建立了秩序和命令的框架，在此基础上，我们才可以对组织的活动进行规划、组织、指导和控制。”

4.7 正式组织结构或设计包含一个框架，用来：

- 界定工作角色和关系，从而清晰地落实权力和责任及其转移。在经典组织中建立的是命令层级链条，权力顺着命令层级链条从高级管理层流向组织的每一个层级，而问责（汇报责任）则反向流回去。
- 界定工作任务和责任，对其进行分组并分配给适当的个体和团组。这样做的基础是职能、地理分区或产品类型界定等，这些基础构建出明显的组织形式。
- 疏通信息在组织内的高效流动。
- 协调不同单元的目标和活动，以便高效率地实现组织目标（即不用重复工作）。
- 通过计划、监控和其他系统，控制工作流、信息流和资源流。
- 支持灵活的工作方式和对多变的内外部需求的适应性。组织结构本身可能需要保持一定的灵活性（例如临时性团队，粗线条的职位描述）。通过信息流、跨职能工作和授权等途径，组织结构也能够帮助提高组织的灵活性。
- 通过收集和转化组织内部的知识，促进组织的学习。
- 通过提供参与、挑战、兴趣、责任、团队合作等机会，鼓励那些为组织工作的人员，并且获得他们的承诺、参与和满意。
- 通过上述所有办法，支持和提高组织绩效的效力与效率。

4.8 彼得·德鲁克认为："好的组织结构本身并不能产生好的绩效。但是一个差的组织结构不管个别经理人是如何的优秀，也绝不可能产生好的绩效。由此，完善组织结构才能提高绩效。"

4.9 记住，一个有效的组织结构应当既能在长期内提高组织的效力与效率（考虑到变革的需要），又能满足组织内人员的需要。有些研究者指出（参见

第二章），过度正式的组织结构会限制员工的成长与成就，削弱创造力与创新性，而且在面对变革的时候显得功能失调。组织设计会影响组织内部个体和团组的行为、绩效和满意度。

4.10　如果一个组织结构出现如下问题，则可能被认为是低效的。

- 由于决策传递的正式沟通渠道过长，导致决策和响应时间缓慢。
- 由于责任的模糊与重叠，导致部门内部产生冲突。
- 过多的管理层级（常常是中间管理层过多）导致沟通速度慢，管理费用增加，并且常常为了让某些职位工作饱满而增添多余的工作。
- 部门间缺乏合作与协调，表现为客户投诉、生产瓶颈、沟通中断，以及特殊协调机构的建立（联络官员，委员会等）。
- 有才能的高级职员频繁跳槽，这表明在组织内部缺乏发展机会。
- 对于重要的任务，缺乏具体的问责机制。

4.11　组织结构的**影响因素**有很多。组织内存在某些内部原则和动力：顶层拥有多大的权力与权威（集权）或分给下层多少（分权）；控制幅度（一个上级能够管理的下级的数目）；人力的部门划分；工作单元中人员的分组；沟通渠道；等等。这些因素在某种程度上决定了组织结构的一些要素。

4.12　事实上，根据权变理论，还可以采取一些管理措施来优化组织结构。许多权变变量会影响结构的选择和组织的发展。

- 组织**战略目标**或**使命**，如何将其分解以确定并指导部门的工作。例如，多样化的组织可能需要更为分权的结构。
- 组织的**任务**或“业务”，这将决定组织需要哪些直线职能或任务职能（开发部、生产部、市场部、财务部）和哪些支持部门或员工职能（人力资源部、计划部、质量控制部、维护部门）。
- 任务的**技术性**也许要求特定的组织形式，以使效率最大化和满足人们需求的程度最大化。

- 组织的**规模**。当组织膨胀时，结构也会变得更加复杂：为了控制和协调（否则会导致大型组织的官僚主义作风），需要专业化、部门化和正式化。
- **地理上的分散**要求建立联盟式的结构，以适应本地的、区域的、国家的、国际的或全球的运营层级的需要。
- 组织的**环境**。法律、经济、技术和社会环境因素（尤其是这些因素的变化）对组织活动提出了要求和限制条件，并带来了组织结构必须应对的机会与威胁。举一个例子，信息与通信技术（ICT）的发展使组织可以采用更松散、更网络化的单元或"虚拟团队"。
- 组织的**文化和管理风格**。例如，管理层对于分权的态度；团队合作、正规化、灵活性等方面的组织价值观。

组织结构的组成要素

4.13 亨利・明兹伯格在《组织结构》一书中提出了讨论组织结构的一种框架和语言。他的方法是对组织的组块进行分类，表明组织是按照层级关系运作的，从一个很大的运作核心垒高到一个小的战略顶点。他指出，任何一种组织都包含五个基本的组成部分，如图 1-2 所示。

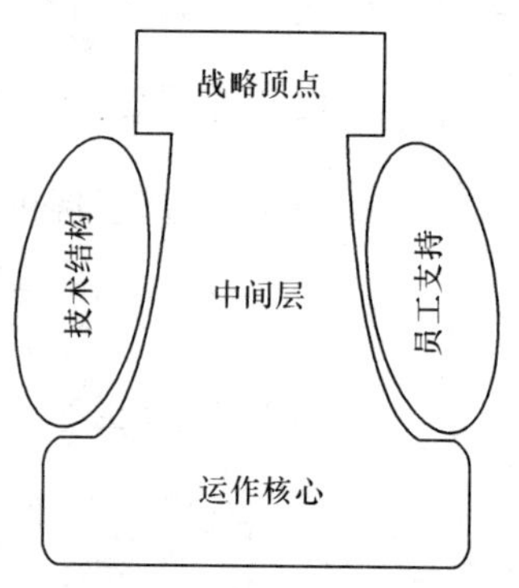

图 1-2 组织结构的要素

4.14 现在看一下模型的各个部分：

- 战略顶点（高级管理层）确保组织追求自身目标并满足组织所有者和利益相关者的需要。战略顶点的任务包括战略规划、资源分配和边界管理（充当组织和外部世界之间的外交官）。

- 运作核心包含直接参与到生产中的员工：获取输入、加工并输出（货物与服务）。
- 中间层（经理人和主管）构成了从战略顶点到运作核心的命令链条。中间层的任务是对工作进行组织、规划和控制，作为高级管理层和操作层级的雇员之间、组织和外部联系（如供应链）之间的一个接口。
- 技术结构（专业顾问和分析师）为组织结构的其余部分提供技术支持。技术结构的主要任务是设计和维护系统，将组织中的工作标准化。例如战略规划、质量控制、系统分析和设计、财务控制、生产计划和人力资源计划。
- 员工支持为组织结构的其他部分提供行政和附加服务。例如人事管理、法律顾问、公共关系、研究与开发、后勤保障（如维修、快递、安保、前台、餐饮等）。

4.15　明兹伯格在《有效的组织：五要素结构》一书中指出这些要素的不同组合形成了五种常见的组织类型。

- **简单型**（或创业型）**结构**：一个小型的、由一个领导人集中控制的层级组织，例如沙龙创办人或美发师团队。由于规模较小和具有很强的亲自动手实践的领导风格，简单型结构具有指挥分明、非正式关系和灵活性等特点。这种结构适用于小型的、由创业所有人亲自管理的公司，它主要由战略顶点和运作核心组成。
- **机械型结构**：机械的、层级的、官僚的组织（前面已经讨论过）。这种结构适用于那些对标准化和遵守规定政策有严格要求的任务和稳定的环境。该结构倾向于设置许多中间层级和庞大的技术结构（将工作流程标准化）与员工支持部门。
- **专业型结构**：层级式的，但充分认识到专家的权威。与机械型结构相比，专业型结构更加倾向于扁平的结构及更多的专家参与。这种结构符合专家团队（医生、律师、会计师）的预期和能力。专业型结构几乎没有什么中间层或技术结构（因为运作核心就是专家自己），但是拥有庞大的员工支持部分，以提供行政和事务性支持。

- **部门型**（独立型）**结构**：很多以某种程度实行自治的部门，由集中的战略或支持职能部门进行协调。这种结构适用于分权结构（例如区域性或全球性分散的部门），但需要对品牌认知和投资战略等进行集中的方向性指导。在每个分部内，需要有效复制完整的中间层/运作核心结构，形成向中央战略顶点的汇报关系；中央技术结构和支持结构显得相对小一些。
- **临时型**（灵活型）**结构**：由暂时的、灵活的项目团队和网络所组成的一种有机的、分权的结构。适用于高新技术企业（IT，R&D）、咨询公司、小型传媒公司和其他关注创造力和创新的组织。倾向于由技术结构和支持人员组成，在需要的时候灵活地联合起来，并充当运作核心。

组织灵活性

4.16　当前在组织灵活性方面的趋势是：

- 组织层级趋向**扁平化**。趋势是朝着“去层化”，即减少组织中间层的方向发展。由于缩短了战略顶点和直接面对客户的运作核心之间的距离，因此结构更为扁平，更有适应性和响应速度。
- **项目管理结构**。该结构与其说是关注内部过程和职能，不如说是更加关注客户和输出或结果。项目管理专业不仅被用到组织内部的供应和服务部门，而且也被用在外部市场。“全服务”项目管理可以由多职能项目团队提供，这样客户就不会经历任何垂直障碍。

- **水平结构**。约翰·彼得在《乱中取胜》一书中用水平结构这个术语描述工作和信息在职能边界的自由流动，不受专业、部门工作划分和正式沟通渠道所带来的垂直障碍的影响。彼得提出，客户在组织经过的流程是水平的，在采购流程中需要面对不同的职能部门，例如销售部、配送部、财务部、售后服务部。产品开发与创新、伙伴关系、网络化和学习行为全都是水平性的活动，要求信息能够跨部门边界自由地交换与流动。
- **无边界结构**（乔奇等，《人力资源管理》）是消除或削弱所有障碍的结构，目的是为实现目标而对流程进行整合。这些障碍包括垂直或职能障碍，也有地位障碍（经理与工人之间的），甚至是组织边界障碍（例如部门之间、国内单元与国外单元之间、供应链合作伙伴之间）。
- **职能灵活性或多变性**。通过多专业团队合作（例如多职能项目或采购战略团队，将不同技能和专业的个人联合在一起，跨越部门边界，让他们的能力和资源进行整合与交换）和多技能（即团队中的每一个人从技能方面来说，都是可以互换的，能够根据工作需要执行许多不同的任务）等方法，实现职能的灵活性或多变性。
- **数字灵活性**。能够根据需求波动增加或减少人力。实现途径包括：运用非标准合同或人力资源外包（临时工，短期合同工或自由职业者）；将某些职能外包给其他组织；引入弹性工作时间计划。在实践中，组织可以采用“核心—边缘”模型。汉迪在《解读组织》一书中提出了一种带有几片“叶子”的“三叶草”结构：
  - 由全职长期合同员工组成一个小的、稳定的核心。
  - 由兼职和临时员工组成的边缘。我们可以根据业务高峰和低谷，灵活聘用兼职人员或临时员工。

- 可以选择将工作外包给相应的公司。
- 还可能存在的第四片“叶子”就是，有些工作还可以移交给客户（比如通过自助式服务、在线信息搜索和预订等）。

组织间和网络结构

4.17 组织间结构（Inter-organisational structures）界定了两个或多个组织之间的关系。赫钦斯盖和布坎南对下列情况下的组织关系做了对比：

- **市场**：互相独立的公司彼此独立地开展业务，在竞争或交易和交换时形成暂时的关系。
- **等级制度**：一个组织形成一个单独的、结构化的实体，在这个实体中，所有关系都被正式界定，所有活动都得以整合，如在官僚机构中那样。

4.18 在市场和等级制度两极之间，还有其他一些组织间关系：如非市场、非官僚机构的关系，两个或更多的组织为了追求共同的战略而共享资源和业务。

4.19 上述所有关系中，在靠近等级制度这一极，组织会考虑联合体或合并体的形式，从而对两个组织的资产（包括人力资源）进行整合或联合管理。不过这样的安排缺乏市场和合同关系的灵活性。

4.20 替代性的办法是在各种受控合作的基础上，建立非市场、非官僚机构的关系。组织间关系是商业环境的一个重要特点，因为如果与其他方结成联盟，可以在以下方面增加单个组织的机会。

- 如果其他方已经在海外站稳了脚跟，那么就可以通过合作获得海外分销渠道、客户、专长和技术。
- 降低竞争激烈程度。当两个同盟不再互相竞争，它们就能够联合起来一起打破现有的竞争格局，它们可以联合起来阻止新的市场进入者，并且对已知的、长期的市场制定商业计划。

- 从联合生产与销售带来的规模经济中受益。
- 共担并由此降低新企业和新产品与市场所带来的财务和运营风险。
- 获得扩张资金。
- 帮助地区经济复苏（常常受到政府政策和激励措施的支持）。

4.21 现在有许多流行的组织关系形式，包括：合资企业、战略同盟、外包和授权加盟等。

4.22 “网络组织”（Network organisation）这个词是指自治的和完全平等的组织之间形成的更为松散的、动态的、非正式的关系，成员组织可以互相交换信息，为了互相的利益形成持续稳定的（一般是长期的）关系。

4.23 建立这些关系不需要组织承担直接的合同或财务责任（例如一个公司投资另外一个公司）：它们纯粹建立在合作、沟通、信任和互利的基础上。赫钦斯盖和布坎南指出：“网络组织之所以形成，是因为成员公司在产品、市场、运营模式或区域等方面存在重叠，彼此互相联系，意识到合作能给双方带来利益。”因此，从某种角度来说，长期供应链或客户关系管理就是一种网络。

4.24 网络概念的一种特殊形式是**虚拟组织**（Virtual organisation）。虚拟组织中各公司（或者一个公司的若干部门）协作、协调成员的活动并且共享数据，用信息与通信技术（ICT）作为成员主要的或唯一的联结点。

4.25 网络组织可以在地理上非常分散，从全球调动专家，外包部分职能，保持一周 7 天、一天 24 小时的通信畅通，同时又能够按单独的组织实体进行运营。网络组织一般会对工作任务进行分割，让地理上分散的成员分别执行，同时通过基于 Web 的沟通和数据共享工具把它们的工作进行整合。

4.26 虚拟组织模型作为一种组织结构变得越来越流行，其原因主要有几个。虚拟组织：

- 受到不断发展的信息与通信技术（ICT）的支撑，可以跨越时间和地理距离的障碍，实现数据共享与同步、交互沟通和虚拟会议（例如通过网络广播）。
- 具有高度的灵活性（数字的、临时的和有多种用途的）。组织中的会员多种多样，在结构上易变，足以适应同样多种多样和易变的客户和用户需求。
- 能够有效调动地域上和专业领域上广泛分布的信息和其他资源，同时在需要时实现集中控制、信息汇聚以及服务和形象的一致性。
- 由于成员在地理上很分散（以及合同关系的松散），虚拟组织可以在雇佣（没有冗余的岗位及其福利）、一般管理和物流等领域节省成本。
- 利用不断壮大的知识经济，其中主要的商品是知识、信息和专长。
- 利用国际市场，因为虚拟组织可以利用本地知识、本地人、本地贸易伙伴等。

组织文化

4.27 简而言之，组织文化就是某个组织做事的方式：即它的独特的“氛围”和“风格”。人们经常把结构和文化放在一起讨论，将其作为描述组织及其运作的途径：集体“人格”的正式安排。组织文化是全部管理实践的基石：经理人在团队领导、激励、决策、任命、风险管理等方面所采用的方法，很大程度上取决于组织文化价值观和行为准则。

4.28 一位在文化研究领域颇有影响力的作者吉尔特·霍夫施泰德（《文化与组织》）将文化总结为：“是对精神的集体设计，它将一类人与其他人区别开来。”换句话说，文化是特定群体所具有的、成员间共同的行为和理解方式。这个“群体”或“类”可以是一个国家或种族、社会阶层、一个专业或职业、性别或一个组织：其中每一种都有其独特的思想和做事方式。有时我们称之为文化“氛围”。我们将在本章的第六节单独讨论国家和组织文化。

第五节　外 部 环 境

5.1　我们可以将组织（或采购与供应部门）环境视为一系列的同心圆。

- 组织的内部环境包括正式的组织结构，风格、气氛或“文化”，体系和技术，战略和规划，政策、流程、规章和非正式的惯例等。
- 组织的直接运营环境或者微观环境包括直接影响组织运营的客户、供应商和竞争者。
- 一般或宏观环境包含组织运营所处的市场和社会中更广泛的因素：工业结构、国家和国际经济、法律、政治、文化、技术发展和国家资源等。

5.2　马林斯强调：“组织是外部环境的组成部分。为了变得更加有效并保持生存和成长，组织就必须应对外部环境带来的机会与挑战、风险和局限。环境的变化会影响输入，而输入的变化会影响转化或转变过程，从而影响输出。”

5.3　组织的**开放系统**模型强调考虑环境的重要性，原因包括：首先，组织依赖于环境，它从环境中输入资源（包括人力资源），并将产品输出到市场；它从环境中收集反馈信息来测量并调整其绩效；其次，组织对环境也施加影响，比如从环境中获取输入，并且为环境创造输出（有产品，如货物与服务；也有副产品，如废弃物、污染、供应商发展或提高本地就业）。

5.4　外部环境通过以下三个基本途径极大地影响着组织（及其供应链）：

- 外部环境给组织带来威胁和机会。其中威胁包括严格的立法、竞争者的创新、技术陈旧或劳工短缺；机会包括变化的消费需求或技术改进。这些威胁和机会影响着组织竞争和完成目标的能力。环境威胁和机会是形成组织战略和计划的重要因素。

- 外部环境是组织所需资源（人力、物力、供应和服务、能源、资金、信息等）的来源。环境因素决定组织有多大可能性在适当的时间、以适当的价格和适当的数量获得这些资源，决定哪种供应链和人力资源管理战略、政策和惯例有助于保证供应。
- 外部环境中包含了组织的利益相关者。这些利益相关者中有些试图影响组织活动，有些有权力影响组织活动。他们包括供应商及其所处的供应链，也包括法律制定者、管理团体、工业协会以及其他在供应链管理和绩效等方面有利害关系的各方。

STEEPLE 因素

5.5 分析外部宏观环境或供应市场因素的流行工具是 PEST 工具或更为综合的 PESTLE 分析。这类模型中最全面的版本是 STEEPLE 模型，如表 1-2 所示。我们列举了对组织、管理和就业关系影响最为明显的一些 STEEPLE 因素示例。

5.6 对于考生来说，记住这些类别会很有价值：如果在考卷中请你评价组织的外部环境或供应市场，你可以按照这些类别展开系统的和结构化的论述。

社会影响

5.7 伦理（Ethics）是有关什么是正确行为和什么是错误行为的一套道德原则或价值观。对于个体和群组来说，伦理常常反映他们观念形成所处的家庭、民族文化和教育环境中存在的假定和信仰。公众和专业团体为了保护社会的最大利益，设计了为大家所接受的基本原则和指导原则，这些原则也可以说是公众和专业团体有意识地形成的道德规范。

表 1-2　STEEPLE 框架

因　素	示　例
社会文化因素（S）	• 人口统计因素（年龄、性别、种族、人口流动等）会影响货物和服务需求以及个人技术的可用性 • 消费主义和消费能力 • 教育和职业技能基础（影响技术劳工的可用性和工资） • 价值观（例如公司社会责任和多样性，形成心理契约） • 工作态度、就业公平和员工关系 • 文化差异（对跨文化和多文化管理具有影响） • 性别角色（影响对公平权利的预期）
技术因素（T）	• 信息与通信技术（ICT）的发展改变了产品和商业过程（例如电子商务） • 自动化和 ICT 促进了劳动力合理化或裁员；“虚拟”组织；外包（通过完善的通信、整合和控制） • 自动化和 ICT 改变了工作岗位和组织，用工的技能需求
经济因素（E）	• 经济实力和行业或市场稳定性（例如影响就业、人力资源投资、企业生存优先级、竞争优势来源） • 通货膨胀率、利率和税收（影响可支配收入、企业财务成本、工资费率和预期） • 国际供应市场：汇率、比较工资和税收、劳工自由和资本移动、贸易协定等
环境因素（或生态因素）（E）	• 对环保产品的消费需求和公众对环保制造过程的要求 • 环境问题方面的法规（和有关的合规性风险），例如污染、碳排放和废弃物管理 • 新出现的或本地优先考虑的绿色生态问题，例如水的管理、森林砍伐、气候变化和温室气体排放 • 自然资源和商品的供应、稀缺性和价格
政治因素（P）	• 政府政策（例如国际贸易方面的政策、支持工商业和创新的政策、公共开支削减政策、人事政策如工作生活的平衡、终身学习与培训） • 可以利用的政府补助与资助，如关于雇员、供应商和地方发展的优惠政策 • 在运营地或供应和劳工市场中的政治风险（例如国内动荡或战争）
法律因素（L）	• 在很多方面存在法律和法规规定，例如用工权利和义务、工作场所安全和健康、平等就业权利、工作时间、最低工资、环境保护、消费者权利和条款、数据保护和政府采购程序
道德因素（E）	• 消费者要求合乎道德的采购或货物和服务生产（例如公平定价、供应链人工标准、避免动物实验、不可再生资源的可持续性采购） • 消费者和供应商、专业团体（例如 CIPS）、贸易联合会和压力团组等发布的职业道德规范和标准 • 供应链上不道德行为的曝光或由此所产生的道德或商誉风险 • 组织的“雇主口碑”（人力市场对组织是否是有道德的雇主的看法，影响了组织吸引人才和保留人力的能力）

5.8 伦理问题从三个层面影响企业（或公共部门组织）。

- 在宏观的层面，存在着社会中企业的作用和资本主义等问题：关于全球化的争论、对劳动力的剥削、工业化对环境的影响等。这是“道德贸易倡议”要解决的问题。
- 在公司层面，单个组织在制定如何与各种利益相关者交互的战略和政策时会面临道德问题。法律和监管要求会涉及这些问题中的一些，组织可以采取“以合规性为基础的”的方法应对伦理道德问题，即满足立法和监管的最低要求。而经常被称为公司社会责任的范围，还包括为维护利益相关者利益而采用的组织政策，采用更加积极主动的“以诚信为基础”的方法。
- 在个人的层面，个体在组织和供应链内部做事及相互影响时会遇到道德问题，比如是否接受馈赠或款待（有可能被视为是影响供应商选择的行为）。这是职业道德规范中常常涉及的范围。

5.9 公司社会责任（CSR）用以描述组织对其所处的社会所承担的一系列责任与义务（社会是它的“次要的”利益相关者，即与组织不直接相关但受组织运营影响的那些利益相关者）。有时将此称为“外部性”（Externalities）：企业活动的成本不仅包括产品或服务中包含的、由消费者支付的成本，而且也包含由更大的社区所承担的成本——例如污染成本，包括医疗成本、环境退化代价等。

5.10 有位 CIPS 考官将 CSR 总结如下：

“公司社会责任（CSR）是指对一个组织运营的环境、社会和文化等方面进行的系统性考虑。除了法律责任以外，这还包括可持续性、人权、劳资关系及社区关系、供应商及客户关系等关键问题。CSR 的目标是建立长期的企业价值观，为改善那些受我们运营影响的人们的社会条件作出贡献。”

5.11　在评价组织 CSR 义务时，应当考虑下列因素：

- **可持续性**问题：世界有限自然资源的保护与永存（例如通过限制温室气体排放或者限制砍伐）。
- **环境**问题：减少环境污染、废弃物管理、环境缺陷、土地开垦、促进回收利用、能源保护等。
- **合乎道德的贸易、企业关系和发展**：保护消费者利益，拥护良好的公司治理原则，改善雇员、供应商和分包商（尤其是在发展中国家）工作（和社会）条件，杜绝剥削并将债务减到最低，拥护符合道德的就业惯例（例如平等机会和就业保护），遵守公平贸易的职业道德规范，等等。

5.12　采购部门为了实现 CSR 目标可以采取许多方法。例如，采购部门可以制定并加强采购职业道德规范，或者遵守 CIPS 职业道德规范和“合乎道德道德的贸易倡议”所提出的规定；它还可以鼓励（甚至坚持）在其供应商中推广合乎道德的雇佣和/或环境保护；它可以在自己的工作中坚持安全与健康、平等机会和其他道德实践；等等。

5.13　对于合乎道德的行为，有各种不同的论述。

- 它是一种道德义务（有时被称为义务论观点）。
- 它是有用的或者实用的（有时被称为实用主义观点）。
- 它有助于实现组织目标（有时被称为目的论观点）。

5.14　经济学家米尔顿·弗里德曼认为“企业的社会责任就是利润最大化”，即对股东的投资给予回报。将资金花在与股东期望无关的目标上是不负责任的：尊重股东财富是健康的管理原则，为决策的问责提供了依据。利润最大化符合公众利益，因为企业为国家纳税。

5.15　弗里德曼认为：就企业而言，“最终，社会责任的唯一理由是开明的自我利益”。那么，企业社会责任如何为企业利益服务呢？

- 法律、规章和行为规范对组织规定了一定的社会责任（例如关于健康与安全、就业保护、消费者权益和环境保护）。违反这些法规的行为会在财务上和运营上受到惩罚（例如缴纳“污染税”）。
- 自愿措施（也许仅仅是预先规避法律与法规要求）可以提升企业形象，有利于品牌建设。一个常见的例子是化妆品连锁企业 Body Shop 所采用的环境和可持续性战略。
- 为了吸引、保持和激励员工与供应商提供高质量的服务与承诺，可能有必要在就业和供应商要求方面实施高于法律规定的公司政策，特别是在与其他雇主/供应商竞争时。
- 消费者对社会责任问题的认识不断提高，这为企业社会责任（及对不负责任企业的抵制）带来了市场需求。

5.16 明兹伯格指出，企业与社会的关系不仅仅是经济上的：企业是一个开放性的社会系统，它与社会产生很多非经济性的交换（人、信息、形象），带来许多非经济性的影响。社会责任有助于建立一个让企业能够长期繁荣的社会背景和基础结构。

5.17 同样，符合道德的供应源搜寻有助于为与供应商建立和保持长期互利关系创造条件。剥削、滥用和没有达成的预期不可避免地导致关系破裂或者被供应商“挖墙脚”。所以现代供应链合作伙伴关系重视符合道德的供应源搜寻。

第六节　文 化 影 响

文化层次

6.1 霍夫施泰德将文化定义为：“文化是对精神的集体设计，它将一类人与其他人区别开来。”

6.2　在文化领域颇具影响力的另一位作家弗恩斯·特朗皮纳斯在他的著作《驾驭文化浪潮》中提出，文化有三个层次，如图 1-3 所示。

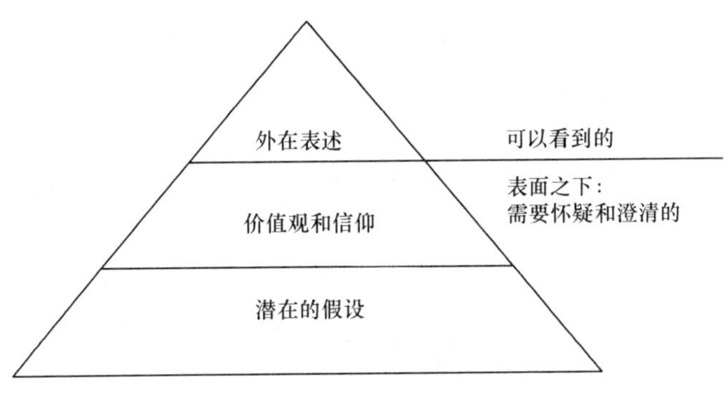

图 1-3　文化的组成要素

6.3　文化组成要素中最容易识别的部分，是我们可以直接观察到的，即文化的“外在表述”。

- 行为：个人和人际行为准则；关于团组内哪些行为是可接受的、哪些行为是不可接受的习惯和规则。
- 人工文化品：文化产品，比如音乐、文学和艺术；文化的神话、英雄和符号。
- 仪式：具有象征性或传统价值的行为模式，例如社会规范、礼仪和成人仪式。

6.4　在“外在表述”的下面，是给其赋予文化特殊意义和重要性的“价值观和信仰”。它们可能以格言或警句的形式直接表达出来，但通常不像行为、艺术品和仪式的反映那么直接。举例来说，如果一个社会持有“老人值得尊敬”的信念，则它会演化出敬老的行为，会对组织中的长者有所酬谢，会创造关于智慧老人的神话等。

6.5　在“价值观和信仰”的下面是“假设”：即塑造文化思维和行为模式的观念——不过由于它们太根深蒂固，以至于不再被人们有意识地发现或质疑。个体的权利或者权威的合法性即属于“假设”这一类。

6.6 文化“潜在的”的部分——正如冰山位于水下的那部分——是引发问题的部分。由于存在“误解”（由此产生冲突）的可能性，所以不论是在社会中还是在组织中，这部分都难于管理。正如我们将会看到的，跨文化管理的一个重要技能是要意识到：我们在对待其他文化时并不总是清楚我们并不了解这一文化。

6.7 不同的国家（或地区）具有不同的文化准则、价值观和假设。这些文化准则、价值观和假设影响着人们做生意和管理员工的方式。由于经理人越来越有可能在多国、多种族或者另一种文化的组织中工作，理解不同国家在文化准则、价值观和假设方面的差异，就变得越来越重要。

6.8 在国内和国际市场上，独特的国家特点可能是竞争优势的来源之一（一个原因是某种文化对产品或管理技术的“流行时尚”，另一个原因是多视角和多技能所产生的协同效应）。可是，如果不能理解一种文化潜在的需求和期望，国家特点也可能成为跨文化商业关系中的一个阻碍因素。

霍夫施泰德模型

6.9 20 世纪 80 年代，吉尔特·霍夫施泰德（《文化与组织》）在 IBM 公司开展了一项重要的跨文化研究项目，并且建立了一个最具影响力的工作文化差异模型。霍夫施泰德模型（Hofstede model）概括了国家文化差异的五个重要维度，即人力资源政策、沟通、冲突、领导风格和团队合作，这五个维度影响着组织和管理的方方面面，如表 1-3 所示。

6.10 该模型很有影响，它让我们清楚地看到，这些基本概念如何在国际和跨文化背景的管理实践中得以应用。例如，预见跨文化团队合作、激励或谈判中个体导向和集体导向产生的差异；或者预见管理风格和组织层级中权力距离产生的差异。

表 1-3　霍夫施泰德的文化维度

维　度	低 ——————→	高
权力距离 不平等权力分配可被接受的程度	• 更少的集权、更加扁平化的组织结构 • 下级希望能够参与决策过程 • 例如德国、英国、北欧	• 更多的集权、自上而下的命令链条、严密的监督 • 下级不期望能够影响决策 • 例如拉丁美洲国家、欠发达亚洲国家
不确定性规避 人们更喜欢安全、秩序和控制而非模糊、不确定性和变化的程度	• 重视灵活性、创新性、多面手、可变性 • 更加简单的任务结构、较少的成文规定 • 对风险、抱怨、冲突和偏离行为准则的容忍 • 例如英国、北欧	• 重视控制、确定性和仪式；专门人才和专家；标准化 • 重视任务结构、规则和规定 • 需要达成一致；对异常行为、抱怨不能容忍 • 例如，拉丁美洲国家、德国和日本
个人主义 人们更喜欢独立的而非集体的生活与工作的程度	• 集体主义者：强调互相依赖、相互负有义务、社会接受度 • 将组织看作一个家庭：关系比完成任务更加重要 • 团队管理 • 例如，欠发达亚洲国家、拉丁美洲国家	• 个人主义者：强调自治、个人选择和责任、创新性 • 非人性化的组织：完成任务比关系更加重要 • 个体管理 • 例如英国、北欧、发达的拉丁美洲国家
男子气概 社会性别角色区分的程度	• 女性化：将性别角色差异最小化 • 女性化价值观占据主导地位（谦虚、合议、关系、生活质量） • 例如北欧	• 男性化：清晰的性别角色差异 • 男性价值观占据主导地位（自信、竞争、果断、物质成功） • 例如日本、德国、英国
长期导向 社会对长期忠于传统和前瞻思想价值观的接受程度	• 履行社会义务的直接价值，爱"面子" • 可以迅速发生变革 • 例如英国、德国	• 儒家文化（中国）成为工作推动力和价值观 • 长期框架：尊重传统；节俭；保守 • 变革缓慢 • 例如日本、中国

6.11　不过，也有许多人对该模型提出了异议。虽然霍夫施泰德自信自己所识别出的文化差异具有的相对稳定和持久性，但是许多批评者指出：

- 由于旅行日趋频繁，沟通和传媒更加全球化，社会价值观和文化构建正面临着变化和融合，在这种背景下，霍夫施泰德模型显得过时了。
- 该模型没有将一个国家内部的区域差异考虑在内（如西班牙）。
- 中间的分类（在两个极端之间）难于进行。

特朗皮纳斯模型（Trompenaars model）

6.12 弗恩斯·特朗皮纳斯和查尔斯·汉普登·特纳在《驾驭文化浪潮》一书中也研究了文化差异。他们的研究结果表明，在七个重要维度上，有些文化比其他文化更强调其中的某些价值。各种文化并没有在每个维度中体现为一种或另一种，而是对每个维度强调的程度有所差异。

6.13 关于个体如何与他人发生联系，一个社会可能会强调以下五个方面中的某些方面：

- **普遍主义**（处于一种关系中的行为受到社会或团组标准、规定和准则的支配，例如北美、斯堪的那维亚）或者**特殊主义**（行为是由个人与有关人员的关系所支配的，例如中国、印度尼西亚、韩国）。
- **个体主义**（强调个体、个体贡献和独立，例如西欧、美国、丹麦）或者**集体主义**（强调团组、团队贡献和互相依赖，例如日本、印度）。
- **情绪型**（冲动地处理问题，直率地表达和宣泄感情，例如中东、南欧）或者**理智型**（合理地或理智地处理问题，其行为更加重视结果，例如英国、德国、日本、中国）。
- **具体型**（工作与生活角色与关系分得很开，重视个人隐私和人身自由，例如美国、英国、瑞典）或者**弥散型**（工作与生活角色与关系是连在一起或者融合在一起的，例如中国、韩国）。

- **成就型**（地位是建立在个人成就和能力的基础上，例如北美、澳大利亚）或者**资历型**（地位建立在年龄、性别或背景一类的特征上，例如南美、埃及、西班牙、韩国）

6.14　关于时间和环境，一个社会可能强调以下两个方面：

- **过去/现在型**（未来是过去、历史和传统的延伸，例如法国、日本、英国）或者**未来型**（未来与过去是割裂的，未来是从零开始的，例如美国）。
- **内部控制型**（个体被认为是可以控制他们自身生活、可以塑造事件并创造新的事物的，例如北美、英国、以色列）或者**外部控制型**（生活更多是由大自然、社会和其他外部力量所控制的，个体只能适应事件并完善现存的事物，例如日本、中国）。

爱德华·豪的沟通（强背景和弱背景）模型

6.15　爱德华·豪在《超越文化》一书中提出文化差异的另一个维度是：沟通的内容及其理解受所处背景影响的程度，这里提到的背景是指非语言内容、潜在的暗示、人际因素等。

- **强背景文化**（例如亚洲人、非洲人、拉美人、中东人、南欧人）解读与交流的讯息更为复杂。信息中很大一部分内容被内部化（或隐性化）。人们更喜欢非正式的面对面沟通及口头沟通，从官方及书面的材料中难以获得有用的信息。非语言线索和没说出来的暗示（间接的沟通风格）跟直接对话相比具有更高的利用价值。这些文化善于基于过去和传统建立人际关系网并形成共同的团组认识。信任和人际关系在商业中显得至关重要（在特朗皮纳斯的模型中叫作弥散型文化）。
- **弱背景文化**（例如北美、德国、斯堪的那维亚）倾向于面对面沟通：

说出来的话，就是话本身的意思。大部分沟通是直接表达出来的，人们更喜欢清楚的、书面的、明示的沟通。过去的交流和背景比起理解当下的意思，就显得没那么重要了。商业关系中规则和合同比人际关系更为重要（在特朗皮纳斯的模型中叫作具体型文化）。

6.16 马林斯举了一个美国经理访问中国的例子。他说："美国经理人发现，在中国做生意花费的时间超过了在本国所用的时间。他们觉得很难解读中国东道主的真实感情，并且需要解读非语言沟通和其他信号。美国经理人试图谈成一份以规则条款为基础的合约，但是他们在中国的生意伙伴却更重视互利互惠关系的建立。两种文化之间可能存在着沟通误解的领域。"

跨文化管理

6.17 近几十年来，企业越来越需要善于与不同文化打交道的管理能力。鉴于国内缺乏相应的人才，促使企业到国际市场上寻找。区域经济联盟如欧洲经济区等促进了人才自由流动。同时，沟通技术和电子商务促进了市场全球化，随着组织努力跨越国界、有效开展全球运营，国内合并、并购和合资也越来越多。

6.18 这些因素无疑促进了国际文化的"融合"，文化差异变得越来越小，尤其在商业和市场营销领域。实际上，它们也促进了：

- 伦理文化和语言的复苏（例如威尔士语或巴斯克语）。
- 在多文化团队、国际经理人任命和全球"虚拟"组织中出现跨文化管理背景。

也有人认为，由于文化是根深蒂固的，人员管理的观念和实践并不像生产、质量或供应链技术那样容易融合。一些管理导向，如灵活性和多样性，认为文化之间仍然存在差异。

6.19 苏珊・C. 施耐德等在《跨文化沟通》中指出，与其知道在×国度要做什么，或者民族或职能文化在多文化团队中是否更加重要，不如知道怎样评估文化、民族或其他因素对绩效的影响。安妮・玛丽・弗朗切斯科等在《国际组织行为》中同样谈到，经理人必须建立足够灵活的组织系统，以便考虑他们业务所处的文化中工作的意义和报酬的相对价值。

6.20 潜在文化差异及其恰当的对待方法的范围很广泛：经理人必须对之进行监测，并在问题出现时及时解决。值得注意，文化差异可能会在以下领域引发问题：

- **团队合作**。"集体"工作风格在某些文化中比在其他文化中更加适合。社会习俗上的差异（性别角色、饮食习惯、商业礼仪）最初会妨碍合作。针对个人的奖励与激励措施在一个崇尚团队奖赏的集体文化氛围中可能就没那么有激励效果。
- **沟通**。在一个团队或商业关系中，可能会存在语言障碍：应当允许在语言流畅性和理解力方面存在的差异。在下面几方面也可能存在着不同的规范：身体语言的含义、对情绪外露的接受度、对待冲突的态度与合议等。
- **参加与参与**。在有些文化类型中，人们更喜欢一对一提出问题或想法，而不是在很多人面前提出。有些文化忌讳向地位尊崇的人士提出质疑。另外，有必要鼓励和平衡跨文化团组中贡献的多样性，确保没有遗漏任何观点。
- **冲突解决**。关于武断、批评和争论的适当性，达到妥协或达成一致的必要性，竞争的价值观等，不同文化倾向于有不同的行为准则和偏好。
- **国际问题**。在跨时区工作、建立"虚拟"团队等方面还会存在物流方面的问题。

6.21 我们将在本书后面的章节讨论多样性的管理和如何培育组织内的跨文化意识。

组织文化

6.22 组织文化被定义为:“组织成员共有的信仰和期望模式，由此产生的行为准则又有力地塑造着组织中个体和群体的行为”（H.施瓦兹和 S.戴维斯，《组织动力学》中的“公司文化与商业战略的匹配”）。组织文化被总结为“我们做事的方式”（埃德加·H.沙因，《组织文化与领导力》)。

6.23 约翰逊等人（《公司战略研究》）用“文化网络”（cultural web）来描述“一个组织的被视为理所当然的假设和范例，以及组织文化的行为表现”，如图 1-4 所示。

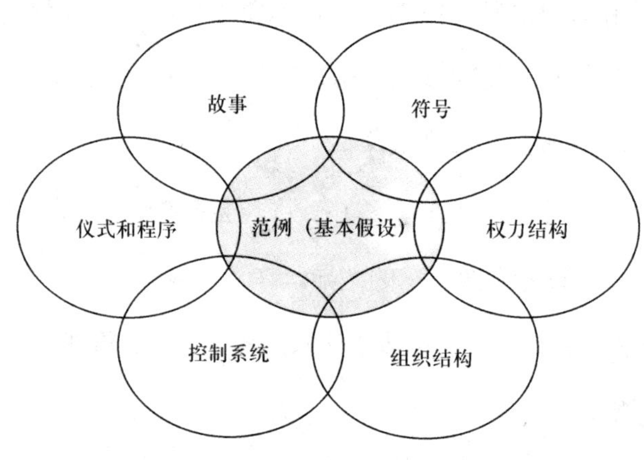

图 1-4 文化网络

6.24 我们可以将网的组成要素当作分析各种组织文化的框架（记住，所有组成要素都是彼此相关的：任何一个要素都能够影响其他要素从而使文化发生改变）。

- **范例**包含关于以下几方面的假设：客户满意度、质量、风险、创新或员工关系等；价值观的重要性，如正直（及其界定的方式）、授权或团队精神等；组织从总体上看待自身的方式。

- **故事**构成组织的“神话”：过去成功或失败的童话、英雄和恶棍，人们是怎样迎接挑战的，事情是如何发展成现在这个样子的。组织正是根据这些故事形成对自身的看法。
- **程序**包括正式流程、实践中形成的“捷径”、非正式的准则（例如同事间的亲疏远近）以及习俗（例如“周五比萨日”或者每月的“穿便装日”）。仪式是更具符号性的行为，包括商业礼节（例如交换名片）、庆典（例如颁奖典礼）和一段仪式（例如庆祝晋升或项目完成）。
- **控制系统**是指控制得以实现的途径，即绩效的监视、监督、奖励与惩罚等。如果一种文化的基础是假设人们不喜欢工作并抗拒权威的文化（道格拉斯·麦格雷戈称之为“X 理论”），那么在该文化中人们会使用诸如严密监督、严格的规定、胡萝卜加大棒的政策来严肃纪律。而在相信个人责任和主动性的文化（“Y 理论”）中，则会利用自我控制和例外汇报原则来进行管理。
- **组织结构**：集权化或分权化、正式的或非正式的、鼓励合作的或竞争的。
- **权力结构**是指权力是如何分配的，权力的基础是否来源于正式权威、富有人格魅力的领导、民主合议和对专家的尊重，以及谁是有影响力的个体和团组。
- **符号**包括正式标志和商标，以及那些以符号价值形式反映地位（例如办公室的大小或停车位）或褒奖（像“月度优秀员工”奖章、团队标徽等）的东西。

形成组织文化的因素

6.25 组织文化常常是由组织的历史塑造的。文化随着时间发展且不容易改变，常常反映了组织创立时代（因此坚持“过时”的官僚文化）和/或组织创始人所处时代的价值观。关于组织发展初期（或黄金时代）英雄般的神话和故事给原始的价值观增添了更大的力量。

6.26 组织文化会从组织运营所处的其他文化氛围（国家、区域和行业分支）中吸取养分，所以从某种意义上讲，组织文化要素也是由其所处的环境孕育的。它也会吸收组织中颇具影响力的人物和团组的一些文化价值观：某些专业或职业团体、社会阶层等。查尔斯·汉迪指出："组织就像世界上的国家和社会一样，彼此各不相同，极具多样性。不同的组织具有不同的文化……其中的影响因素包括过去的事件、现在的氛围、某种工作技术、组织目标和组织中员工的类型。"

6.27 经理人和领导人处于塑造价值观和行为的位置并且有权力影响下属的行为（有时也包括潜在的态度），所以他们对于组织文化具有强大的影响力。这是慎重的文化变革举措的基础，我们将在本章后面加以阐述。同时，拥有强大文化力量的组织更倾向于聘用遵守该组织文化的经理人，目的是"管理文化"能够反映组织文化，而不是塑造组织文化。

文化类型模型

6.28 R.哈里斯在《解读组织性格》（《哈佛商业周刊》）一文中提出，可以根据组织结构、过程和管理方法方面的差异将组织分为四种类型，每种类型都具有独特的文化特征，如表 1-4 所示。查尔斯·汉迪在《管理之神》一书中用古希腊诸神进行类比，使这种分类后来变得很流行。

6.29 关于这种分类法，值得注意的一点是结构与文化之间的联系。官僚结构反映了一种正式的、没有人情味的文化，反之，正式的、没有人情味的文化也反映出官僚结构。项目结构反映了以结果为中心的、协作的文化，反之，以结果为中心的、协作的文化反映了项目型的组织结构。不解决结构问题，就不容易对文化进行变革，反之亦然。

表 1-4 哈里斯/汉迪的四种文化类型

文　化	关 键 特 征	优点/缺点
权力文化（宙斯）	• 权力集中在一个关键人物身上，即所有者或创始人 • 直接通过人际沟通进行控制 • 缺乏正规化、规定或程序	• 适合具有相同思想的、小型创业型的组织 • 能够使组织迅速适应变化
角色文化（阿波罗）	• 古典的、理性的组织（官僚机构） • 正式化、没有人情味的：权力建立在职位和职责的基础上；遵守规定和程序	• 适用于稳定环境中的大型组织 • 由于比较死板，欠缺变革或创新
任务文化（雅典娜）	• 管理以输出和结果为导向 • 基于团队的组织：水平化的结构，灵活性 • 重视专长、沟通和合作	• 提倡对结果和客户的重视 • 鼓励员工参与与授权 • 运营成本比较高（保证专长、合议和决策）
个人文化（狄俄尼索斯）	• 为个人利益服务：例如商会的法律顾问 • 管理职能是行政性的和支撑性的，而不是指令性的（例如财务主管或教务主任）	• 鼓励个人才能和兴趣 • 实践中比较少见

6.30 值得注意的另外一点是，上面提到的这些只是分类。没有哪一个组织正好对应于某一特定的“类型”——在同一个组织的不同部分可能存在着不同的文化。采购与供应职能部门可能是角色文化，而设计或市场营销部门则更多的是一种任务文化。

“强大”文化的价值

6.31 约翰·彼得斯和罗伯特·沃特曼在他们颇具影响力的有关成功公司研究的著述（《追求卓越》，1982 年）中强调了组织文化对管理的重要性。卓越公司（它们持续地开发可赢利的新产品并且有效应对变化）的一个重要特征是它们利用组织文化指导商业过程、激励员工。

6.32 不仅彼得斯和沃特曼，还有特伦斯·迪尔和艾伦·肯尼迪，他们都提出文化力量是塑造企业行为和造就企业成功的有力工具。并非所有组织的文化都是“强大的”——那些对提高企业业绩有帮助的文化才是强大的。

6.33 这一思想流派所定义的“强大的”文化是指重要价值观得到广泛而强烈认同而且组织员工也愿意接受其引导的那些文化。换句话说，赫钦斯盖和布坎南这样总结：“‘强大’是指员工为了管理层倡导的目标和价值观，付出承诺并且具有高度动机实现它们的程度。”

6.34 那么“强大的”文化是怎样提高企业绩效的呢？彼得斯和沃特曼提出如下几点：

- 少数得到广泛认同的指导性价值观可以取代规章、指导方针和监督，使员工将注意力集中到诸如质量、创新和客户服务之类的战略目标上，并授权员工积极主动地、负责任地实现上述战略目标。
- 强大的文化提高了员工对工作的满意度、忠诚度和责任心。人们需要感受到所做的事情是有意义的，也需要凭自己的能力像明星一样闪闪发光。强大的文化满足了上述两种需要，途径包括：强调企业的“家庭”属性，构建神话来加强企业的“英雄”特质，运用奖励和鼓励一类富含价值的符号。

6.35 强大的文化是一个富有吸引力、颇具影响力的观念，但是没有实证研究能够证明强人文化和经济效益之间存在着任何强相关关系。换句话说，强文化的组织没有比弱文化组织显得更加成功。与组织、市场或环境因素等其他因素相比，没有任何证据表明文化是卓越公司的决定性因素。

如何改变文化

6.36 那些消极的、不适合变革要求而因此失败或失去功能的文化，是可以被改变的。下面谈到的是文化变革的几个重要工具：

- 管理层（自上而下）、领导人和有影响力的人（被管理层选择来响应所提倡议的那些人）不断强调新价值观并进行模式化。
- 在讨论新思想和行为的必要性时与员工沟通、对其教育和并让其参与，从而改变潜在的价值观和信仰。对新的价值观和信仰进行传播，并且让它们成为员工自己的价值观和信仰（运用鼓励的方法，或者选出模范带动其他人）；加强变革（通过贯彻、表彰与奖励）。
- 运用人力资源管理机制加强变革：将新价值观和行为作为招聘和选拔、考核和奖励的标准；在培训和发展规划中的能力与培训需求评估部分加入价值观和行为等。（因为企业有可能引进适合新文化的新人、排挤掉不适合新文化的老人，所以上述这些措施就显得格外重要）。

本章小结

- 组织是为了可控地实现集体目标所做的社会安排。
- 组织行为不仅包括组织中人的行为，还包括管理和领导过程、组织内运作的系统和外部环境因素。
- 组织和雇员之间存在着反映双方期望的心理契约。
- 有效的管理涵盖如下内容：满足工作人员的需要，建立积极的组织环境，实现组织目标。
- 加雷思·摩根提出组织的八种隐喻，其中每种隐喻均突出反映了组织的某一侧面：机械、生物有机体、大脑、文化、政治系统、精神监狱、流动和转化、控制手段。
- 组织结构是分工、合作方式的总称。
- 外部环境对组织施加影响的方式有三种：外部环境带来威胁；外部环

境是组织的资源来源；外部环境里存在利益相关者。

- 文化是对精神的集体设计，它将一类人与其他人区别开来。组织文化是组织成员共有的信仰和期望模式，由此产生的行为准则又有力地塑造着组织中个体和群体的行为。

自测题

括号内数字为参考答案所在段落。

1. 给出组织行为的定义。（1.5）
2. 列出组织与外部环境相互影响的方式。（1.18）
3. 关于心理契约，列出雇员、雇主的预期行为方式。（2.5 和 2.6）
4. 解释变化的商业环境如何导致心理契约的变化。（2.12，2.13）
5. 列出法约尔提出的管理的五种职能。（3.4）
6. 列出明兹伯格提出的管理的十种角色。（表 1-1）
7. 列出人们形成组织的原因。（4.2）
8. 列出几项有助于提高组织结构灵活性的现代新趋势。（4.16）
9. 解释外部环境影响组织的三种途径。（5.4）
10. STEEPLE 所指的七种环境因素是什么？（表 1-2）
11. 画图表示特朗皮纳斯提出的文化组成要素。（图 1-3）
12. 列出文化网的七个组成要素。（6.23）

第二章

组织理论与管理理论

对应大纲内容

1.3 分析管理学和组织行为学的起源

- 管理学和组织行为学的经典方法
- 科学管理的发展和应用
- 组织设计和组织结构中的官僚主义
- 人际关系方法

1.4 分析几个主要的现代管理学和组织行为学方法

- 组织作为“社会技术”系统
- 组织行为学的系统方法
- 权变理论
- 组织中的后现代主义

引言

我们在前面的章节介绍了组织行为学的一些关键组成要素和概念。其中也提到，组织和管理的理论与观点也在不断发展。

在本章中，我们将重点考察组织和管理理论与研究的一些主要进展（我们称之为管理思想“学派”），阐明当今备受重视的诸如团队合作、领导力、激励措施、员工发展和变革管理等思想（和实践）的起源。

我们从概述开始，然后根据发展的大致时间顺序，依次考察各学派的主要组成部分：描绘其核心主题及其与现代管理学的联系。

第一节　组织理论和管理理论概述

1.1　本章中，我们将考察组织理论在不同时期的一些主要进展，以及对组织的配置和管理方式产生的影响。这些进展大致经历了以下两个阶段：

- 集中关注实现组织“最佳方式”的一般原则，主要目标是生产率的最优化（“经典”组织方法，例如官僚结构）。
- 集中关注组织应借助于人际关系和灵活性所发挥的关键作用，适应环境变化和需求变化（“现代”方法，包括人际关系和权变学派）。

1.2　赫钦斯盖和布坎南在《组织行为学》一书中提出，“后现代”组织在应对越来越混乱的外部环境的过程中正在发展演化为一个新的范式。尽管它仍然是一个理想化的概念而不是现实存在，但它体现了组织通过关注信息流、员工授权和响应，从而将结构上的和文化上的灵活性最大化。

1.3　赫钦斯盖和布坎南概述了组织理论和组织方式的发展进程，并归纳为不同时期“经典”、“现代”和“后现代”的思想的反映，如表 2-1 所示。

表 2-1　经典、现代和后现代组织方式

	经　典	现　代	后 现 代
大致的时期	1880—1970 年 （工业时代）	1970—1990 年 （技术时代）	1990 年至今 （信息时代）
组织隐喻	机器	开放系统	灵活的手段
组织结构	死板的、权力层级链条	分权：授权和区域单元	不重要：行动， 而非“设计”

（续）

	经　典	现　代	后　现　代
重心	内部过程	人际关系	适应能力与创新
以生产为中心	批量生产：效率	定制化：满足客户需求	到达市场的时间：响应速度
工作组织	常规的，重复的工作	团队合作	创业单元
人力资源	全职员工	灵活工作模式	网络、分包
控制机制	直接监督、规定和程序	分权：区域问题解决	不重要：结果，而非规定
关键价值	控制和可预测性	质量、客户服务	变革，不断的变化，迅速决策
方法	寻找最佳方式（约定俗成的方法）	寻找“最适合的”（因地制宜方法）	响应性最大化
应对不确定性的战略	避免	管理	利用

1.4　马林斯对组织行为主流模式（信仰体系）进行了类似的广泛调查（出自哈米德·鲍契基等所著的《21 世纪的管理》中的“定制化工作”），结果如表 2-2 所示。

表 2-2　组织行为在不同时期的主流模式

	19 世纪	20 世纪	21 世纪
人格理论	可互换的权威和精力	人的需求层次理论	自治的和反射的
信息和知识	管理学单独占据统治地位	管理学占据主导，在有限的基础上共享	极为分散
工作的目的	生存	积累财富和社会地位	战略人生计划的一个组成部分
身份标签	公司人和/或工人阶层	社会人和/或公司人	剥去自己的身份标签
冲突	破坏性的，要避免	破坏性的但可以忍受，可以通过集体协商加以解决	生活正常的组成部分
人事部门	经理人决定，员工执行	经理人决定，员工有想法的执行	员工和经理人一起决定和执行
权力	在管理层顶部形成集权	有限的、职能性的共享和授权	分散的和共享的

1.5 事实上，如赫钦斯盖和布坎南指出的那样，时间上或特征上的变化从来不是泾渭分明的。根据明确界定的环境需求，从一个状态流畅地、线性地发展到另一个状态，这种想法是错误的。“经典”组织要素直到今天仍然存在（例如官僚机构出人意外地恢复了），同时，关于多技能、授权、创业型、网络团队合作这些“后现代”思想在现实中却没有遍地开花，而且，我们也看到，它并非是在所有情况下都适用的组织方式。

1.6 现在，我们以大致年代顺序详细介绍组织理论和管理理论的一些主要学派或方法，如图 2-1 所示。

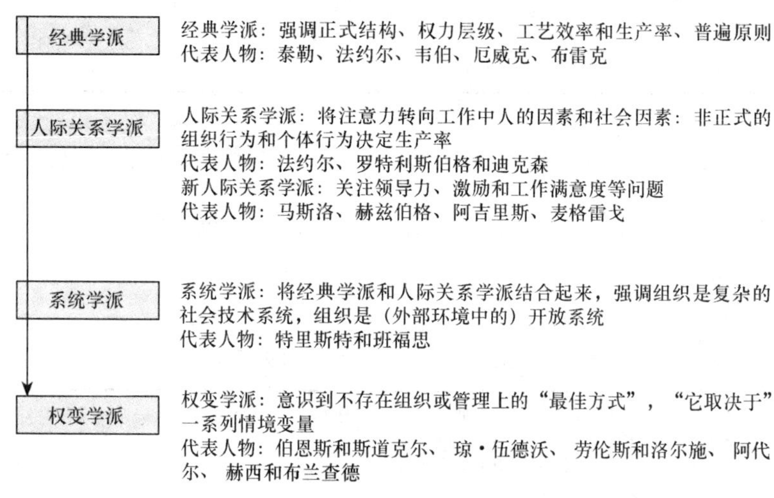

图 2-1　组织和管理学派的发展

第二节　经典方法

2.1 “经典学派”的代表人物是 FW.泰勒、亨利·法约尔和马克思·韦伯，他们是组织和管理理论的先驱。他们的主要研究领域是，在理性和追求秩序、控制、生产力和效率的基础上，探讨工作组织（工作分工、专业化、角色和职责、合作等)、组织结构（权力层级和正式组织关系）和管理的普遍原理。

科学管理：FW.泰勒

2.2 这一时期（1880—1930），组织关注的是物质生产的效率。组织不断寻找提高效率与防止浪费的办法：主要通过工作组织和与产出挂钩的货币激励措施来提高个体工人的生产率。工业革命引进了生产标准化和生产线：是一个大规模工业重组的时期，产生了大型组织，工业技术得到了快速发展。

2.3 在为伯利恒钢铁公司做管理咨询时，佛瑞德 • W.泰勒率先提出了科学管理的思想。我们可以从下面引用的泰勒原话中领会科学管理的思想基础。

- “管理学应该是一门科学，建立在安排有序、清晰界定和稳定不变的原理之上，而不是依据或多或少模糊的想法。”
- “管理学的首要目标应该是为雇主带来最大的效益，同时为员工带来最大的成功。”

（如果生产力提高了，那么雇主和雇员均可以分享更大蛋糕中更大的一块：计件工资系统就是根据这一思想而设计的。泰勒坚信，工人工作的动机是纯经济性的或利益导向的。）

2.4 科学管理的关键特征如下：

- 认识到管理层（计划与组织）和员工（执行工作）之间存在明确的责任和工作内容划分。
- 开发针对每个工作要素的技术来取代传统单凭经验的方法：实现工作最优化。
- 运用工作研究技术，建立完成一项任务最有效率的操作、运动和流程。
- 重新进行岗位设计，使每位员工仅执行单独一项岗位操作（而非一项任务所包括的系列操作），就像是一个专门的岗位一样：即流水线方法，也被认为是劳动的“微分工”（Micro-division）。

- 科学地选拔和培训员工，保证员工按照科学管理原理完成所有工作。

2.5 泰勒的方法使效率和产出得到极大的提高，并且使人们的注意力转向组织和管理的“科学”方面（原理和技术系统化）。后来的管理学著作如此评价科学管理：

- 它的贡献在于在员工和工作方面提供了一套有用的思想体系。“只要工业社会还存在着，我们就要认识到我们可以通过对人类工作基本组成要素的分析，对人类的工作进行系统的研究、分析和改进。”（德鲁克，《管理实践》）德鲁克还指出，泰勒的下列思想：报酬与产出相挂钩；消除工作中的身体劳损；员工得到发展提高，从而更有效地完成工作任务；管理层有帮助工人的义务；这些观点为积极劳资关系提供了有益的导向。
- 然而，人们发现，尽管提供了货币上的激励，但是将工作划分过细还是会造成员工的极度不满（这要归咎于控制过于严格、自由决定权丧失、工作技能降低等）。“到科学管理时代结束的时候，工人的作用已经被降低为机器生产中一颗没有人情味的齿轮。他的工作变得越来越专业化，直到他几乎意识不到自己对整个产品还有什么贡献。”（希克斯）科学管理的早期试验带来了罢工，态度调查发现，人们对所用的科学管理方法持敌对态度。
- 科学管理方法的死板与反人性化阻碍了领导力、授权、灵活性和承诺等一类概念的出现，而这些概念在我们今天看来，是成功的变革管理所必须具有的一些特点。经理人“断言要效率不要协作、要产量不要质量、要成本控制不要客户服务”（肯尼思·克洛克和琼·哥德史密斯，《管理的末日》）——这正好与现代环境中竞争优势和增值的基本价值观相反。

2.6 尽管如此，我们仍可以在现代管理和组织中看到科学管理的做法，例如：

- 运用效率研究和工作研究技术，改进过程和流程的效率，并运用人类工程学消除工作任务和运动造成的身体损伤。
- 流水线生产过程、机床自动化和系统性的生产控制（例如六西格玛方法）。
- 运用按工作成果付酬（PBR）方法。
- 通过纯粹的生产率—货币挂钩的激励措施（计件或根据业绩付酬）来调整本质上不令人满意的工作（工作设计过细、培训不足、监督过于严格和工作任务时间太紧张）的延续时间。你也许会说，这种情况在快餐店（预调的收银机、精确的流程、定时的操作，培训员工在指定、严密监督下完成操作）和呼叫中心（对呼叫进行记录、定时和监督，管理软件消除了员工自己决定的自由，员工受到严密的控制）比较多见。

2.7 呼叫中心被明确地归类为“白领泰勒主义”，甚至被认为是21世纪的“血汗工厂”（《人的管理》，1999）。有些呼叫中心甚至采用更激进的方法，严格挑选和培训员工，让他们适应环境和高度程式化工作的强度（而不是解决这些问题），并且，依靠货币激励手段吸引并留住员工。正如赫钦斯盖和布坎南指出的，如果没有什么工作可做，就不要奢谈“职业生活的质量”。

管理原理：亨利·法约尔

2.8 亨利·法约尔（1841—1925）是一位法国实业家，他将“管理原理普适性”概念带向大众。他重点关注正式组织的结构和流程，以及指导组织最有效的理性原则。

2.9 法约尔提出，管理由五种功能组成，即计划、组织、指挥（管理员工）、协作和控制。尽管后来的方法更加强调运用复杂的人际过程，如沟通和激励、鼓舞和影响等一类的术语，来取代指挥，但是法约尔的这种分类方法现在仍被用来探讨组织中管理层的角色。

2.10 尽管法约尔认识到，“在相同的条件下将同一条原理运用两次的情况非常少见”，并且，“对于各种变化着的环境必须留出余地”，他还是提出了十四条合理的组织和管理原则。

- 工作分工。为了生产出更多、更好的产品，我们应该根据技能或资源的专业性，对工作进行合理分工与分配。
- 权力等级链。权力应该沿着一条明确的“指挥系统”垂直流下，从组织顶层流到组织的底层。它所经过的这条清晰的线路，同样也是组织正式的沟通渠道。
- 权责对等：拥有的权力（制定和实施决策的权力）应该与所承担的责任（为决策结果承担的责任）相称。
- 适当的集权。决策应该在组织高层做出，适当的时候，决策权应该下放到较低的层级。
- 命令统一。不论任何行动，下级应该仅从一名上司那儿接受命令。法约尔将双重领导视为痼疾（或者由部门分工不善引起，或者是上级忽略了权力的合理渠道）。
- 统一指挥。每项任务应该只有一个负责人和一份计划，这样才能为了相同的目标进行工作协调。
- 主动性。应该鼓励员工在他们职权范围内运用自身的判断力。
- 个人利益服从大局。任何一个员工或团组的利益不应该凌驾于整个组织利益之上。
- 纪律。应该制定清晰的期望的行为准则，并进行宣贯，制定平等的和系统的纪律处分政策，鼓励员工遵守行为准则。
- 秩序。人和资源应当可靠地位于其应当在的位置，并按约定的方式行动。

- 人员稳定。应该保证职业延续性，可能的话，保持绩效的一贯性。
- 公平。职工待遇政策应该公平与公正。
- 工资。报酬应该公平公正，应当满足雇员（足以谋生）和雇主（使组织能够吸引、留住和激励优秀人才）的要求。
- 团体精神。和谐、协作和团队合作对严肃纪律和提高士气而言是至关重要的。

2.11 林德尔·厄威克，经典管理原理在英国的主要拥护者，提出了类似的一套组织原则：专业化、权力等级链、命令统一、权责对等、控制幅度（一个上级有效管理下属的最大数量）、例外管理原则（根据实际情况与计划之间的偏差，尽可能沿着权力等级链做出决策）、目标（只有对组织目标和目的有贡献的结构和过程才具有存在的价值）和科学方法（根据数据信息合理地做出决策）。

2.12 我们可能记得，有些重要的经典管理原则已经受到了现代观念的挑战，例如跨职能项目工作、矩阵结构（例如产品或品牌管理）、自我管理的团队合作和授权、多技能等；更为普遍的认识是，在混乱的、以人为基础的商业环境中，只存在有限的秩序和理性。

官僚机构：马克思·韦伯

2.13 马克思·韦伯，一位德国社会学家，将官僚机构概念作为一种组织方式。他将官僚机构定义为“一个受规则约束的延续的官方职能的组织”。

2.14 官僚机构是理性组织原则的单纯运用，是从道理和法律角度将权力理解为组织内角色和职位的功能，而非人际过程。尽管我们现在听到这个词会有不愉快的联想，但是韦伯在《社会和经济组织理论》一书中宣称，官僚机构从技术上讲是最具效率的一种组织形式：“从纯技术的观点来看，官僚机构能够发挥最大的效率……从这个意义上说，它是对人类施行必要统治的形式上最合理的手段。”

2.15 随着组织规模和复杂度的增加，会产生对于行政命令、效率和控制的需要，从而会激发对官僚机构的兴趣。

2.16 韦伯概括了官僚机构的几个普遍特征。

- 权力层级：每个低层次的办公室都接受高一级办公室的直接控制和监督。管理权力存在明显的层级，在管理层和员工之间有一条清晰的鸿沟。
- 专业化：工作被分割为技术上专业化的职能，并且被当作法定义务赋予组织结构中的特定岗位。
- 规章系统：员工须遵守按正式程序制定的规章制度。规章制度让决策和行动变得步调一致，从而促进了协作。
- 没有人情味：在权力运用、决策制定和资源及特权分配上不存在人情或主观因素：它们是由规章系统的合理性、客观性决定的。
- 合理性：组织理性地确定“管辖区域”（权力区域），清晰地界定权力层级、义务和责任、绩效考核（例如职位描述）。
- 单一性：不论由谁执行任务，结果应该都是一样的。
- 技术能力：组织中的聘用依据是技术资质。
- 稳定性：规章、结构和延续性（不管成员怎么变化）消除了模糊性，塑造了一个稳定的组织环境。

2.17 韦伯强调了该系统在技术上的优越性。“精确、快速、清晰、知识档案、延续性、慎重、统一性、绝对服从、减少摩擦、减少物力和人力成本——这些在严格官僚行政机构中实现了最优化。”人们也认识到官僚主义原则在公共部门组织中的优势，这些组织需要对公众负责，需要程序性的规章和一致的待遇。事实上，韦伯本人承认官僚主义作为一种文化给人一种呆滞的印象，慨叹官僚组织中“成员无足轻重、人无足轻重、紧抱细微的岗位、极力想更大的岗位”。

2.18 官僚组织在创造合理性和稳定性方面很强，这些优势在以含糊性和变化性为特征的环境中，则被视为一种弱点。对官僚机构常见的批评包括：

- 权力和沟通（对决策的反馈）的通道过长，延长了决策过程，使官僚机构背负了僵化和响应客户需求迟钝的恶名。
- 循规蹈矩和单一性造成例行公事和形式主义，这又进一步造成僵化和反应迟钝，压抑创造性、主动性和创新性。
- 员工的个人成长受到了压制，因为组织没有为判断力、主动性和试错学习行为提供空间。克莉丝·阿吉里斯在《个人和组织一体化》一书中指出，官僚机构限制了个人的精神成长（它是由责任、挑战、承诺、发展机会等培育出来的），造成挫折和失去动力。（可是，我们应该认识到，官僚机构也是能吸引、选拔和留住那些忍受得了这些条件的员工的。）
- 集权决策的死板与僵化使组织反应迟钝、不能学习以及不能对变化的需求和环境做出应对。米歇尔·克罗泽在《官僚主义现象》中认为，官僚机构只有在发生严重问题的时候才会被迫进行调整——在此之前，要想变革一下是非常困难的，变革只不过是外伤药——治表不治里，组织文化根本上拒绝变革。
- 最初为了提高效率而制定的规则所表现的意义却与组织目标无关。组织坚持着规章制度和“官样文章”（记录保持和文书工作），甚至在没有用处的情况下为了坚持而坚持。
- 人们倾向于通过引用规章、程序和职位描述来为低劣的服务进行辩解。他们就个人而言并没有感到要为质量或客户满意度负责。
- 依赖职位权力和没有人情味儿的关系，只会导致僵化的、符合常规的行为，缺乏对于人的因素做出反应。

2.19 在快速多变和竞争的环境中，官僚机构的失效问题必须在某种程度上得到解决。这种趋势推动了更高灵活性组织的诞生（我们将在本章后面进一步探讨），所采用的策略主要包括：

- 削减组织规模或者“分块”：将组织结构拆分为更小的单元，例如团队或自治的区域分公司。
- 权力下放，或者授权——尤其是面向客户的单位，从而进一步提高主动性和责任感，缩短决策过程。这可能也涉及摒弃（或者再评价）原有的规则和控制行为。
- 减少专业化引起的僵化现象，例如通过运用多职能团队、多技能，利用角色和能力分析代替职位描述。
- 全方位改进组织沟通机制（例如运用跨职能团队合作和会议、绩效管理系统等）。
- 将质量、客户服务和灵活性作为核心文化价值观加以强调（至少在面向客户的企业部门中），并通过员工选拔、发展和奖励强化这种价值观。

2.20 按照伯恩斯和斯道克尔的用词（见本章第四节），跟更加灵活的“有机的”风格（将组织看作是生命有机体）比起来，官僚机构被视为是“机械的”组织风格（将组织比喻为机器）。

第三节 人际关系方法

3.1 人际关系方法的出现，很大程度上是为了解决前述方法缺乏人情味儿的问题。在20世纪20年代，经理人和学者越来越认识到没有人情味和标准化给员工造成的疏离感。埃尔顿•梅奥所做的著名的霍桑实验（Hawthorne experiments），产生了主宰 20 世纪 40～50 年代组织行为学领域的人际关系运动。

埃尔顿·梅奥和“霍桑”效应

3.2 1927～1937 年期间，在哈佛大学学者埃尔顿·梅奥（1880—1949）的总体领导下，弗里兹·罗特利斯伯格和威廉·J.迪克森在霍桑工厂开展了一系列的实验。这些实验就是著名的**霍桑实验**。

3.3 西部电器公司曾经试验过光照强度对士气和生产率的影响（照明研究），在此基础上，诞生了霍桑实验。实验中，研究人员请一组女性工作人员（实验组）到一个具有可变照明的房间里，而另外一组（对照组）则到另一个具有正常、稳定照明的房间。让管理人员惊讶的是，两个房间的生产率都提高了。然后降低了第一个房间的照明，然而这两个房间中，不仅第一个房间的生产率还在持续提高，而且对照组所在房间的生产率一样也得到了进一步的提高。公司打电话给梅奥，让他来调查这两组工作中表现出来的“神秘因素”。

3.4 霍桑研究由四个阶段组成。

- **继电器装配车间**。六个妇女被隔离到另外一个房间，在那里可以观察到她们在不同工作条件下的反应。需要记录的有工作条件、照明、采暖和休息时间以及妇女的私生活。大多数情况下，每次变化前都会提前和妇女商量。结果发现，不论变化是改善的，还是恶化的，生产率都提高了。很明显，不是条件的变化引起了产出的增加。梅奥把这种现象叫作“霍桑效应”：单独形成一个受到关注和辅导的团组，这给妇女带来的感觉似乎影响了生产率和士气。“在几个例子中，管理层通过和妇女工作人员商量、清晰地解释要做的实验及其原因并接受工作人员的意见，不知不觉获得了人事方面最重要的两个成功——妇女们形成了一个自治团队，并且是一个与管理层全心全意合作的团队。”（梅奥）

- **面试程序**。公司调查了工作人员对于监督、岗位和工作条件的态度。主要结论是工作中人员关系对于员工来说是重要的，员工很看重可以让管理层听到他们声音的机会。
- **配电器卷线作业观察室**（罗特利斯伯格和迪克森）。从一个部门中分出14个员工，观察他们在不同条件下的工作状态。这14个员工组成的小组具有强烈的自我身份认同，形成了自己的行为准则和标准产出量（是指按照收到的报酬所对应的“公平”的产出量，而不是在激励计划中最大可能收入所对应的产出量）。小组的行为慢慢朝着满足小组自身利益的方向发展——“修正”产出报告，将每天的产出量改为同一水平；对于表现过好和表现欠佳的成员施加社会压力以控制产出，不配合他们不喜欢的主管。小组已经发展成为一个有力的、自我保护的非正式组织，需要谨慎地加以管理才能保证该小组对公司目标承担应有的责任。
- **员工意见**。组织可以持续性地利用员工意见来解决问题、改善工作关系并做出人事调整。

3.5 霍桑研究是从事真正的社会学研究的第一次重要的尝试，它促使人们的目光重新转移到人的因素方面。这些研究证实了员工在工作、监管和小组工作上的态度非常重要，证实了管理行为对于员工动力和绩效所起的重要作用。

3.6 人际关系学派认为，组织不仅仅是一个正式的职能结构或安排。梅奥写道：“组织是一个社会系统，一个由派系、小道消息、非正式地位体系和仪式组成的系统，一个由逻辑的、非逻辑的和无意义的行为组成的混合体。”该方法强调经理人需要：

- 更加关注员工需求，而不仅仅是任务和流程。
- 意识到个体从团组成员身份获得的满足感不逊于任何来自管理层的奖励或激励。

- 组织并奖励围绕团组（或团队）的工作。

3.7 这种方法之所以长期受到欢迎，最主要是因为它简单明了并且直截了当。事实上，根据现代的研究标准，霍桑研究“在很多方面并不那么严谨”（GA.科尔，《人事管理》）。有人批评说，霍桑研究视野过于狭窄，理论过于简单，没有意识到还存在其他因素（例如女性和男性团组由于性别力量上的不平衡所产生的不同反应）。客观地评价霍桑研究，我们应当承认：

- 在员工参与、团队合作、提高领导力、积极的员工关系等人力资源管理方法的组织实践中，霍桑研究已经发挥了实际的作用。
- 梅奥的人际关系理念在西部电器公司得到了应用，但没有发挥作用！一旦咨询服务扩展到整个组织，霍桑效应似乎就被削弱了（不再有参与实验所产生的特殊地位的感觉）。生产率普遍下降，该项目最终由于缺乏热情投入而退出了历史舞台。

3.8 赫钦斯盖和布坎南也提出了一个问题，“快乐”小组是否也像人际关系方法所揭示的那样，是一个高产的小组呢？“霍桑的研究预示着管理学人际关系学派的诞生……但直到过去了很长一段时间，人们才开始探究生产率和满意度之间的关系。也许生产率和满意度之间的关系仅仅是一种偶然巧合而不是金科铁律？社会学家对这些发现进行了研究并与其他数据资料进行比较，结果转向支持上述解释。”

新人际关系方法

3.9 直到 20 世纪 60 年代早期，才出现“组织行为学”这一术语，像亚伯拉罕·马斯洛、道格拉斯·麦格雷戈、克莉丝·阿吉里斯和弗里德里克·赫兹伯格等一些心理学家，率先提倡管理学的行为学方法。“新人际关系”（Neo-human relations）学派与人际关系学派的区别表现在以下两个方面：

- “新人际关系”学派既关注组织（结构、任务、汇报关系），又关注组织中的人。
- “新人际关系”学派探究了更广泛的人的需求和动机，而不仅仅是社会归属感，“新人际关系”学派将注意力转向人类发展自身和发挥潜力的“更高层次”的需求。

3.10 例如，**亚伯拉罕·马斯洛**提出了以人类内在需要为基础的个体激励理论，提出行为是由满足这些需求的需要所驱动的。**弗里德里克·赫兹伯格**提出了一个更为复杂的基于需要的激励理论，强调在激励员工时工作内在奖励（多样性、挑战、责任、发展和自我实现）的重要性。他认为外部奖励（例如工资、奖励和工作条件）无法长期满足或激励工作人员，同时提出了替代性的方法，即通过工作设计来为员工提供更大的内在奖励：岗位轮换（从事不同的岗位工作）、岗位扩展（给一个岗位增加更多的任务种类）和工作丰富化（给一个岗位提供更多的挑战、责任和自由决断的权力——例如授权）。

3.11 **道格拉斯·麦格雷戈**批评了科学管理和官僚机构，因为这些理论关于工人及其激励的管理假设过分简单。道格拉斯·麦格雷戈比较了两种极端的假设，被他称为 X 理论和 Y 理论。

- X 理论认为，典型的人是不喜欢工作的，为了让他付出更多的努力完成组织目标，就必须强迫、控制、指导和/或贿赂或用惩罚相威胁。人们更喜欢的是，避开责任，追求稳定。
- Y 理论认为，典型的人并非不喜欢工作，事实上，工作是人类满意感的一个源泉。人们为了实现他们所承诺的目标，能够进行自我引导和自我控制，并且，如果得到鼓励，不仅仅接受责任，而且追求责任。

3.12 麦格雷戈理论的要点是，这些假设是可自我实现的预言：管理上的假设使经理人按照某种方式对待员工——员工根据他们被对待的方式行事。

如果你认为 X 理论是正确的并且按照 X 理论来对待员工（即应用规章、严密监督、低自主决定权等方法），那么员工就会开始出现 X 理论所描述的行为；一种消极的工作感受，使员工缺乏抱负并追求安稳。如果你认为 Y 理论是对的并且按照 Y 理论来对待员工（将责任给员工分担、找员工一起商量事情和鼓励员工参与），那么员工就会变得更能迎接挑战。

3.13　将人看作重要的组织资源，让我们将注意力集中到组织配置上，即如何使组织配置带来更大的工作满意度、将员工的精力、能力和承诺引导到提高组织效率、灵活性和创新性的轨道上来。

- 扁平组织结构，具有较少的层级，将权力放权给较低的层级。
- 团队合作，满足社会需要，带来多种技能和专长的协同作用。
- 跨职能和多技能协作，可以让员工有可能完成更大的、更有意义的任务。

3.14　我们将在第五章讨论一些新人际关系理论。

第四节　系 统 方 法

组织是开放的系统

4.1　路德维希·范·贝塔朗菲是 20 世纪 50 年代一般系统理论的先驱，他将“系统”定义为“一个有组织的或复杂的整体”和“有组织的复杂体”。一个系统也可以定义为“由彼此独立的部分组成的实体”，因此，将组织视为一个系统就强调了这些相互影响的部分和过程之间的相互关系。

4.2　一般系统理论区分了开放系统和封闭系统。

- 开放系统是指与外部环境联系且相互作用，从外部环境（或其他系统的输出）吸收输入影响（或“能量”），并将这些转化为输出（或其他系统的输入）的系统。反馈能够让一个系统改变自身的行为，以便在变化的环境中保持稳定，即一个“动态平衡”的过程。

- 封闭系统是指与外部环境隔离且独立于外部环境，系统行为（运作方式）不受外部因素影响、也不对外部环境施加影响的系统。

4.3 正如我们在第一章中所介绍的，组织可以被视为一个开放系统。这样一个系统必须对外部环境保持敏感，与外部环境持续地相互作用：系统必须应对外部环境因素带来的威胁与机会、限制与挑战。输入的变化会影响转化过程，转化过程又反过来会影响输出。

组织是一个“社会—技术”系统

4.4 埃里克·特里斯特和他在塔维斯托克人际关系学院的同事一起提出，组织是一个“结构化的社会—技术系统”。该系统至少由两个子系统组成：技术系统（包括任务组织、方法、工具和技术）和社会系统（组织中的人及其相互影响、人的行为方式）。组织应当寻求人类需求和技术效率最大化的“契合点”。

4.5 马林斯提出了在外部组织环境背景下的五个基本的子系统，以此为基础分析工作组织和活动。

- **任务**：组织输入和输出的本质，以及作为转化过程的一部分而被执行的工作活动。
- **技术**：组织任务执行的方式，即转化过程用到的物料、设备、系统和流程。
- **结构**：组织模式、劳动分工、协作、权力关系和让工作得以顺利进行的沟通渠道。
- **人**：承担活动任务的人的特质，如人格、态度、能力、需要和预期、关系、行为等（包括诸如团队合作、沟通、激励和领导力等动力学要素）。

- **管理**：协调其他子系统，将组织活动整合为一体。

埃里克·特里斯特和金·班福思

4.6 特里斯特和其他人（《组织选择》）研究了达拉谟煤矿（长壁开采法煤矿采矿研究）技术变化的影响，在此基础上形成了他们的理论。矿工按小规模自治型团队工作。每个矿工在煤层上都有自己负责的一段，他们负责切割煤块，然后将它们放到盆里移走，并随着向前的推进，完成顶部支撑工作：团队中每位矿工都是多面手，能够完成任何一种任务。所有团队以单独团队为单位获得报酬。

4.7 煤矿董事会引进了一种新型的煤块切割设备，能够一次切割长壁——为适应技术的改变，对工作组织进行了调整。一种新型的传统长壁开采法系统引进了三班倒（废除了团队）：第一班做切割，第二班将煤块码放到传送带上，第三班将煤块切割设备和传送带移到前面并且支撑顶面。

4.8 这种变化马上引发了问题。在每一班次中，总有些矿工更具工作热情，比其他人更能干，这就使三个班次的工作协调出现了问题，需要管理者进行严密的监管。煤矿出现了工业工人骚乱，生产率下降。于是董事会请特里斯特等人到现场进行调查。

4.9 特里斯特等人深知生产率是和工人工作满意度和激励联系在一起的，与工人多劳多得的能力有关。“如果不把承担责任的自治权归还给最初遍及系统的团组并且保证每个团组都拥有一个令人满意的工作分块及一定的灵活性，就很难有效解决问题。”他们倡导“混合自治团组工作”的方法：“混合”一词表示团组作为一个整体包含了许多技能（例如多技能），“自治”一词表示可以自行决定（在任务组织和任务分配等方面）。

4.10 在达拉谟煤矿，采取了“混合长壁开采法”形式。新技术得到保留，但工人不再被分为三个单独的班次。团队作为一个整体对全部的工作负责，并负责将个人分配到具体的岗位：团组被给予了自治权、自我控制、多技能角色和需要完成的“整个”任务。这从心理上和社会角度更具激励性，也更有效率。

4.11 社会—技术方法认为：

- 新技术要求工作组织进行一些变革，但是引进新技术使员工在团组工作中产生的心理—社会利益受到损失，员工由此产生的抵触情绪抵消了技术改进带来的优点。
- 工作组织并不完全是由技术决定的，也是由组织选择决定的：社会系统具有独立于技术系统的特性，是能够针对技术需求和人的需要进行设计的。换句话说，任何特定的技术系统都是由各种社会系统来运作的。
- 在关于工作组织和方法的战略性的决策过程中，工作组织必须努力对经济的、技术和社会—心理的需要进行平衡。

系统方法的贡献

4.12 系统方法的贡献如下：

- 它吸引了大家对组织动力学性质的重视。
- 它使人们意识到子系统的存在，每个子系统都有自己的目标，这些目标需要加以整合。（次优化，即子系统对其目标的追求会损害系统整体的利益，这是组织行为的一个特征。）
- 使人们意识到组织要素之间具有的相互关系，强调系统整体的需求。特别是，社会—技术系统方法强调如下认识，即组织中“人的系统”对于实现其他所有子系统（包括技术）的价值至关重要，必须考虑到组织决策的社会心理意义。

- 它将人们的注意力集中到组织与其外部环境之间的相互关系上。当组织将视野扩展到外部世界（例如客户）时，这种关系就显得尤为重要。它使经理人抛弃了“A事必然引起B事”的决定论观点，因为许多输入具有不可预测性和不可控性。
- 它将技术和组织需求、社会—心理或人的方面看作是彼此相关的子系统，由此对正式的经典方法（关注技术和组织需求）和非正式的人际关系方法（关注社会—心理或人的方面）的各种观点进行了有机的结合。

4.13　系统思维的基础是类比，因此不能过于延伸。事实上，它具有一种想象上的吸引力，并且提供了一个有用的框架，用以思考环境因素、结构和工作组织的含义。

第五节　权变方法

5.1　在对经典学派和人际关系学派约定俗成的观念进行批判的过程中，产生了权变方法。汤姆·伯恩斯和格雷厄姆·斯道克尔、琼·伍德沃、P R.劳伦斯和J W.洛尔施和其他学者所做的研究表明，不同类型的组织结构同样可以取得成功。马林斯提出，权变方法可被视为一种“假设”关系：即“如果存在一定的情境因素，那么在组织结构和管理系统中就存在对应的某些最适合的变量。”

5.2　权变理论不仅没有忽视从其他学派吸取的教训，反而提出了更好的管理和组织工作办法是取决于具体情形的——事实上并不存在“一种最佳办法”。权变方法试图找出影响组织结构、文化和领导有效性的因素，并研究如何调节这些因素，使某种特定情形下的需求得到最好的满足。

5.3　就像赫钦斯盖和布坎南所说的，“随着权变理论的出现，组织设计不再是

‘现成的’，而是可以根据组织的具体的、特殊的需求进行裁剪”。本质上讲，权变理论是研究组织灵活性的理论。

- 劳伦斯和洛尔施比较了两个不同公司结构的特点：一个公司是高性能容器公司，处于一个相对稳定的环境中；另一个公司是高性能塑料制品公司，处于一个迅速变化的环境中。他们总结出，在稳定的环境中，最有效的结构的特点是：高级经理的影响和权力较大，而中层经理影响和权力较小。在变化的环境中，高级经理的影响和权力较小，而中层经理影响和权力较大。
- 琼·伍德沃对艾塞克斯郡数家公司的研究表明了技术作为一种影响组织结构差异的主要因素的重要性：“看起来，不同的技术给个体和组织带来了不同种类的需求，这些需求必须凭借一种适当的组织形式才能得到满足。”

5.4 权变组织方法认为，我们可以用多种方法将组织设计为不同的结构（正如我们在第一章简要介绍的），某种情况下一种组织结构是否适合，是由许多因素决定的，例如组织的历史和所有权、组织规模、雇员的类型、任务性质和相关技术、市场需求以及许多外部环境因素。

5.5 在本教程后面章节谈到管理风格、冲突处理和团队领导时，我们将会考察这种类型的多个权变理论。

伯恩斯和斯道克尔

5.6 汤姆·伯恩斯和格雷厄姆·斯道克尔 （《创新管理》）认为，组织结构和文化应当是适应性的：即根据市场环境是稳定还是变化而有所区分。他们将组织从机械型到有机型分了多种类别。从本质上说，不能说哪一种是有用的哪一种是没用的；一种结构是否适合，取决于市场的稳定性和生产过程技术变化的速度。

5.7 机械型（“像机器一样的”）组织是指官僚机构。前面我们讨论过，官僚机构从技术上讲，在稳定条件下是很富有竞争力和效率的——但是却过于死板，不适合变化的环境。机械型组织比较拖延（喜欢请上级作决定），喜欢增加新的岗位、部门和职责来应对新的挑战、解决新的问题，延续了结构上的复杂性和正规性。

5.8 有机型（“像有机体一样”）组织更加容易适应环境的变化。它们的典型特点是在结构上和文化上具有流动性和灵活性，包括：

- 鼓励信息和技能共享的“贡献型”文化，鼓励多才多艺（而非专业化）和团队合作（而非职能划分）。
- 权力和沟通的“网络”结构，为了合作和自我控制，允许分权，允许存在许多横向关系（跨职能边界的）。
- 工作设计，允许根据团队需要和变化的需求对任务进行灵活的定义。
- 关注目标和输出，而非过程。

权变理论的贡献

5.9 权变方法的价值体现在以下几个方面：

- 鼓励经理人发现并界定那些需要经理人管理的情形中的具体变量，并且根据情势想出最合适的处理方法。对一般原则和“现成的”解决方案的盲信，会使经理人忽略可能的一些替代方案，使经理人无法灵活正确地判断，从而阻碍问题的解决和决策的制定。
- 鼓励组织借助组织结构和文化，提高组织在面临环境因素变化时的响应性和灵活性。任务执行情况和个体及团组满意度是比设计风格的持久性和统一性更加重要的设计标准。在一个组织中，可能会同时存在官僚机构单元和以任务为核心的、多技能的和自我管理的团队（例如在研发部门），这些团队能够应对特殊的压力和环境易变性。

第六节　后现代组织

6.1　马林斯认为，“后现代主义拒绝使用理性的系统方法来理解组织和管理，而接受社会和行为的解释……人们越来越怀疑，是否真正存在一种完整的和条理分明的管理知识体系……后现代主义的思想与其说是组织和管理的一种具体的系统方法，倒不如说是一个一般化的社会学概念，并且对实践中的经理人来说，似乎没有什么吸引力。”

6.2　然而，后现代主义导向可能在以下方面是有益的：

- 理解关于组织的不同观点和范式：在组织问题上鼓励“跳出框框的思维”，考虑有分歧的不同观点（强有力地促进了多样化的管理）。
- 强调组织应具备响应性、流动性和对剧烈变化的忍耐力（不会遭受到由于努力保持对不可控势力的控制所带来的创伤与挫折）。

6.3　赫钦斯盖和布坎南认为，“后现代”组织在应对越来越混乱的外部环境的过程中，正在发展为一个新的范式。尽管它仅仅是一个理想化的概念而非现实的存在，但是它凭借如下机制却能够达到结构上和文化上最大的流动性：

- 借助网络化形成的多方向信息流（除了正式沟通渠道外）。
- 与环境之间形成可渗透的边界：组织的信息收集、学习和响应；使用分包商、自由职业者、网络、联盟。
- 缩小规模、减少层级，缩短决策过程，将权力下放给一线响应部门。
- 员工灵活性和授权：多技能、团队自治、对承诺（而非循规蹈矩）的激励、培养创业精神。

- 文化上对模糊性、变化和灵活性比较宽容：弱化规章、渠道、流程和职位描述。

6.4 赫钦斯盖和布坎南将灵活性结构（Adhocracy）描述为“一种暂时的、适应性的、创新性的组织设计类型，它与倾向于永久的、规章驱动的和僵化的官僚机构形成鲜明的对比。”灵活性结构一般包括临时的、灵活的、多专业的项目团队所形成的一种松散构造的网络。它不仅与创新性、创造性思维和组织学习行为相关联（“灵活性结构是开发，而官僚机构是利用”），而且还与混乱、模糊性、凝聚力的缺乏和身份认同的丧失相关联。

6.5 这种把组织灵活性推向一个极端（汤姆·彼得称为“乱中取胜”）的做法，会被认为与“后现代组织”思想相同（本章第一节提出的）。彼得自己在《乱中取胜》一书中提倡诸如“分块”和“拆开”结构的方法——不仅仅是将组织结构扁平化，同时要摧毁组织机构！他引用麦肯锡和CNN等一类成功企业，将其视为小型的、职能灵活多变的单元所组成的松散网络的示例；这些单元可以根据需求灵活地合并与拆分，可以发现它们自己的客户并发起它们自己的项目，可以通过信息收集活动不断地进行自学。

本章小结

- 在21世纪，管理学理论的学派已经从经典学派（例如泰勒、法约尔），经过人际关系学派（例如梅奥）和系统理论学派（例如特里斯特和班福思），发展到权变学派（例如伯恩斯和斯道克尔、赫西和布兰查德）。
- 经典理论包括由FW.泰勒率先提出的科学管理方法、法约尔提出的管理原则、韦伯描述的官僚机构模型。
- 人际关系方法（梅奥）是为了解决科学管理非人性化的一面而发展起

来的。这一方法率先关注了工作场所社会性的一面。

- 特里斯特和班福思根据他们在达拉谟煤矿中技术的研究，归纳形成了“组织是社会—技术系统”的思想。
- 最终，人们不再认为存在一种特定的组织管理方法对所有情形都最优。相反，许多学者更喜欢权变方法：“一切取决于环境”。
- 这一趋势在后现代组织观念中得到进一步的延伸。后现代观念强调，让结构上和文化上的流动性达到最大化，具有重要的意义。

自测题

括号内数字为参考答案所在段落。

1. 从经典学派、人际关系学派、系统学派到权变学派，请总结组织管理理论的发展脉络。（图 2-1）
2. 请列举科学管理方法的关键特征。（2.4）
3. 法约尔所称的五种管理功能是什么？（2.9）
4. 尽可能多地列举法约尔的 14 项原则。（2.10）
5. 请列出韦伯提出的官僚机构的一般特点。（2.16）
6. 请列出人际关系学派对经理人的启示。（3.6）
7. 请区分 X 理论和 Y 理论。（3.11）
8. 组织可以被视为一个封闭系统。这一观点是正确的，还是错误的？（4.3）
9. 请列举系统方法对组织管理的贡献。（4.12）
10. 区分机械型组织和有机型组织（伯恩斯和斯道克尔）。（5.7, 5.8）
11. 列举后现代组织观念的特征。（6.3）

第三章

个体差异与多样性

对应大纲内容

2.1 分析在采购与供应职能中个体的不同行为特征如何影响对其的管理。

- 理解个体之间的差别
- 个体之间的独特性与相似性
- 个体发展与测量的个人特质研究法
- 情商
- 组织中的多样性
- 多样性的管理

引言

第六章和第七章会继续探讨团组行为。在此之前，我们先在本章讨论工作中个体行为的关键变量和过程。

首先，我们评价个体差异和相似性的本质以及个体独特性对经理人的意义。

其次，我们探讨人格的概念。人格的概念是描述个体差异性和相似性的一种方式。人格的常规法则研究法（Nomothetic approach to personality）强调可观察得到的相似性（例如人格特质和类型），这可以使经理从“整体上”对人有所了解，并且理解甚至可能预测人的行为。个人特质研究法（idiographic approach）强调个体独特性和人格在不同时期的发展，这可以帮助经理人理解人格的多样性。

再次，我们转向多样性（或差异性）问题，看看如何才能有效地管理多样性。多样性是比“平等机会”范围更广的一个概念（参见第十一章关于监管框架的内容），不过我们这里强调的是工作场合的性别问题。

最后，我们讨论影响个体工作绩效的一些因素，为以后章节讨论学习行为和动机打下基础。

第一节　个体差异

个体的独特性与相似性

1.1　根据生活经验我们知道，人与人之间是互不相同的，这就给经理人提出了一个重大的挑战。人们在很多方面都不一样：他们的信仰、价值观和态度（他们在想什么，他们对事物的感觉是什么）；他们的观念（他们如何“看待”事物）；他们在不同的情形下如何表现其行为（他们做什么，说什么）；所有这些不同都是源于他们在遗传、心理、倾向、种族起源、年龄、性别、家教、智力、天资、教育和兴趣、动机、文化、当前环境等方面的差异。

1.2　这些特点和背景因素中有些在团组中是共同的。例如，团队成员可能是同一性别或年龄段，有相同的教育背景或专业背景和文化程度。但是，所有遗传的（先天的）和环境的（后天培养的）因素因复杂和多样的方式互相影响，造成个体的差异性。

1.3　马林斯指出：“经理人必须有能力选拔那些对于组织有价值的个体。经理人必须善于观察哪些个体在组织中表现优秀并有潜力获得进一步发展。经理人还必须能够评价个体差异，并且对个体需要方面的差异性保持敏感。最后，经理人需要了解自己并理解自己的独特性以及自己人格对他人造成的影响。”

1.4 所谓的“变革型”领导人（'Transformational' leaders）的一个重要特征是他们能够因人而异地看待每个人。然而事实是，经理人并不总是能够应对个体独特性所带来的所有复杂性。幸运的是，还是有可能识别人们相似或一致的行为方式，从而让我们能够在工作和社会中与他们相处。能让我们做到这件事情的一个概念就是人格。

1.5 虽然如此，有些心理模型关注那些人与人之间很大程度上是天生的相似性（例如性别、智力或能力）所共有的特征和领域，试图发现人格的“类型”，并且对个体在这些相容特点上的联系与区别进行测量和比较。其他模型则将每个个体看作基本上是特性和人格形成经历的独特组合，并试图仅仅说明每个独特的“自我”、其与世界独特的相互作用和对世界独特的认识。

第二节　人格和行为

2.1 赫钦斯盖和布坎南将人格定义为：“是以一种独特而一贯的方式、对于不同的情形、跨越不同时间，影响个体特征行为模式的心理素质。”这里提出了理解“人格”概念的几个要点：

- 它是一个综合的概念，包含了个体在心理倾向、学习行为、动机和行为模式方面如何与环境发生相互影响。
- 它强调稳定的或一贯的特性：它是个体在不同情形下和不同时间段呈现出的“特征”。偶然或随机行为并不属于人格的范畴。
- 它强调个体独特的行为模式，这些模式可以被识别并用于相互比较。

2.2 遗传因素或环境因素是否对人格有影响？影响程度有多大？在这方面历来存在着“先天与后天”的争论。哪个因素相对更重要一些？这两种因素如何相互关联（如果有任何关联的话）？理论家们对此持不同意见：

- 一些心理学家（采用常规法则研究法：参见下面的内容）相信人格是个体遗传禀赋的一部分，不会随社会经历和环境影响而发生较大的改变。人们仅仅是具有某种心理倾向或偏好：然而，他们仍旧可以对行为进行适应性的改变，在需要时学习并熟练掌握那些并非属于他们“天生”人格的行为。
- 其他心理学家（采用个人特质研究法：参见下面的内容）提出，个体在其生活和与他人相互影响的过程中，形成了他们的人格：其行为会受到环境、文化和社会因素的影响。个体可以变得“社会化”来适应所处的环境，尤其是通过早期的学习经历：人格不仅具有适应性（旨在帮助个体应对环境挑战），而且还有适应能力（根据变化进行调整）。

2.3 人格研究有两个主要的、从根本上不同的方法：

- 常规法则研究法（法则设定或法则制定）。
- 个人特质研究法（针对个体的研究）。

尽管本课程的大纲中只明确地提到个人特质研究法，在大纲指示内容中包含的几个概念却是取自常规法则研究法，所以我们将在这里一起介绍两个方法。

常规法则研究法

2.4 常规法则研究法建立在归纳的基础上，强调了人类行为中“法则”或规律性的一面，使得我们有办法识别、描述和测量人格特点，从而理解并（谨慎地）预测行为。这样一种方法对于组织中人才的选拔、管理、培训和发展是有用的，对于在人际交往中对交往对象做出整体的判断也是有帮助的。

2.5 常规法则研究法的一般步骤如下：

- 识别人格可能发生变化的主要领域或“维度”（例如内向型或外向型、情绪稳定或反复无常），同时假定这些是常量（定性地说任何个体都是相同的）。
- 利用自测问卷，测试各组个体的人格，得出所分析的人格维度的分数。
- 构建个体的人格特征。将每个维度的分数与平均值比较，识别“平均”人格和在具体特性上偏离范数的（统计学意义上）显著偏差。
- 形成人格和行为原则——假定人格很大程度上是遗传的，不受环境因素影响。

2.6 常规法则研究法试图从两个广泛的概念描述人格：**人格特质**（个体人格中具有特定行为倾向的属性或品质）和**人格类型**（反映个体心理偏好的明显的特征模式或特征组）。

- 例如，如果我们说某人是“好交际的”，那么我们实际上就明确了一种**人格特质**，正是这种“好交际的”人格特质，促使这些人以一种可预见的方式对特定情形进行反应。
- 可是，如果我们说某人是“外向的”，那就明确了一种**人格类型**，随之带来的是一组特征（好交际的、喜欢表达的、冲动的、注重实际的、积极的等）。

2.7 人格类型理论将人们分为不同的“类型”，这里，同一“类型”是指拥有相同的行为模式。“类型”的问题在于过于宽泛，没办法解释个体差异的复杂性和细微的差别。实际上，大多数类型模型认识到了这一点，并强调：①偏好并不必支配行为；②没有哪一种“类型”一定就比另一种优越。

2.8 人格特质理论识别以某种特定方式行事的倾向或者可被观察到的任何一

3

贯行为。（例如，假如你说某一团队成员“总是迟到”，那么你正在识别团队成员的人格“特质”。）这种理论假设不同个体之间存在着许多共同的、可以识别和比较的特质，同时也认为不同个体具有不同的特质，而且一些个体即使有着相同的特征，但是其程度也是不一样的。这样就可以更加精确地反映人格的复杂性。

个人特质研究法

2.9 个人特质研究法是一种动态的、全面的、个体化的方法，旨在描绘一幅精细的、复杂的个体人格的图画。它用一个人自己的看法和对自身的认识，把人格描述为一个统一的整体。研究人员利用面谈、观察、信件、记事簿、人生经历等得来的数据，对个体进行深入的研究。通过笔迹和讲话、自由联想（例如墨斑试验）、梦的解析与空想分析（例如主题统觉测验，看图片运用想象力写出短篇小说，从而让参试者通过写小说将其人格投射到图片中）所得到的个体信息是非常重要的。

2.10 该方法集中关注：

- 个体的独特性：用特质和类型所进行的“人格评价”，不足以让我们了解个体是如何理解外部世界并做出反应的。
- 借助于对环境的学习和适应而发展的“自我”或者自我观念。个人特质研究法假定，人们行为的依据是主要通过社会相互作用而发展形成的自我认识。这种社会相互作用，一方面是我们自身行为对他人造成影响；另一方面是他人对我们持有的期望、态度和行为。对于理解诸如学习、激励和团队关系等与工作有关的过程来讲，这是一个有用的方法。

2.11 个人特质研究法主要关注的焦点是，理解人们之所以是他们自己的原因。常规法则研究法关注的焦点是说明他们是“谁”或者“干什么的”。马林斯认为，在工作场合，比起知道“为什么”来说，我们对于人格是“什么”、不同的人格特点对于工作绩效有什么影响更加感兴趣。所以，工作环境中广泛应用的许多人格模型都是常规法则研究法模型，我们将考察课程大纲中强调的一些模型。

第三节 人格模型

艾森克的人格三个维度

3.1 英国心理学家汉斯·约尔根·艾森克（《人格和个体差异》）建立了一个流行的、有影响力的常规法则研究法的人格模型，其基础是：

- 普遍性的人格特质，用人格调查问卷加以测量。
- 特质群：这样的命题，即具有某一特质的个体可能具有一定的其他“兼容的”特质。
- 人格类型，是由特质群或特质模式形成的。
- 艾森克认为，人格是遗传的，以生理为基础的，根本不可能改变：例如那些与神经系统、其他基因和生物因素相关的人格。

3.2 艾森克的研究明确了个体人格发生变化的两个主要领域：

- “E”维度
  - 外向型（注意力转向外部世界）。包括富于表现力、易冲动、好风险、好交际、实际、不负责任、活跃等一些特质。
  - 内向型（注意力转向内心体验），包括不活跃、谨慎、负责任、自控、深思熟虑、不善交际和压抑等特质。
- “N”维度

- 神经质型（情绪不稳定），包括焦虑、负罪感、强迫性、忧郁症（想象中的疾病）、不快乐、缺乏自治和较低的自尊感等特征。
- 稳定型，包括安静、没有负罪感、漫不经心、健康的感觉、快乐、自治的、较高的自尊感等特质。

3.3 艾森克人格问卷（EPQ）就每个维度设计的基本都是“是或否”问题（加入一些“测谎”题目，以测试答卷人在回答问题时的诚实度。）“E”和“N”的得分互不相关：你既可以是内向型，也可以是神经质型或稳定型。这样就可以得出四种基本人格类型：

- 乐观型（稳定的外向型）：健谈、反应灵敏、活泼、无忧无虑（特质）——可以引起某几种行为倾向（例如在团组环境中建立自信融洽的关系）。
- 易怒型（不稳定的外向型）：冲动的、变化无常的、焦躁不安的、容易激动的、好争斗的。
- 冷静型（稳定的内向型）：安静的、适中温和的、深思熟虑的。
- 忧郁型（不稳定的内向型）：焦虑的、喜怒无常的、悲观的。

3.4 问卷试图找出可以将人们区分开来（不会使用那些所有人回答都一样的问题）、又具有相关性（似乎测量的是同一事物）的问题。

3.5 可是，尽管这是种“统计”方法，在问题的措辞和结果的解释方面还是不可避免地夹杂了主观因素。运用这种测验还会面临其他一些限制。带有前提的“是/否”问题可能与个体经历无关，作为对于复杂思想过程的一种反映，这样的问题是不准确的。“受测试”的状态可能会导致参试者伪造答案（例如，有些人会给出他们认为“正常的”、令人满意的或期望的答案）。无论如何，数据不是为了预测个体行为（而这对经理人来说是最重要的），而是为了进行比较。

卡特尔的 16PF 调查问卷

3.6 雷蒙德·卡特尔在《人格的科学分析》一书中使用了另一个关注人格特质的常规法则研究法，将特质理论先驱戈登·奥尔波特的人格特质谱进行了合理化。他抽取了大规模的个体样本，总结出了 171 个明确的特质，然后利用因子分析法识别出紧密相关的特质——最后将特质列表缩小到只包含 16 个关键人格因子，以此作为人格的基础。这一数据为广泛应用的人格评估工具——16 人格因子调查问卷（16PF），奠定了基础。

“五大”特质维度

3.7 “五大”特质维度是另一个常规法则研究法的特质理论，建立在 RR. 麦克雷和 PT. 科斯塔（《成人人格》）研究的基础上。它提出仅用五个主要人格因子就足以描述人格差异范围。在各种版本中，这些特质群是人格调查问卷的基础，我们可以从中得到每一维度的正分或负分。人格因子或特质维度（有时候称为首字母缩略词 OCEAN，尽管一些版本所用的标签是不一样的；OCEAN 分别代表：Openness 率真，Conscientiousness 谨慎，Extroversion 外向，Agreeableness 随和，Nuroticism 神经质的）如下：

- **率真**（“探险家”），附属特质如下：幻想、美学、富有感情的、行动、理念和价值。（得到负分则表明是一个“保守者”：实际的、保守的、证实的、喜欢常规的、熟练的、有效率的、没有废话、喜欢条理清晰。）
- **谨慎**（“专注的”），附属特质如下：能力、秩序、尽职、成就、努力、自律、深思熟虑。（负分表示“灵活的”：没有条理、粗心、轻率、自然的、风趣的、实验的、散乱的、随意回答的、容易思想不集中、拖延的。）

- **外向**（“性格外向的人”），附属特质如下：热心、集群性、武断的、活跃、寻求刺激、积极的情绪。（负分表示“内向的”：内心的、独立的、安静的、矜持的、独自工作、悲观的、深思熟虑的。）
- **随和**（“适应者”），附属特质如下：信任、直截了当、利他主义、服从、谦虚、有慈悲心肠的。（得到负分则表明是一个“挑战者”：反对的、侵略的、坚强的、怀疑的、利己主义的、唐突的、冷淡的、独立自主的。）
- **神经质的**或**消极情绪**（“反应型的”），附属特征如下：易动感情的、焦急的、无安全的、情绪低落的、害羞的、思维敏捷的、沮丧的、渴望的、容易局促不安的、思想不集中的。（负分表示“稳定的”：不易惊慌的、镇定的、安全的、有自信的、满意的、反应迟钝的、没有负疚感、积极乐观、自信。）

3.8 就像其他人格模型一样，一些研究人员质疑该模型用到的描述词、过程的主观性和与尺度运用的数值判断：大家可能已经注意到了一些术语本身所包含的积极或消极含义。还没有人试图将人格描述为这五种因素之间的一种动态相互作用，或者分析它们彼此之间的相互影响。并且，将人格归纳为五组特质也不可避免地过于概括。（例如，“率真”包含了“感觉”、“行动”和“思想”——然而，我们将在第四章会看到，其他模型认为个体对这些领域中的一个或另一个因子更容易产生偏好，并且是以不同的“风格”。）

3.9 然而，“五大特征维度”模型有争议地整合了广泛的人格工具，尤其是在工作场合评估领域。它没有声称是权威的，但却作为人格基本特征维度的最佳近似物而被接受。“如果你向一位陌生人问到有关人格的五个问题……那么询问这人在这五个维度上的位置，将是最有启示作用的”（大卫·迈尔斯，《探究心理学》）。正如你可能预期的那样，在谨慎和稳定性上的高分与优秀的工作绩效呈现出正相关关系（默里·R.巴里克和迈克尔·K.芒特，‘五大人格维度与工作表现：“米塔分析”’，《人事心理学》)。

埃里克·埃里克松的人格发展阶段

3.10 由于个体在其人生发展的不同阶段要面对个人的紧张或冲突，埃里克松(《身份认同与生命周期》)因此将人格发展看作是一个终生的过程。冲突的成功解决可以产生健康的人格和自我观念，而未解决的冲突或阻塞会导致以后生活中的机能障碍。

- 第一阶段（1 岁）：基本信任对基本不信任。建立信任感是自我的首要任务，也是一个终生的任务。
- 第二阶段（2～3 岁）：自主（独立行动）对害羞（由自我意识产生的）和疑虑。
- 第三阶段（4～5 岁）：主动性对内疚感。主动性可以提高计划和承担任务的品质，但是小孩可能会由于目标和行动感到内疚。
- 第四阶段（6～11 岁）：勤奋（创造性活动的渴望）对自卑。
- 第五阶段（12～18 岁）：身份识别对角色混淆（或扩散）。青春期小孩关心他们在别人面前如何表现。“自我认同”是个体自我的内心感觉与他在其他人面前的形象相一致所产生的一种自信的感觉：在选定一所学校或职业身份上无能为力且令人不安。
- 第六阶段（年轻的成人）：亲密对孤独。
- 第七阶段（中年）：繁殖（关心孕育并引导下一代，有一个社会认可的工作等，即在创造遗产）对停滞。
- 第八阶段（老年）：完善对绝望。“自我完善”是指一个人对秩序和意义的持续感。绝望产生于对死亡的恐惧，独立性的丧失挚爱伴侣和朋友的去世。

3.11 这是个人特质研究法的一个例子。我们原本希望本教程不讨论其中的细节，因为它很大程度上与工作场所的管理没有关系。但是，在管理理论中可以看到这种方法的组成要素，它们认识到个体在不同人生阶段中不断变化的需求、兴趣和定位。（例如，不同的“职业锚”或职业定位，取决于所在的家庭和人生中的经济阶段。）

迈尔斯人格类型指标

3.12 迈尔斯人格类型指标（MBTI®）模型是商业领域最著名、最常用的人格类型模型之一。它以自己的人格发展框架为基础，人们常常把它归类在常规法则研究法和个人特质研究法这两个方法之外；但作为一种分类你可以把它看作一种广义的常规法则研究法。

3.13 卡尔·荣格在《心理类型》一书中首先提出该模型中用到的概念。他认为人们用他们的思想主要做两种基本的活动。

- 知觉（P）：从环境中获取信息，主要通过以下两种方式之一：
  - 感觉（S）：获取有形的（真实的、现在的、当前的）感官信息。
  - 直觉（N）：看到“全貌”、联系和未来的可能性。
- 判断（J）：从我们的感觉归纳出意义和结论，主要通过以下两种方式之一：
  - 思维（T）：某种情形下后退一步，以便对事实和潜在的原则与概念进行客观评价。
  - 情感（F）：某种情形下先了解对方的需求、价值和关系，据此做出决定。

3.14 根据我们是喜欢将我们的精力导向外部（被人、经验和活动所激发）还是导向内部（受我们内心想法、记忆和情感的激发），我们还倾向于以不同方式来完成这些活动。荣格将这些称为两种导向：

- 外向型（E）：精力导向行动和外部世界。
- 内向型（I）：精力导向思考和内心世界。

3.15　表 3-1 列出了这些不同维度的一些特点。

表 3-1　外向型和内向型

外向型（E） • 更喜欢口头沟通 • 喜欢社交和表达 • 冲动 • 通过工作实际/“亲身实践”学习 • 广泛的兴趣和活动	**内向型**（I） • 更喜欢书面沟通 • 内心保守的 • 控制的或抑制的 • 通过思考进行学习 • 没有太多兴趣，但都很深入，喜欢不太活跃的兴趣
感官型（S） • 观察事物外形细节 • 通过实践进行学习 • 信任经验	**直觉型**（M） • 观察模式和洞察力 • 通过思想和理论进行学习 • 任何洞察力和预感
思考型（T） • 受推理、解释所指导 • 用思考做出决策 • 渴望合理	**情感型**（F） • 受对人的价值和影响所引导 • 用情感做出决策 • 渴望有同情心
判断型（J） • 喜欢条理、讲究方法 • 有结构的：详细的计划、进度安排 • 喜欢确定性、成就、结束	**知觉型**（P） • 喜欢灵活、随便、自然的 • 使选择有余地 • 喜欢含糊、不确定、变化

3.16　在迈尔斯·布里格斯的网站上介绍了如下差异：

- **特别喜欢的世界**：你是更喜欢关注外部世界（外向型），还是关注自己的内心世界（内向型）？
- **信息**：你是更喜欢关注你获取的基本信息（感官型），还是你更喜欢解释并附加含义（直觉型）？
- **决定**：在做决定的时候，你是更喜欢先考虑事理与连贯性（思考型）

还是首先考虑人的因素和具体的环境（情绪型）？

- **结构**：在对待外部世界时，你是更喜欢做决定（判断型），还是更喜欢对新信息和选择留有余地（知觉型）？

3.17 迈尔斯·布里格斯的调查问卷分析了四个分区的个体偏好（E-I、S-N、T-F、P-J），建立了人格类型的复杂画像：你可以既是 INTJ 型，也可能是 ESTP 型等。需要认识到的重要一点是：没有哪一种类型一定就比其他类型更好。每一种类型都可以对工作任务和团队发挥自己的作用。各种人格模型旨在帮助人们理解他们之间的差异之处（否则有可能会导致误解），使个体和团队能够认识不同工作风格的优点，从而提高工作绩效。

3.18 通过这一非常简短的阐述可以看出，对于经理人最有用的结论也许是经理人需要：

- 允许存在不同的工作风格，不应用自己的价值判断。（你可能会认为在一个谈判团队中外向型“优于”内向型，但是内向型可以提供深刻的见解和创新性的思想。）
- 适应其他人的行为，建立亲密关系或施加影响。（如果你是外向型的，你可以预料，你的内向型下属更喜欢通过邮件接收反馈，这样他就可以对其进行思考，而不是面对面的谈论。）
- 利用每种类型的优势，以及他们在团队中的互补方式。（例如，知觉型可以领导一个头脑风暴会议，因为他不会急于决定。判断型可以主持收尾会议或谈判，以便能达成解决方案。）

DISC 模型

3.19 另一个实用的人格描述模型是 DISC 模型。DISC 代表支配型（D）、影响型（I）、稳定型（S）和谨慎型（C）。所有个体都具有这四种特质中的每一种，但对每个个体来说，特质的组合是不一样的。

- 支配型涉及控制、权力和武断。在这一方面得分高的人在处理问题和挑战方面表现得非常积极。得分低则表示比较保守、谨慎和温和。
- 影响型涉及社会情境和沟通。在这一方面得分高的人们倾向于通过说服和运用情感来影响他人。得分低则表示更易受事实影响，而不是情感。
- 稳定型涉及耐心、坚持和深思熟虑。在这一方面得分高的人们厌恶突然的变化，更喜欢稳定的步调和安稳的工作环境。在这方面得分低的人则属于热切、易冲动的人。
- 谨慎型涉及结构和组织。在这一方面得分高的人们喜欢承担高质量的工作并在第一时间将事情做对。在这一方面得分低，则表示个体可能忽略细节，并不注意规章。

A 型与 B 型人格

3.20 在工作压力管理和团队管理方面有一个特别有用的人格类型理论。迈耶·弗里德曼和瑞·罗森曼在《A 型行为和你的心脏》一书中观察了经受早期心脏病的人们，识别出经常性的人格模式。

- A 型个体通常是好竞争、充满活力、不耐烦、焦躁不安、神经紧张、对压力敏感的。
- B 型个体通常是有耐心、平静和“随和的”。他们可能仍有抱负和主动性，但工作稳健、放松和不太“奋发进取”。

3.21 A 型人可以通过艰辛的、长时间的工作成长起来，在组织中很自觉，是革新者。但是他们的行为也和很多不健康的症状联系在一起，包括：高血压、高胆固醇、吸烟、酗酒。他们比 B 型人更容易遭受工作压力导致

3

的心脏病。

3.22 再者，A 型人和 B 型人在同一个工作组中工作时，可能会感觉到压力。对于 B 型同事来说，没有什么紧迫感，时间管理缺乏效率，截止期限对他们没什么推动效果。A 型个体对时间紧迫的行为特点可以使个体制订出严格的进度计划，抑制了团队思想的产生，减弱了创造性、学习和创新性（林德·格拉顿，《热点》）。

人格评估的运用

3.23 人格评估工具很有用：

- 在招聘和选拔过程中，当作（更加主观）面试的辅助工具。有人质疑说，人格测试在预测工作绩效上没有什么效果；测试不可避免地带有文化偏见和歧视；测试侵犯个人隐私；追求“理想的人格特质或类型”只会导致员工的克隆，从而不可能产生新的观点，无法促进或支持多样化。我们将在第九章进一步探讨这个问题。
- 在个人和职业发展过程中，展开关于个体优劣势的讨论；为辅导课程“诊断”学习和辅导的需求；考虑到人们的学习偏好和风格，对学习、发展干预和活动进行规划。
- 在团队建设和团队管理上，强调个体的差异性、多样性的价值和不同人格类型的贡献；帮助理解冲突和团队维护问题；审视团队人格组合和平衡的优缺点；对学习和操作方法进行规划，让员工的贡献达到最大。
- 在员工辅导和纪律干预方面，对于功能异常的态度和行为，诊断并处理其基于人格的原因；帮助员工发展更成功的个人和人际的行为和处理技能。

第四节　情　　商

4.1　马林斯曾指出，“直到最近，人们还一直将工作场合视为是理性的、符合逻辑的地方，是排除感情因素或将感情视为消极因素的地方”。

4.2　智力常常被人们看作是工作场合最有价值的东西——常被定义为认知能力（即知觉、运算能力、口语流利和推理等精神过程），并用 IQ 即智商进行测量。可是，霍华德·加德纳在《心境》一书中的研究挑战了狭义的 IQ，他认为 IQ 过分简化了个体身上可见的许多智能行为。加德纳建立了一个“多元智能”模型，包含一些新的类型的智能，如空间能力（设计意识）、运动能力（身体能力）和音乐能力。他还提出了“个人智能”（Personal intelligences）的种类。

- 内省智能（Intrapersonal intelligence）：了解自己的内部世界；形成准确的自我概念的能力；在生活中有效运用该模式的能力。
- 人际智能（Interpersonal intelligence）：理解他人、他们的动机以及如何与他们合作的能力。

4.3　个人智能的概念得到进一步发展（例如由彼得·沙洛维和约翰·D. 迈耶与丹尼尔·戈尔曼做出的发展），特别是包含了感情和情绪因素，这些因素据说是反映了人脑不同部分的功能，而不仅仅是智力或认知过程。这就产生了“情商”（Emotional intelligence）这一概念。

丹尼尔·戈尔曼的工作

4.4　丹尼尔·戈尔曼认为，成功的领导不仅取决于技术能力和精神灵敏度（IQ），而且还取决于情感察觉能力和成熟度（即觉察、调节自己情感的能力），并以对他人情绪的敏感性来管理关系。

4.5 情商的基本定义是“为了激励自己，以及为了管理自身和他人情绪，而觉察自身和他人情绪的能力”（戈尔曼，《情商》）。“情商”常常简称为 EI 或者 EQ（情商，与 IQ 对应）。

4.6 表 3-2 阐述了戈尔曼情商的五个基本组成要素（或“领域”）。

表 3-2　戈尔曼情商领域

自我意识	“知道此刻我们的感觉是什么，并利用偏好指导我们做出决定；对于自身的能力有切合实际的评价，有一种合理的自信”
自我调节	“对我们的情感进行控制，以使我们的情感能够对任务有所帮助，而不是干扰；保持认真负责并推迟享受，以实现目标；从情感痛苦中充分恢复”
激励	“利用我们最强烈的喜好引导我们实现目标，帮助我们积极主动、努力改进，并在碰到挫折和失败时不屈不挠”
共鸣	“感受他人的感觉，能够从他们的角度看问题，与千差万别的人建立协调与和谐的关系”
社交技能	“很好地处理关系中的情绪，准确研读社交情境和人际网络；顺利地与人交往；在合作和团队协作中运用上述技能进行劝说和领导、谈判和争端解决”

4.7 戈尔曼在《工作中的情商》一书中将**情感能力**定义为一种“学习的能力”，即将情商转化为熟练行为，产生有效的工作表现的能力。戈尔曼在与合益集团合作时提出了情绪能力清单（评估工具），即一个调查问卷，用来测量组织管理和领导领域的情绪能力，如表 3-3 所示。这一清单可以被当作领导招聘和选拔、管理和领导发展的基本框架。

4.8 EI 的概念与经理的有关技能具有很紧密的联系。

- 情商是许多领导品质的基础，这些领导品质包括自信、不屈不挠、承受压力、行为上具有灵活性等。
- 很明显，社交技能是鼓舞、劝说、激励、领导、谈判、冲突管理和团队合作等领导工作的基石。

表 3-3　情绪能力清单框架

维　度	能　力	维　度	能　力
自我意识	情绪自我意识 准确的自我评估 自信	社会意识	共鸣 组织意识 服务导向
自我管理	情绪的自我控制 透明 适应能力 成就导向 主动性 乐观	关系管理	发展他人 鼓舞人心的领导力 变革催化剂 影响 冲突管理 团队合作与协作

- 情商可以促进有效的变革管理，原因在于情商可以帮助经理人改变那些隐藏在人类行为下面的信仰、态度和价值观——而不是仅仅让人们改变他们的行为（常常是暂时的）。
- 戈尔曼认为情绪才能是一种基础能力，决定了我们运用其他技能的发挥程度。

采购与供应领域的情商

4.9　马尔科姆•希格斯和安德里亚•雷诺兹在《采购专业人员是否需要情商？》（2002）一书中针对采购领域对模型进行了如下调整：

- **自我意识**：对自我情绪的觉察、认识和管理的能力。
- **情绪弹性**：能够在许多不同的情形下并且在面临压力时一贯地表现良好。
- **激励**：为获得结果，为了平衡短期目标和长期目标，为了在面临挑战和拒绝时实现你的目标，你需要具备的动力和活力。
- **人际敏感度**：感受他人需要和情绪的能力，运用这一意识有效地与他人相互影响并做出影响他人的决定的能力。

- **影响**：劝说他人改变某一问题上立场的能力。
- **直觉**：在信息比较模糊或不完整的情况下，运用洞察力和相互影响做出决定并执行决定的能力。
- **责任感和正直**：在面临挑战时展现出对一系列任务的负责的能力，并始终如一地采取行动的能力。

第五节 组织中的多样性

多样性的含义

5.1 多样性是指“人们之间可见的和不可见的差异，包括性别、年龄、背景、种族、残疾、人格和工作风格。建立这一概念的前提是，对这些差异加以利用，可以帮助我们创建一个具有创造性的环境，在这个环境中，所有人都感到有用武之地，能够发挥自己的所长，并且能实现组织目标。”（雷温德·肯德拉和约翰娜·富勒，《实践中的多样性：管理马赛克》。）

5.2 多样性作为一项人力资源管理政策，反映了人们的一种信仰，即企业全体员工的构成应当广泛反映外部人才市场或社会整体的构成。因此，从战略观点看，应当反映目标客户基础的构成，使得企业能够迎接环境带来的挑战。

5.3 劳动力正在变得越来越多样化，不仅反映在国家和种族背景上，而且还反映在以下几方面：妇女在劳动力中具有更大的代表性；多种多样的教育经历和途径可以促进就业；认识到员工不管其性倾向、宗教信仰、家庭结构、年龄和残疾情况如何，都具有追求平等机会的权力，对此，法律提供了支持。

5.4 现在出现了管理多样性的趋势，该趋势认为企业应当积极主动地努力理解、认可并管理多样性的劳动力需求。这意味着：企业应当支持对个体差异的容忍（宣布歧视和骚扰非法）；在设计报酬体系（例如提供灵活可选的多项津贴）和发展规划（考虑潜在的教育和资质问题）时考虑多样性；为了帮助多样化的家庭责任和残疾人，合理调整工作安排和工作环境；促进员工的沟通。

5.5 平等和参与是两个彼此相关、但在某种程度上更加狭义的概念。

- 平等：是指当人们在获取权力和利益时与其他群体相比，没有受到偏见或歧视并得到同等对待的原则。它尤其适用于社会和工作中少数的、未被代表的群体的平等权利。
- 参与：是指让所有员工和潜在员工参与计划和决策过程的积极举措，途径包括减少最不利群体所遭受的不平等现象、缩小机会差距、保证向最需要帮助的那些人提供支持等。

5.6 “多样性管理远远超出了旨在促进平等机会并避免歧视的法律要求。它是一个识别差异和重视差异、努力积极运用全体员工的独特才能和独特观点的方法。关注的重点是个体，而不是少数族群。”（英国皇家管理学会）

多样性的特点

5.7 黑尔里格尔、斯洛克姆和伍德曼在《组织行为学》中将“多样化能力”看作是和自身能力、跨文化能力、沟通能力、团队能力和变革能力同等重要的一种核心管理能力。他们将“多样化能力”定义为“评价独特个体、团组和组织的特点、将这些特点加纳为可能的力量来源、并理解每一特点的独特性，在这些方面所具有的知识、技能和能力。”多样化能力能够使个体、团队和组织有效地：

- 培育一种环境，使具有不同特点的人们广泛参与。

- 从具有不同特点和观点的个体、团队或组织身上学习，促进创造力和创新性。
- 培养能够支持工作场所多样性的意识、态度和行为。
- 抛开个人特性或个体差异，展示出与团队成员合作的承诺，并且重视他们的贡献。

5.8 黑尔里格尔等人认为，个体的特点千差万别，它们影响着个体、团队和组织的行为。他们对组织中经常见到的多样性特征提出一种分类（根据珊妮·布拉德福多样性 14 维度的研究成果），如图 3-1 所示。

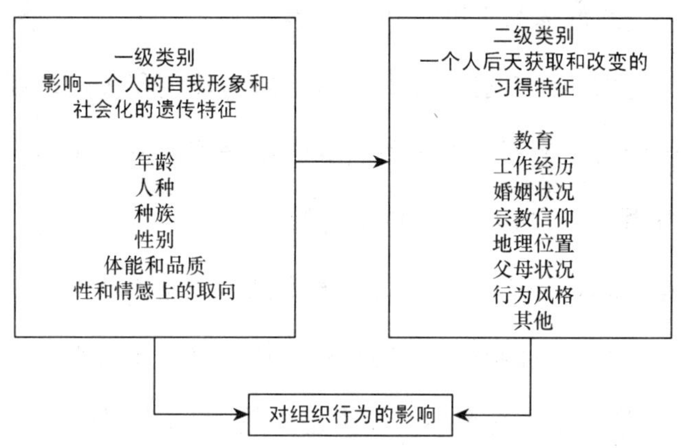

图 3-1 黑尔里格尔、斯洛克姆和伍德曼提出的多样性特征

多样性的优点

5.9 发展多样化的劳动力所具有的优点包括：

- 拓宽了人才库：使组织可以获得更多人才（尤其是在地区人才或特殊人才短缺的时候），例如返回工作岗位的家庭妇女、老龄工人等。从这些以前未被充分利用的人才领域可以获得一些特殊的好处，例如老龄工人在经验和忠诚方面带来的好处，远远超过了年龄差异造成的业绩损失。

- 利用具有多种技能、经验和观点的人才（支持来自他们的全部贡献）所带来的业绩优势。第六章中将提到，多样化的团队或员工能够促进良好的沟通、决策、学习、变革和创新。
- 反映外部利益相关者的多样性。聘用不同群体、文化和观点的代表人物，可以使组织预料到各种类似利益相关者的需要及其所关心的事情。其好处是不言而喻的，即能够预料市场和客户基础的需求（更有效地瞄准细分的市场和客户）。事实上，在供应链内，尤其是在诸如跨文化沟通和合同管理的领域，建立和谐关系也是很有利的。
- 因为以前未被代表的团组感到获得了支持和重视，他们能够全心全意地付出，从而提高了员工士气和业绩。
- 不仅在少数族群中间（在客户服务团队得到更好的体现，在制订市场战略时将他们的需求考虑在内），而且在客户中间（他们越来越要求提升公司道德和责任，而不是仅仅满足法律要求）普遍提高了客户满意度和忠诚度。
- 提升了雇主的品牌（一个道德的、多样化的雇主）：能够吸引和留住高素质人才的能力。
- 遵守平等机会法律和行业准则。
- 提高了灵活性和促进了学习。“我们对差异越是开放，学习潜能就越大，接受变革和发展的能力就越强。所以，差异性和多样性是实现许多领导抱负的关键。”（迈克·佩德勒等人《经理人领导指南》）

5.10　多样性的好处总结如下：法律上、道德上和社会上的收益，商业上的收益（对市场细分有更好的理解，树立正面的雇主口碑，吸引和留住人才）和员工收益（更有代表性的劳动力队伍，重视并尊重员工，全心全意地做出贡献的机会，提高创造性）。

3

5.11 相反的，没有采取积极措施来发展和支持多样性的组织，就会遭受相应的可能后果：不能定位到关键市场细分领域，荣誉受损（影响雇主口碑、公司形象和商业关系），降低员工士气、忠诚度和承诺，在与其他雇主的竞争过程中无法吸引和挽留住人才，颓废的组织文化（缺乏关键的道德和社会责任价值观，并且以单一文化身份为基础）；更不用说歧视赔偿所带来的法律诉讼、仲裁和上诉。

多样性的缺点

5.12 多样性可能存在一些缺点，这是因为差异对组织和管理来说可能意味着挑战。但是，这些应该被视为一种明确的管理挑战，而绝非反对多样性的理由。

- 制定与实施多样性政策（包括政策工作小组、多样性监督、培训、更为广泛的招聘、更加严格的选拔过程、同工同酬工作评估的实施等）会带来负担和成本。
- 在多人种团队中管理和沟通存在困难：文化价值观和行为准则、语言和人际关系风格（例如在谈判或管理风格）上存在差异；同时，培训团队领导人的应对能力也具有困难与成本。
- 劳动力队伍中越来越多样化的家庭结构和责任，给管理工作带来困难和成本（引入柔性工作，兼职工人的平等权利，孩子看护支持等）。
- 面临着不同国家的学历和培训体系（隐含着招聘、培训和发展）所引起的读写、算术和差异等问题。
- 调整工作环境、过程和任务组织，以便支持残疾员工的工作投入。（对于越来越老龄化的劳动力队伍，我们也应该进行某些调整来支持他们。）
- 没有得到有效管理的差异可能会造成误解、沟通不畅和冲突。

5.13 这些劣势中有一些仅仅是增加了为获取潜在利益所做投资付出的成本。

其他的劣势，实际上，可以通过有效的管理加以消除。我们将在本章最后一节加以介绍。

多样性管理实践

5.14　在组织这一层面，应当制定一个评价多样性范围的计划并且贯彻实施，促进多样性的发展：管理层和职工对差异范围和敏感度的认识；行为的灵活性（能够运用多种解决方案模型，而不是最优化方法）；建设性的沟通、团队建设、冲突解决和问题解决。

5.15　必要时安排多样性培训，保证经理人和职工理解多样性的价值，尊重个体差异，并尊敬地对待所有团队成员。就像任何文化变革倡议的一样，为了保证投入以及将多样性转化为组织的核心价值观，必须获得来自高级管理层的支持。

5.16　有必要在文化敏感性和尊重多样性的指导方针或行为准则方面，加强沟通和认知培训。对其他组织文化机制也要加以利用：在招聘、选拔、评价和报酬环节使用多样性认识标准；在培训和发展课程中加入多样性学习体验等。

5.17　马林斯在管理多样性方面提出了“十个实用的理念”，如表 3-4 所示。

表 3-4　马林斯多样性管理的十个实用理念

1	在运用假设之前，要在人们身上对这些假设先进行测试
2	保证职工充分理解纪律和申诉有关的组织政策
3	对于所有员工，尤其是新员工，确保他们理解了口头和书面的多样性政策，并可以照做
4	保持沟通渠道的畅通，防患于未然
5	学着理解所有员工的观点，鼓励坦率的方法
6	准备倾听与解决工作问题有关的不同方法
7	了解并考虑任何被个体强烈坚持的信仰（例如宗教庆祝、食物、关系）
8	对所有改善工作环境和过程的贡献表示感谢，不管贡献是谁做出的
9	了解你自己在文化多样性上的偏见，别让它们影响你的工作
10	注意让所有员工分享工作场所中的社会事件，尤其是（但不限于）与身体残疾者有关的

组织中的性别

5.18 性别是人们之间最常见的一种差异维度，并且根据这一维度可以将人格轻易地进行归类及模式化。马林斯曾说：“这种认识对我们的行为会有什么影响？工作团组由男性或女性占主导地位，会有什么差别？男人和女人对工作有不同的体验吗？”

5.19 虽然最近几十年来职场中的女性数量日渐增加，但是她们仍旧没有在所有职业中获得平等机会。性别隔离是指存在以“男性”或“女性”占据主导地位的职业。

- 当男性和女性与不同类型的工作中相联系时，就产生了横向性别隔离。研究表明：“与男性相比，女性更有可能当教师、护士或图书馆管理员，而不是医生、法官或注册会计师。她们常常做日常办公室工作和工厂工作，但很少做那些所谓的熟练手工工作。对于男人来说，正好相反。”（大卫·A. 布坎南和大卫·博迪《管理：导论》）
- 当女性不成比例地远离权力职位和正式权力，就产生了纵向性别隔离。换句话说，在管理层中女性比男性更少。在 2007 年一项名为“性别和权力：谁在运转着英国”的调查发现，富时指数（FTSE）100 公司只有 10%的首席执行官是女性，议会成员中仅有 20%是女性。

5.20 现在，人们重新审视各种文化中关于女性对工作的态度及工作能力的假设。莫琳·吉尔德姆在《工作中相互影响的行为》中认为，“生理性别和社会性别并非工作表现的显著预报器。即使存在社会性别差异，它们只影响到 1%～5%的结果变化。最近的研究表明，女性气质和男性气质是互相独立的维度，每个维度里面有数个领域，包括外表、行为、人格和兴趣等。有证据表明，因为社会性别模式比起实际生理性别差异来讲涵盖的范围更广，而且社会性别包含的信息把生理性别之间较小的差异进行夸大，所以社会性别模式并不非常准确。”

5.21 换句话说，将“男人”（或“女人”）看作同一个性别的团组是没有帮助的，在同一性别里个体多样性特点存在很大的差异。所以很难对男人和女人的工作经历和工作生命进行有意义的概括。但是，研究人员努力识别独特的沟通和谈判风格、关系风格、管理风格。布坎南和博迪引述了以下几位学者的研究工作：

- 朱迪·B.罗森娜在《美国竞争力的秘密：女性经理人》中认为，男性经理人倾向于采用一种交易型的领导风格（以交换和职位权威为基础），而女性经理人则倾向于采用关系型领导风格（以劝说、鼓励、支持和个人品质为基础）。她指出，女性“帮助和授权式”领导风格比起男性“命令和控制式”风格更适合现代急剧变化的环境。
- 莎丽·赫尔格森在《女性的优势：女性领导方式》中认为，女性在发展合作关系、创造力和直觉方面均优于男性，女性更喜欢通过关系、而不是职位权威进行管理，她们比男性更多地运用倾听和共鸣的方法。
- 大卫·耐特和费格斯·默里在《分裂的经理人》中认为，以男性占主导地位的管理实践低估了女性领导风格的作用，并限制了女性晋升到高级职位。布坎南和博迪也认为，“那些强调偏硬的分析技能优于偏软人际技能的经理人，也许在不经意间支持了男性的晋升，限制了女性的发展。压力巨大的竞争、紧张和长时间无社交的工作会产生同样的效果。”

5.22 因此，从文化角度和历史角度来讲，女性在职业中的地位受到限制。它也成为一个性别政治问题。马林斯强调了“围绕性别问题的情感和政治”

的程度，并指出：

- 有些人对于性别问题过于敏感，并且将任何负面的谈话均解读为故意的（或象征性的）歧视行为。
- 另一些人对于性别问题过于迟钝，可能不知不觉地保守陈规、偏见和歧视。

在上述两个极端中间寻找一个平衡点，是职场中管理员工的一项重要技能。“对于组织来说，也许要采取的最积极的办法就是承认所有员工的千差万别的工作模式，并且寻找将多样性的全体员工作为一个整体加以管理的最佳做法。”

第六节　个体绩效的影响因素

6.1　是什么因素导致人们在工作中表现得更有成效？个人业绩可能取决于：能力、技能和知识，激励、士气和承诺，领导和管理的质量，任务目标的透明度和反馈的及时性，系统、程序和技术的有效性，资源可获得性，任务的组织、协作和团队合作等。

6.2　我们可以利用许多不同的模型来描述个体绩效的影响因素。关于这种讨论有一个容易让人记住的框架，称为 3C 模型。如果你遇到一个业绩很差的团队（工作中或在考卷给出的情形中），你可以利用这一框架来考虑各种影响因素。

- 承诺（Commitment）：人们对待工作的意愿和精力如何。
- 贡献（Contribution）：有效完成工作和任务所需的条件。
- 能力（Capability）：人们在工作中所运用的才能、技能和能力，以及这些能力如何得到提高。

承诺

6.3 承诺是一个难以捉摸的概念，不过玛吉、波特和斯蒂尔斯是这么阐述的：“承诺是个体在某个组织中的身份认同和参与的相对力度。它至少包括三个特点：深信并接受组织的目标和价值；为组织付出巨大努力的意愿；保持组织成员身份的强烈意愿。”

6.4 培养员工的承诺涉及激励和有效的领导。

贡献

6.5 个体和团队贡献必须得到组织环境（包括领导）的激活与支持。主要措施包括：

- 委任：清楚地界定任务目标、授予足够的执行权力。人们需要知道组织的期望是什么？
- 控制：清晰的价值观、政策、程序（如果必要）、目标和成功标准和反馈，可以根据反馈进行调整。人们需要知道他们目前所处的状态，以及为了达到他们的目标应该到达什么位置。
- 支持：领导的支持、认可和鼓舞。人们需要得到领导对他们贡献的重视，能够为他们调动资源，必要时做出示范。
- 合作：协调、信息共享和团队合作的机制。组织之所以形成，是因为个体单独工作存在局限性——如果整体能够实现积极的协同效应，即整体大于部分之和（2+2>4），那么就必须将个体结合为一个整体。

6.6 支持员工，让他们取得最好的业绩，这是授权的目的。它把组织金字塔倒过来了：与其说是员工支持领导完成领导们的目标，倒不如说是领导支持员工实现员工的增值目标。

能力

6.7 个体和团队贡献取决于人们“能”做什么。

- 才能：人们能胜任或能够学会什么。其中他们的素质和天资（他们天生擅长或适合做的事情）
- 能力：人们能够（或者能学会）做什么。这包含了知识、技能（学会的有效的行为）和能力（按一定标准完成特定任务的能力）。
- 创新性：完成新工作、形成新想法的能力。在现代环境中这是工作绩效中具有高度价值的要素。

6.8 领导的一项重要任务是发现并提高员工和团队中的高素质的和灵活的（如果可能，独特的）能力。

本 章 小 结

- 经理人必须认识到，团队成员都是独特的个体，在信仰、价值观、才能和行为方面有所差异。
- 常规法则研究法强调人类行为中可预料的规律。个人特质研究法强调每个个体的独特性。
- 比较有影响的常规法则研究法有艾森克、卡特尔、埃里克松的方法和“五大”特质维度。MBTI 方法也是广义的常规法则研究法。
- 在其他研究人员中，丹尼尔·戈尔曼强调了仅建立在智力水平基础上的“智力”概念的局限性。情商也在职业上发挥着重要的作用。
- 工作场合中的多样性在某种程度上是受到法律推动的。事实上，许多研究人员强调，组织可以从工作场所中的多样性中获得明显的收益。

- 工作场合中个体绩效水平可以用诸如承诺、贡献和能力等因素来加以衡量。

自测题

括号内数字为参考答案所在段落。

1. 请区分人格研究方法中的常规法则研究法和个人特质研究法。(2.4,2.9)
2. 如何运用常规法则研究法来分析人格？(2.5)
3. 解释“E”维度和“N”维度的含义是什么(艾森克)。(3.2)
4. OCEAN 模型中的五特质维度是指什么？(3.7)
5. 请列出外向型和内向型的特征。(表 3-1)
6. 请列出人格评估的可能用途。(3.23)
7. 请给出情商的定义。(4.5)
8. 请解释希格斯和雷诺兹如何将情商概念应用到采购者角色上。(4.9)
9. 列出工作场合中多样性的好处。(5.9)
10. 请列出多样性可能的缺点。(5.12)

第四章

学　　习

对应大纲内容

2.2 分析采购与供应职能中个体的不同学习方式如何影响对其的管理

- 作为正式过程和自发过程的学习
- 显性知识和隐性知识
- 认知学习理论
- 知识管理方法

引言

本章通过探讨学习和发展，继续讨论影响个体行为的因素和过程。特别是我们将介绍成年人如何学习（扩展知识、技能和能力）的各种理论，以及如何管理学习过程来提高个体、团队和组织的能力。

首先，我们将对学习过程进行考查，对学习和培训加以区分。强调学习过程通常具有的非正式的和自发的特点，以及如何利用这个特点来促进工作中的持续学习。

我们将探究两个重要的人类学习理论（行为主义者和认知的）以及这些理论对学习、培训和发展干预设计的意义。我们将重点介绍“学习方式”这一流行概念（即人们在如何学习上具有某种相对稳定的人格偏好），以及它在学员管理方面的作用。

学习可以在个体、团组和组织三个层级上分别开展。在第四节我们将介绍“组织学习”的概念，并将它与组织的“知识管理”过程联系在一起。

最后，关于经理人如何促进团队成员的日常学习，我们汇总了一些观点。在第十章关于作为人力资源管理过程的培训与发展这一部分，还将对此加以论述。

第一节 学习过程

1.1 学习的定义是“经过练习或体验所获得的相对持久的行为变化”（伯纳德·M.巴斯和 J.A.沃恩，《工业中的培训：学习管理》）。这也是人们通过获取知识、能力和技能改变行为的过程。

学习成果

1.2 学习活动可以产生如下一些成果：

- 掌握技能。技能是指“通过学习获得的操作方式，或者对刺激的反应，从而能够成功、迅速、自信地执行一项复杂任务。”人们拥有某些自然禀赋或能力，但是技能不同于自然禀赋，而是必须通过学习和实践才能掌握的复杂行为。要取得有成效的工作结果，常常要依靠对技能的运用。
- 获得知识。在职业学习背景下，知识常常分为 Know-that 和 Know-how 两种。Know-that 也称为“理论知识”，是指观念、概念、理论、方法等一类知识；Know-how 也称为“实用知识”，是指关于事物的知识，或者能够完成事情的能力。理论知识经常是通过正规教育获得的，它通常是技能运用的基础（所以在 CIPS 课程中会纳入“管理学”单元）。实用知识可以建立在不可教授的、不可言传的（或者隐含的）隐性知识的基础上，通常是通过模仿和体验获得的。学完本课程后，你也许理解管理原理（即应当如何做），但实际上管理一个团队却是个相当不同的挑战。组织既要发展理论知识（理解各种过程），也要发展实用知识（有效应用这些过程的能力）。

- 提高能力。“能力”是技能、知识和行为的结合，为了在工作岗位和工作环境中取得富有成效的工作绩效，就必须对“能力”加以运用。因此，能力将知识、技能和其他特性整合到一个总的“能力”概念中，特别是在谈到工作绩效和熟练程度时。
- 形成态度。态度是影响人类行为的精神状态：包括信仰、价值判断和意愿、行为动机。改变态度是改变行为的必要环节：例如，在第三章我们提到进行反对歧视（或“敏感”）的培训的必要性。我们也在第一章中阐述了“心理契约”在形成组织行为中的重要作用：有效的工作绩效，常常依赖于员工对待雇主和工作任务等的态度。
- 提高意识。这是个人发展另一个最近得到重视的领域，它的目标是鼓励个体了解其自身的行为，努力改变那些阻碍员工取得成效的消极思想或者狭隘观念。许多组织会举办某些领域的意识培训，例如：管理发展、自信培训、多样性培训和情商发展。
- 提高就业能力。“就业能力”的概念涵盖了知识、技能、能力和特质，它们可以提高个体在劳动力市场上的潜在流动性和价值。在社会上负责任的雇主在意识到他们无法提供长期的职业保障时，会努力促进雇员最终调动到其他职业，从而让自己的企业受益于灵活的、多技能的劳动力和明确的心理契约。

正式和非正式学习

1.3 正式学习源于有计划的学习、慎重的学习干预、有指导的学习阶段或者学习辅导。组织发起正式学习的目的是为了满足特殊的、明确的绩效改进需求，或者填补知识、技能或态度等方面存在的缺口与不足。艾伦·罗杰斯（《有什么不一样？对于成年学习的新批判》）称之为“教育性的学习”，这里，学习本身是重要的任务，而不是通过工作经验积累“自然地”学习。正式学习方式多种多样，包括“学习”、教育和培训项目，网上学习，在职辅导或指导等。我们将在第十章中讨论。它们经常伴随有学习测试或评估，以测试是否达到预定的学习目标。

1.4 实际上，学习既可以是正式的，也可以是非正式的；可以是即兴的，也可以是有策划的和有系统的；可以是由学习者管理的过程，也可以是由“教师”管理的过程。佩德勒、伯戈因和博伊德在《学习型公司》一书中认为：“如果让我们想想我们是怎么学习的，大多数人首先想到的可能是什么时候有人曾经教过我们。另一方面，如果让我们想想问题是怎么解决的，我们首先会想到面临的困难情形是什么以及我们是如何努力克服的。在解决问题的过程中，我们不仅仅要对付当前的困难；我们实际上是在寻找一个我们以某种形式可以用到的解决方案，并且我们通常也会变得更加善于解决问题。问题解决过程在很大程度上是学习过程。”

1.5 正如我们在本章后半部分将讨论的体验学习和试错学习，当员工执行任务、记录下结果并且为了下次做得更好而调整其行为的时候，实际上学习过程一直在进行。学习者可能并没有意识到学习的存在：他关注的是如何将任务做好或做得更好。下面几个术语可以用来描述这种非正式的、自我引导的学习过程。

- 意外的或无意识的学习，它在个体人生和工作过程中时时刻刻发生，使人们积累了宝贵的经验。例如，人们会模仿一位德高望重的同事的行为，了解办公室中的方方面面，学习在工作中应该怎么处事。
- 偶然发生的学习，或多或少也是无意识的学习，发生在其他活动的过程中（例如阅读、浏览网页、与同事聊天或者执行工作任务），但是我们可以捕捉到这类学习，并将其应用到其他方面。我们在日常生活中“吸收”了广泛的信息。
- 机会性的学习是有意识的学习，个体开始学习某些东西——不过利用的是身边的经历（而不是正规教育和培训资源）。机会性学习的方法包括：训练和辅导、体验式学习、个人发展日志、边解决问题边学习（团组问题解决）。

1.6　鼓励自我管理、非正式的和持续的学习，是现代学习和发展的一个重要概念——它把“人力资源发展”概念与更狭义的、组织推动的“培训”过程区分开来。

1.7　事实上，为了满足个体和组织明确的学习和发展需求，仍需要为系统的、组织推动或经理推动的学习干预保留一席之地。马林斯指出：“令人奇怪的是，我们看到一些组织中的学习仍旧是顺其自然。组织希望雇员不费吹灰之力就掌握行为、态度和技能。”我们将在第十章讨论学习、培训和发展管理的系统方法。

学会学习

1.8　彼得·赫尼和艾伦·芒福德在《机会性学习者》中提出：“因为人们学习的方式影响着其他的一切，所以学习可以说是所有生活技能中最重要的技能。我们生活在后工业信息时代，信息的有效期越来越短，变化发生得越来越快而且越来越不可预知。显然，学习是关键，不仅是为了生存，而且也是为了应对所有这些变化并获得成长。”

1.9 学会怎么学习可以使人们持续学习，而不局限于某一教科书、培训课程或训练会。它是个人和职业持续自我发展和“终生”学习的基础。人无时无刻不需要学习新的东西。学会学习就是培养持续学习和不断完善的价值观、态度、战略和方法。

学习技术的发展

1.10 马林斯指出，“人们越来越多地运用技术来改善学习环境。”

- ICT（信息与通信技术）驱动的学习（例如播客、You Tube 视频和学习的“应用程序”）可以帮助人们获取学习资源，例如跨越地理上的限制参加“虚拟”学习小组或者观看讲座和演示。
- 人机交互变得越来越先进，提供许多学习体验。
- 知识共享和知识社区现在是全球性的，它们可以帮助我们立刻获得来自大众的知识、信息和问题解决方案（例如维基百科和讨论板）。

1.11 在线学习（E-learning）是指“为了实现组织明确的培训目标，通过电子技术发布、实施或促进的学习。它不包括独自的脱机培训，例如独自一个人使用电脑光盘进行学习。”（英国人力资源学会）

1.12 换句话说，在线学习使用了诸如因特网或公司内部网一类的 ICT 网络。通常正式的在线学习系统包括：提供课程内容、交互测验和答案等的软件包，以及来自在线辅助员或教练、讨论板、网络广播研讨会等的学习支持。近年来在线学习越来越具有影响力，尤其是 IT 技能培训、基于信息和认知的学习。

1.13 混合学习是一种流行的方法，它综合了各种方法和媒体的优点。混合学习是指在线学习与课堂培训或指导一类的传统培训形式相结合的学习或培训活动。例如，在参加培训或复习课（目的是练习和小组互动）之前，先通过在线学习方式学习理论内容。例如一次演示或现场访问，可以辅之以在线学习方法进行的深度探讨。或者，学员在课堂环境下利用在线学习方法接受培训师的辅导或帮助。

1.14 混合学习的一个显著优点就是它具有灵活性：它允许我们将专注的自学（按照个人自己的学习进度）和小组互动、在线应用等结合起来。同时，它充分利用了培训资源，将花在旅行和外部培训活动上的时间缩到最小，取得最好的培训效果。

1.15 马林斯提出，尽管技术方面有了进步，但是文化障碍仍旧阻碍着在线学习的广泛传播。个人可能没有时间参与系统的在线学习，或者缺乏完成课程的动力——尤其在没有得到管理层支持的情况下。然而，在线学习为个人发展创造了重要的机会，凭借在线学习资源和计算机或手机应用程序，可以获取主要大学的讲座和课程、用户生成的基本技能演示等。

1.16 我们将在第十章培训与发展部分进一步讨论这些问题。

第二节 关于学习的理论

2.1 尽管人们已经对学习做了大量的研究，但关于下列问题还是有各种不同的观点：学习是什么？学习过程是怎么工作的？当我们说某人“知道”某事我们指的是什么？关注学习理论的有两个基本的心理学学派。

- 行为主义心理学学派强调以经验主义认识论为基础（认为人类思想单纯对感官获得的信息产生作用）。因此，它从“刺激物”（感官经验）

和我们对刺激物的“反应”之间的关系入手，强调可观察得到的行为。学习可以解释为在经验或“条件作用”的基础上，刺激物和反应之间形成的新的联系：关于行为结果的信息（“反馈”）要么是未来类似行为的诱因（“正强化”），要么是抑制物（“负强化”）。

- 认知心理学学派强调以理性的认识论为基础（认为人类思想给感官信息赋予了含义并进行了组织）。它认为，我们对以前行为结果的“反馈”信息进行处理（解释和利用），以便根据我们的目标和通向目标的计划，做出理性的抉择，即在未来是继续成功的行为还是修正失败的行为。

行动主义者学习理论

2.2 根据行为主义学习理论，针对某一刺激物，我们是根据以前经验结果的反馈好（正强化：重复行为的诱因）坏（负强化：修正行为的诱因），来学习如何修正我们的反应。通过一个被称为“条件作用”（Conditioning）的过程建立刺激物和反应之间的联系。

2.3 经典条件反射（或者“简单学习”）最早是由伊凡·巴甫洛夫在1909年提出来的。当时他观察了小狗不仅在看到食物的时候分泌唾液，而且在看到准备食物的实验室助手时也会分泌唾液。在食物刺激和分泌唾液的自然反应之间存在着明确的联系，但是小狗却可以通过重复性的经历，将实验室助手的出现与食物联系起来（有条件的刺激），并且在看到助手出现时就做出分泌唾液的反应（有条件的反应）。

2.4 在后续的实验中，通过重复性的喂肉振铃，巴甫洛夫使小狗在声音和肉之间建立了联系：小狗在听到铃的声音后，即使当时并没有喂肉，也会出现分泌唾液的条件反应。因此，经典条件反射将已有的反应和新的刺激物联系起来。

2.5 操作性（或工具性）条件反射说明了新的行为或反应是如何借助与具体刺激

物的联系而稳定下来。该理论认为，在某一环境下，任何受到正结果（强化）奖赏的行为都倾向于在那一环境下得到重复；任何受到负结果“惩罚”的行为都倾向于不会在同一环境中重复；任何受到忽略的行为都会倾向于消失。

2.6 B.F.斯金纳通过老鼠实验证明了上述论断。实验中，一只饥饿的老鼠被放在一个盒子中，老鼠压下盒子中的杠杆就可以得到小食物球。老鼠可以自由在盒子内走动，勘察其所处的环境。当老鼠不小心压下杠杆时，它就得到食物的奖赏，强化该行为。经过几次重复之后，老鼠就会为了获得食物，故意地按下杠杆。

2.7 操作性（或工具性）条件反射与经典条件反射的不同之处在于，它不是故意地在期望反应和某一具体（受控的）刺激物之间建立联系（像在经典条件反射中那样），而是试图奖赏从而强化所期望的行为并在讨厌的行为出现时加以惩罚（从而根除令人讨厌的行为）。斯金纳得出了如下结果。

- 可以通过一步步地强化个体行动或学习步骤来建立复杂的行为模式（诸如熟练的表现或令人满意的行为和态度）。这叫做“行为塑造”。组织经常出于纪律、服从和公司形象的考虑谋求对员工行为的控制。
- 惩罚对于鼓励学习起不到什么作用：它只是暂时压制了不受欢迎的行为，并没有刺激正面学习。用正面的和宝贵的奖赏强化期望行为是更加有效的方法。
- 一旦建立了习得行为，那么只要偶尔强化就足可以维持该习得行为。（正如赫钦斯盖和布坎南所说，要不赌徒为什么总要赌个不停呢？）

2.8 这是经验学习或试错学习的基础，即对于所期望的行为不断地、即时地给予某种形式的正强化或“报酬”（成就感、被认可、表扬、奖励）。

2.9 强化是学习的一个关键概念，是设计有效培训和发展干预的一个重要因素，因为强化决定了哪一个新行为会在将来得到采用（习得）、哪一个会被扔掉。认识正强化对我们至关重要——我们将在第五章激励部分进一步加以阐述。正强化包括：

- 内在的正强化，由行为或学习本身引起：例如成功或精通带来的满足感，或者获得知识的浓厚兴趣。
- 外在的正强化，由外部原因引起。这并不意味着货币奖赏：经理人的一句表扬和认可，或者作为学习成就的结果未来可能获得货币或职业奖赏的前景，都可以产生重要的无形的正强化。褒奖和鼓励（例如表扬学员或团队成员取得进展或者成功地完成任务）引导正确的学习行为，激励进一步的努力。

认知学习理论

2.10 认知心理学涉及个体选择追求的目标和计划，他们采用的方法，以及经验与思考对这些计划和方法的影响。根据这一理论，学习是人类对行为和经验结果的反馈进行处理和解读的方式——在追求他们选定的目标的时候，决定是维持成功的行为呢，还是修正失败的行为。换句话说，我们不仅学习新的习惯（如行为主义理论所提出的那样），而且也学习处理信息的方式，以及选择实现目标备选方案的方式。

2.11 认知学习方法在职业学习方面提出了几个有用的概念：

- 当人们受到鼓励去制定出清晰的学习目标或预期结果时，当他们收到清晰和及时的反馈，表明习得行为是否对实现那些目标或结果有所贡献时，学习可能是最有效果的。这些信息输入到一种“学习计算器”中：可能得到的报酬是否值得我们付出努力学习和改变呢？
- 当学习者能够亲自试验、发现事物并且解决问题时，学习可能是最具效果的。参与和问题解决鼓励人们对认知过程的介入，这意味着，学习者更有可能掌握所需的技能或知识，将它们用到其他工作场合，并且在需要的时候加以运用。它成为以下方法的基础：发现式学习、专题讨论会、角色扮演的运用、案例研究和模拟。

- 人类开发了“学习定势”（Learning Sets）：即如何学会不同类型技能以及如何解决不同种类问题的策略。当培训干预旨在**学会如何学习**（推理、解决问题、收集和利用数据、确切地阐述问题、获取帮助等等）而不是关注学习的“内容”结果时，培训干预会更加有效。
- 职业培训（尤其是脱岗培训）的一个重要目标是学习的转化：将解决方案从学习体验（例如一门课程）转移到其他环境中（例如工作中）类似情况的能力。例如，学习的格式塔学派证实了，如果是以之前曾经学过的东西为基础，则学习转化会在创造新学习方面产生最大的效果：它可以帮助大脑归纳、比较和产生联系。

控制论的类比

2.12 控制论的学习理论来自机器如何利用信息和反馈来触发对其设置或“行为”的调整。克莉丝·阿吉里斯和唐纳德·舍恩（《组织学习：行动角度的理论》）用“单回路学习”来描述人们是如何根据成功实现预期结果的反馈来调整他们的行动。他们将这种学习风格比作空调系统，用恒温器比较室内当前温度和期望温度来调节供热或制冷的效果。

2.13 这种类比突出了**反馈**在个体学习中的重要性。“反馈”是关于行为结果的信息，它既可能表明成功推进目标的行为（正反馈），在这种情况下，行为应得到重复或继续；也可能表明失败或起反作用的行为（负反馈），在这种情况下，行为应该被消除或修正。反馈信息包括：

- 可观察得到的行为结果：例如，团队对一项新学到的管理技术的反应。这是体验式学习的基础，借此你可以监督行为的结果，并且可以考虑下一次为了取得更好的结果你是否需要换种做法。
- 其他人提供的关于你的行为后果的信息：这是团组学习活动（这种情况下，会向参加者提供其他人对他们的看法的反馈）的基础，也是训练和自我管理式学习（学习者从他人那里寻求反馈，例如请团队成员评估你的领导风格）的基础。
- 学习帮助者（如教练或团队负责人）提供的关于你在具体目标和期望方面进展的信息。这是学习评价和绩效管理的基础。

2.14 经理人应当定期给出如下两种反馈，它们对于促进学习都是有价值的。

- 激励的反馈：通过认可成绩、表扬和鼓励团队成员等方法奖赏和强化正行为、进展和表现。激励反馈的目的主要是建立信心。
- 发展的反馈：用来识别行为或表现中需要改变或改进的具体方面，以及揭示如何改变或改进。发展反馈的目的主要是培养能力。记住，与负强化不同，建设性地给出失败行为和改进领域的负反馈，这对于个人发展和技能提高极其有帮助。

体验式学习

2.15 体验式学习是指通过实践进行学习，或者“边干边学”。有效的学习不仅是从抽象的概念或理论开始，也可以从实践开始。大卫 • 科尔布（《体验式学习》）是这一思想颇有影响力的支持者和倡导者。他提出“体验式学习周期”来反映“边干边学”的流程，描述了如何将日常工作经验用于学习、个人发展和绩效改进，如图 4-1 所示。

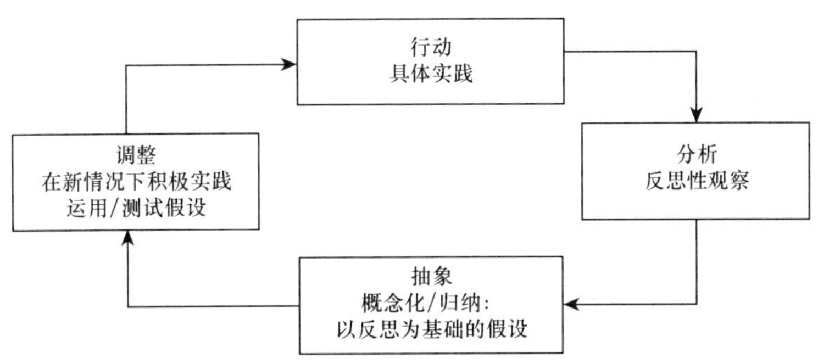

图 4-1 体验式学习周期

2.16 对周期的解读：

- 学员对于要学的技术或概念曾有具体的实践经验。（例如，一位采购经理学员主持一次供应伙伴会议。）
- 他可能通过个人发展日志，重新思考这一经历。（该学员注意到开会时有几次讨论陷入对细枝末节的争论。他于是沉思，究竟是哪类行为造成了当时的那种情形。）
- 利用理论和经验，他脑海中形成了一些可能起作用的抽象概念，并且对于未来要采取的行动做了一个设想。（学员意识到，一个人要想把控会议，就必须成为所有沟通的中心焦点。）
- 在一种新情形下，他应用并测试这一设想。（该学员准备主持下一次采购小组会议，会上，他要求所有的沟通都经过主持人。）
- 这样，学员有了一次新的或经过调整的具体经验，从此又开始了新的体验式学习周期。

2.17 试错也是一种重要的学习过程。它从根本上说是做事并且（如果你没有获得你想要的或预期的结果）换种方式再做一遍。这是经验、自发学习的基础，每个工作场合（尤其是出错和出问题的时候）都可能成为你的学习机会。在帮助学员进行试错学习时，帮助者应该意识到：

- 学员需要获得对他们表现的反馈（以便识别错误）。
- 学习进度不要太快，以免产生挫折感（重复的失败导致）和浪费时间（重复过去可能存在的修改和调整点）。
- 为了让学员练习并且真正鼓励作为学习过程一部分的出错行为，需要建立一个安全的学习环境。出错的消极后果（例如成本、危险或在所有同事面前丢脸）会让学员不愿学习，并且当学习涉及实际任务或资源时就会给组织带来负面风险。这一点在好面子（个人尊严）的文化中尤其重要，所以有必要建立积极的学习文化，能够允许学员在学习课程中间出错。

2.18 体验式学习使任何经历或情形都可能成为一次学习和发展的机会，从而使学员能够管理他自己的学习。它也为“学会学习”提供了一个系统而有效的方法，并且强调了学习本质上是一个连续过程或循环。它运用了不同的学习方法、偏好和“风格”（下文有所阐述）：实验、练习、理论化、观察和反思等。同时，它是从初始学习环境到其他环境的学习转移或应用过程中进行的，因此其所学在工作中得到强化和体现。

勤于思考的执行者

2.19 商业环境变幻莫测，需要灵活性、创造性和创新性，这就要求组织不仅要培训执行任务（像职位描述中规定的那样）的人员，而且要培养“勤于思考的执行者”（南希·克兰《思考的时代》）。勤于思考的执行者是指这些人具备学习技能，具备按不同方法执行任务和执行不同任务的行为灵活性。“在一个飞速变化的环境中，不可能教会大家所有事情，尤其是在时间非常紧急的时候。人们需要学习并利用他们的知识和技能，去弄清楚需要做什么，并且迅速加以适应”（里德、巴林顿和布朗，《人力资源发展》）。

学习曲线

2.20 学习曲线是指个体能力随时间变化的曲线图，反映了花在学习上的时间和所获得的能力水平之间的关系。当人们必须在短时间内获得大量新知识的时候，人们通常会说他们“处于一个陡峭的学习曲线上”。

2.21 “标准”学习曲线最初是陡峭的，逐渐朝着精通熟练的方向变得平滑。但是，在实际应用中，曲线一般反映了可变的学习步调。例如，反映手工技能的学习曲线一般在开始时比较缓慢（学员有很多东西需要学习消化），然后获得上升势头。曲线图上会出现一个或多个“高原”，在高原上输出比较平稳，反映了学员需要巩固学过的东西。然后势头一般再一次聚集，直到学员达到精通熟练的水平——这时曲线会平稳下来。（如果引入新的设备或方法或新的激励措施，才能将输出再一次提升。）学习曲线也可以向下发展。例如，如果学员无法应用新获得的技能就会忘了它们，或者由于重要工作变动而经受方向障碍。一条上上下下的“过渡曲线”经常出现在个体改变工作角色或工作方法的时候。

第三节 学习风格

3.1 大卫·科尔布认为，个体学习者倾向于对其体验式学习周期上（见图 4-1）的某些阶段具有一种心理上的偏好。科尔布在《体验式学习》一书中阐述的偏好类别如下：

- 收敛者（Converger）：喜欢“抽象/归纳”和“应用/测试”阶段。以实用的和具体的方式运用抽象的一般原则（例如通过实验），这时的学习效果最好。

- 发散者（Diverger）：喜欢“具体实践”和“反思性观察”这两个阶段。从不同的视角审视某一具体的经历（例如通过归纳），这时的学习效果最好。
- 吸收者（Assimilator）：喜欢“抽象/归纳”和“反思性观察”这两个阶段。借助概念和抽象的理念（例如通过理论化）学习效果最好。
- 适应者（Accommodator）：喜欢“具体实践”和“应用/测试”这两个阶段。边干边学效果最好（例如试错）。

赫尼和芒福德的学习风格

3.2 科尔布等在《学习风格手册》一书中提到，“人们不仅在学习技能上有所差别，而且在学习风格上也各有千秋。否则你怎么解释年龄、智力和需求完全相同的两个人，在面对同样的学习机会时，为什么会有不同的反应呢？”赫尼和芒福德总结出四种学习风格。对于每种风格，人们都有一种自然的偏好，如表 4-1 所示。你也可以利用这些知识，来评估一下你自己的学习偏好和风格。

表 4-1　赫尼和芒福德学习风格

风　格	学习偏好
理论家 （如果它合乎逻辑，那就是好的）	在做出下一步的尝试之前，需要理解潜在的想法：他们喜欢的方法是那种需要智力和理性的方法。对原理、理论和模型非常热心，喜欢有系统地、符合逻辑地把问题想透。可能是完美主义者，对横向思维和模糊性感到不适应 从下述活动中学得最好：智力上富有挑战力的、有条理的和基于理论的活动；有时间进行分析与掌握潜在逻辑的活动；可以总结成功或失败原因的活动 不适应那些实验性的、忽略原理的或者智力上显得没有条理的培训

（续）

风 格	学 习 偏 好
思考者 （三思而后行）	在行动之前或做出谨慎思考的结论之前，需要退后、观察、深入思考（考虑方方面面、分析所有可获得的数据）。倾向于坐在后面一排（仔细地倾听和观察他人）：显得对事情不在意 从下述活动中学得最好：①允许观察和思考的活动；②允许他们以自己的步调工作并能获得充足信息的活动；③可以帮助他们以一种安全的、有条理的方式与他人交流观点的活动 不适应那些步调太快的参与式培训
活动家 （所有事情我都想尝试一下）	需要执行实际的任务或解决实际的问题，并且喜欢“啃硬骨头”。喜欢运用头脑风暴法解决问题。思想开放、热情——但对长期执行和巩固过程容易不耐烦：想要“先行动，后思考” 从下述活动中学得最好：①快速移交、快速取得回报、激动人心和丰富多彩的活动；②允许他们在不受可行性和结构性限制的情况下产生想法的活动；③可以和他人交互的活动；④可以让他们尝试的活动 对理论、巩固、风险分析或约束没有耐心
实用主义者 （黑猫白猫，抓到耗子就是好猫——不过总有更好的方式）	需要看到所学习的内容与真实世界中他们负责或可能负责的任务或问题之间有直接联系：不会为了学习而学习。热心于将想法、理论和技术付诸实践，看看是否在实践中能够发挥作用。喜欢实用的决定，喜欢将问题当作“挑战”加以解决 从下述活动中学得最好：①与工作问题相关的活动（例如在职培训）；②允许他们在一位注重实际的专家的教导下进行练习的活动；③允许他们集中解决实际问题的活动（例如提示，指导方针等）；④随后有机会及时执行的活动 倾向于对没有定论的理论或讨论失去耐心

3.3 经理人意识到不同学习风格的存在，可以帮助经理人设计适合学员自然偏好的学习活动，并发挥其所长。例如，在一个培训小组中，这可能意味着要列入许多让所有参加者都能参与的活动。

3.4 我们需要记住的很重要一点是，如同许多风格或类型方法一样，没有一种风格会比另一种风格更好——个体可以在那些不属于他们自然偏好的领域培养出高超的技能。所有四种风格在学习曲线中都会用到。例如，实用主义者在行动阶段比较厉害，思考者是在分析阶段，理论家是在抽象阶段，行动者是在调整阶段。

3.5 所以，当经理人为团队成员设计学习活动时，经理人应当：

- 纳入那些适合学员风格偏好的内容（适用于个体学习），或者适合所有四种学习风格的内容（适用于团组学习）。“这就避免了有人会觉得学习经历对他们没有帮助。这种做法可以减少挫折感”（赫尼和芒福德）。
- 为了拓展学员，经理人需要鼓励学员承担不适合他们风格偏好的任务。通过发展学员在自己不适合风格偏好的任务上的能力（也许他更适合于发展某种特殊能力），为学员带来更多的学习机会。记住，一名学员对一种风格具有强烈的偏好，并不意味着他能够有效地运用这种风格，也并不意味着他无法学会其他风格。通过混搭，可以最大化地利用学习机会。

第四节 知 识 管 理

4.1 捕捉和共享个体知识和学习的系统渐渐受到了重视，这样组织所有成员都能对组织共同的理论知识（know-that）和实用知识（know-how）的创造、管理和传播做出应有的贡献。知识管理的目标是，使组织中可利用的知识达到最大化：创造新的知识，并在知识管理的过程中加深认识与理解。

4.2 知识管理的定义是“促进持续的个体、团组和组织学习发展的系统过程，包括知识的创造、获取、收集、转移、转化和应用，以实现组织目标，”（约翰 • P. 威尔逊，《人力资源发展》）。马林斯既把知识管理和组织学习联系在一起，又将它与组织“有效利用智力资产”的能力相提并论。

4.3 知识管理的整体方法包括下述过程：

- 获取知识（获取途径包括环境调查、市场研究、采购研究、标杆比较、建模、人际网等）。

- 产生或创造知识，方法包括思想生成（例如头脑风暴法和智囊团）、研究与开发、利益相关者咨询（例如建议的吸纳、质量小组、早期供应商参与）、教训吸取（例如项目评审和学习捕捉）、培育供应商和全体员工的多样性（获取多样化的内容和信息）。
- 将信息转化为新知识（例如通过汇编、合并、分析、解释或格式重整）。
- 捕捉未说出口的、内心的（隐性的）知识，将它转化为公开的、陈述的（外显的）知识，这样就可以进行沟通、共享和使用。
- 在信息和知识管理系统中有效地储存知识。
- 在组织中共享或传播知识（例如通过 ICT 网络、跨职能团队）。
- 保护独特的、增值的知识以维持竞争优势（例如通过访问控制、保密协议和知识产权保护）。
- 应用知识来发展竞争对手不易模仿的能力（例如创新力或灵活供应能力）。

4.4 M. P. 克尔（“知识管理”，《职业心理学家》）提出了组织知识管理的七个动因：

- 商业上的创新压力。
- 跨组织企业（例如合并、接管）。
- 网络化组织（包括供应链），以及协调地理上分散团组的要求（例如在虚拟组织中）。
- 日渐复杂的、具有重要知识内涵的产品和服务。
- 全球市场的白热化竞争（产品生命周期和产品上市时间缩短、创新和响应压力加大）。
- 商业环境数字化和 ICT 革命（包括可利用知识和知识管理工具的激增）。
- 关注由于规模缩小、外包和员工流动造成的组织知识的流失。

4

- 显性和隐性知识。

4.5 野中郁次郎认为，组织按照“输入—转化—输出”模型处理信息，这种想法太被动了。相反，在个体知识向组织知识转化、扩展和共享的过程中，发生了组织学习过程。在与广隆竹内结合作《知识创造型公司》中，野中郁次郎根据显性知识和隐性知识的区别，将这一思想发展为一个模型。

- 隐性知识是指内在的诀窍（Know-how）：被视为非常根深蒂固、理所当然的、常常无意识的心智模型和能力。人们“只是知道”怎么去做。这类知识难于表达、提炼或者与他人分享。
- 显性知识是指正式的、系统的、清晰表达出来的知识，可以通过诸如产品规范、流程或计算机程序之类的工具进行交流和共享。

4.6 为了促进组织学习，还需要一个知识转化的过程。这一过程从个体层次开始，通过社会交往得以扩展并汇总各种观点，最终呈现为组织层次共享的知识。野中郁次郎和广隆竹内结用图表展示了这一过程，如图 4-2 所示。

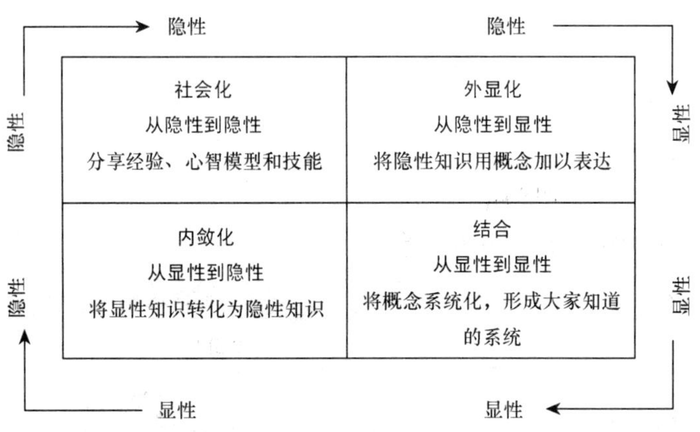

图 4-2 野中郁次郎和广隆竹内结模型

4.7 让我们依次考查每个过程：

- 社会化（Socialisation）是通过个体之间的相互交流将隐性知识转化的过程，比如一位大师和一个学徒分享手工知识与技艺，或者一位精神导师与一位弟子进行交流。这个过程可能没有涉及口头说出来的知识：例如，通过观察、模仿和练习。

- 外显化（Externalisation）是将隐性知识转化为显性知识的过程，例如一个人向另一个人解释他所知道的事物。同时，隐喻和类比可以用来解释通过其他途径难于表达的隐性概念。
- 结合（Combination）是将多种多样的显性知识片断汇总（例如通过大会小会）形成一个增强的知识体系，并将它正式化或汇编起来，以便今后供大家分享和使用。
- 内敛化（Internalisation）是指通过一系列的重复将显性知识转化为隐性知识，在重复的过程中，概念变得具体——最终作为完整的信仰和价值观或无意识能力，吸收进人们的心智模型。

4.8 这一过程是从组织中的个体成员层次开始启动的，所以个体在知识的创造和共享方面，同样具有至关重要的责任。同时，经理人也发挥着重要的作用，他们创造条件使这个过程得以发生：激发大家追求新知识的动力（例如待解决的问题，或环境挑战、需要面对的变革），给大家提供追求新知识的自由（营造开放的沟通氛围、促进相互的信任、为知识创造过程提供时间）。

知识社区

4.9 知识社区是指由具有共同兴趣、愿意分享思想和经验的个体或组织形成的一个团组。单个组织中可以存在知识社区。例如，在公司局域网上开辟一个区域，让不同项目团队在这里交流经验，或者从以前碰到过类似问题的员工那里寻求帮助。（例如施乐的“尤里卡”知识库，可以让施乐复印机技术员在这里交流复印机领域遇到的问题及其解决方案，在中心数据库有窍门、诀窍、说明书等。）

4.10 另一方面，知识社区得益于因特网一类的 ICT 网络，能够覆盖广泛的个体和组织。“实践社区”这个词通常是指除了直接工作同事外，能聚在一起促进学习并共享最佳实践的小组。“他们通常围绕一个志愿参与者确定的具体主题、领域或‘知识范围’聚集在一起进行交流活动。实践社区是依靠在共同知识领域内学习和知识发展上的共同兴趣把大家凝聚在一起。”（艾蒂安·温格，《实践社区：学习、意义和身份》）

4.11 知识社区和实践社区提供了一种在组织或某一领域捕捉（外显化和结合）隐性知识的途径。现在，许多组织对他们进行鼓励、支持和赞助，以便可以从创造的知识资源中获益。

4.12 对于组织来说，在知识社区发展方面进行投资的主要动机是可以获得人们之间相互转移知识所带来的价值。组织越来越需要其雇员成为“知识工人”，例如有些员工常常利用他所掌握的大量知识，在快速多变的市场上想出新的应对措施和解决办法。这意味着，雇员必须参与到知识的流动之中，这里提到的知识不仅包括文件和在线信息资源，而且包括在同一工作领域拥有经验和技能的人们之间进行的思想交流。

4.13 知识社区有助于引导新员工入职；它可以帮助面向客户的员工解决客户的问题和疑问；每次发生常见问题时可以避免“轮子的再创造”而节省时间；可以发展和传播最佳实践；以及产生新的思想。有人认为，在组织和利益相关者网络内部，知识社区也鼓励以绩效为中心的沟通、合作和问题解决，可以改善关系与决策。

知识管理的挑战

4.14 不同的组织和部门在知识管理方面有他们自己特殊的问题。例如，你可能会看到，现在音乐、电影、软件和消费电子公司为了保护他们的知识产权（著作权、专利和设计），做出了不懈的努力。通常，组织会努力在保护知识的需要（保密性和知识产权：要求建立一种保护和控制的文化）与捕捉、共享、传播知识的需要（要求建立一种信任和透明的文化）之间寻找合理的平衡点。

4.15 马林斯引用了梅甘·桑托色丝和乔恩·瑟马兹（“知识管理 ABC”，《CIO 杂志》）所做的知识管理倡议有关问题的一个总结：

- 让员工参与。许多倡议忽略了人的问题和文化问题，没有意识到隐性知识对组织的重要性。
- 技术的作用。许多行动任由技术（信息系统）部门发起并支配着知识管理，而不去考虑如下一些重要问题，如，组织现在及未来都需要哪些数据？为什么需要这些数据？
- 缺少知识管理的商业目标。
- 缺少活力和灵活性。知识管理应该是一个连续的过程，当新问题和机会出现时，也需要对知识进行更新：它并不是一劳永逸的数据捕捉过程。
- 混淆了信息与知识的区别。并非所有信息都是知识，数量不等于质量。信息超载（因此导致“分析瘫痪”）是许多组织中存在的一个问题。

第五节 学习型组织

5.1 佩德勒、伯戈因和博伊德尔（《学习型公司：一种持续发展战略》）使“学习型组织”这一术语变得流行起来。学习型组织是指“在快速多变和不确定的环境中为了持续地、战略性地改变自己而促进知识的获取与共享、促进所有组织成员学习的组织。”

学习型组织的特点

5.2 根据佩德勒等人的研究，学习型组织在以下关键过程中表现卓越。

- 实验。学习型组织可以系统性地找到新知识并对新知识进行测试。决策的基础是科学的“假设—推断，假设—测试”技术：PDCA 循环（即“计划—实施—检查—再行动”循环，英文是 Plan-do-check-act）。事实上，新信息和学习的应用才是关键，学习型组织支持冒险并鼓励创新。
- 从过去的经验中学习。在学习型组织中，所有行动都有两个目的：一是解决当前的问题，二是从过程中学习。学习型组织常常收集并提供过程和结果的反馈：回顾自己的成功和失败，对它们进行系统的分析，并对取得的教训进行尽可能广泛的传播。错误与失败被视为学习的契机。
- 跟他人学习。学习型组织鼓励员工从组织外部寻求信息和学习机会。他们意识到，从当前环境打开视野向外看的时候，会给组织带来最强大的洞察力和机会，同时，支持大范围地对思想的监测、传播和借用（在法律框架的约束中）。
- 在整个组织中快速有效地**对知识进行转化**。应当在所有层次、跨职能边界都可以获得信息。不断提供教育、培训和人际交流的机会。

5.3 彼得·森奇在《第五项修炼》中将学习型组织描述为一个人们可持续提高其能力、创造他们真正想要的结果的地方；一个培育新的和扩张的思维模式的地方；一个集体灵感得以释放的地方；一个让人们时刻不忘如何一起学习的地方。森奇提出了学习型组织的五项修炼，如表 4-2 所示。

表 4-2　森奇的五项修炼

修　炼	解　释
自我超越（Personal mastery）	不断地使我们个人的视野变得清晰、深入，集中我们的力量、培养我们的耐心并且客观地看待现实
心智模型（Mental models）	根深蒂固的假设、一般原则、甚至是图景或形象，它们影响我们对世界理解的方式和我们采取行动的方式
共同愿景（Shared vision）	挖掘出共同的“未来图景”，可以让员工真正承诺和参与，而不是简单地服从
团队学习（Team learning）	团队成员暂时抛弃假设、一起进入真正思维过程的能力
系统思维（Systems thinking）	“第五项修炼”是一个概念性的框架、一套知识体系和工具，使模式更加清晰，帮助我们学习如何有效地改变它们

5.4　宇克（《组织中的领导》）通过对有效管理和领导实践的观察，提出了学习型组织的许多特点：

- 领导人者制定理解和解释商业过程的方法。
- 各级人员得到授权，能够处理问题并且提出更好的工作方法。
- 组织上下均可获得知识，并且鼓励人们在工作中应用知识。
- 高级管理层支持组织低层所发起的变革及变革的提议。
- 为了促进学习和发扬开拓精神而投入资源。

5.5　学习型组织的其他特点包括：

- 所有行动都有两个目的：一是解决当前的问题，二是从过程中学习（通过收集和分析过程和结果的反馈，并且传播经验教训）。
- 根据经验不断修改决策过程，避免僵化的计划和程序。
- 问题解决是系统性的，是以分析为基础的，而不是依靠猜测；利用 PDCA 循环（W. 爱德华兹 • 戴明）。
- 风险承担、失败和错误被视为学习经验。
- 鼓励从所有可能的来源（包括供应商、客户和竞争者）获取信息和反馈。

- 知识在组织上下得到快速和有效的传播。伯戈因称之为“信息传播”（Informating）：为了持续的信息共享，将内部开放性和 ICT 的使用结合在一起。
- 任何事情都是可以挑战和质疑的。只有实践才不会让知识体系或程序束之高阁。
- 学习和发展活动强调要学会如何学习，以及持续的自我管理式学习。
- 支持学习、教育和培训，以及人际交流机会。
- 对学习型组织进行评价。

5.6 关于学习型组织这一概念，人们认识到存在许多困难：

- 不管辅助的学习文化、氛围和基础设施有多重要，它们自身并不足以引起学习。学习取决于个体学习者的人格、能力和动机。“没有个体学习者的参与，很难想象有学习型组织的存在。学习型组织绝对依靠个体的技能、方法和对他们自己学习的承诺。”（芒福德，《个人和组织的学习：管理学习行为》）
- 这个概念是建立在组织“整体视角”的基础上。假定员工和管理层的目标大体上是一致的，对于合作是自愿且充满信任的。事实上，政治、控制和冲突等方面的问题可能会使情况变得更为复杂。组织政治可能建立在“知识就是力量”信仰的基础之上，这样反而削弱了共享知识的信任和坦诚。为了保持潜在的力量，经理人会坚持学习。

本章小结

- 学习过程的输出可能包括技能、知识、能力、态度、意识和就业能力。
- 两个基本的心理学学派都强调了学习理论：行为主义心理学和认知心

理学。

- 体验式学习是“边干边学”。大卫·科尔布是这一技术最具影响力的倡导者，他将学习风格分为“收敛者”、“发散者”、“吸收者”和“适应者”。
- 知识管理越来越成为组织的重要战略工具。越来越多的组织实施了捕捉和分享个体知识和学习的系统。
- 佩德勒等人普及了“学习型组织”这一术语。学习型组织善于运用实验法，善于从过去的经验中学习、从他人学习，以及在组织上下进行知识转化。

自测题

括号内数字为参考答案所在段落。

1. 请列出非正式学习的类型。（1.5）
2. 什么是混合学习？（1.13）
3. 请区分行为主义心理学和认知心理学。（2.1）
4. 请阐述 BF.斯金纳在其条件作用研究中的发现。（2.6）
5. 认知学习方法提出了哪些在工作场合的学习方法？（2.11）
6. 请描述科尔布体验式学习周期的各个阶段。（2.16）
7. 请描述赫尼和芒福德提出的学习风格。（表 4-1）
8. 请列出知识管理涉及的过程。（4.3）
9. 阐述野中郁次郎和广隆竹内结模型的各个阶段。（4.7）
10. 彼得·森奇提出的学习型组织的五项修炼是什么？（表 4-2）

第五章

激励和工作满意度

对应大纲内容

2.3 评价采购与供应职能涉及的个体管理中激励的主要方法。

- 激励的含义
- 外在激励和内在激励
- 挫折诱导的行为和建设性的行为
- 内容型激励理论
- 过程型激励理论
- 公平和目标激励理论

2.4 分析采购与供应职能中个体工作满意度的主要影响因素

- 工作满意度的维度
- 工作中的疏离感
- 工作设计、扩展和丰富的方法
- 灵活的工作安排

引言

管理学的人际关系学派（正如我们在第二章中所阐述的）将重点从"遵守"组织命令转移到员工对组织目标的承诺。现在广泛认为，要想使员工付出最大努力，不仅需要指导员工，还需要激励员工。本章将讨论经理人如何才能有效激励团队成员。

激励是我们拥有或者没有的事物吗？激励是我们经历的一个决策过程吗？为了让职工对组织承诺并付出最大努力，应当对职工进行哪种形式的奖励或激励？同样的奖励和激励是不是对所有人都有效果？提供更多的钱或更大的工作满意度，员工工作是不是会更加卖力？什么是工作满意度？本章我们将讨论其中的一些问题，引用一些最具影响的理论和研究成果，并在此基础上，指出经理人如何在实际工作中提高全体员工的工作动力和承诺。

第一节　什么是激励

1.1　激励（Motivation）可以定义为：

- 一个心理过程，即选择想要的结果、决定是否要追求它们、评估成功的可能性、评估是否值得付出努力并相应行动的心理过程。从这个意义上讲，我们可以称之为“动机”。我们做事的“动机”取决于这一心中盘算的过程。
- 一个社会过程，即个体行为受他人影响的社会过程。因此，“激励”包括组织和领导人用以保证员工做出承诺和努力的各种策略，从奖励体系到领导风格。

1.2　对于经理人而言，激励可以归结为几个问题：我们如何才能让人们对他们的工作更加热情？我们如何才能让他们获得更大的成就？我们如何认可和表彰员工的成绩？是什么原因让工作本身变得更有意义、更有兴趣和更有挑战性？为了帮助人们成长、发展并承担更多的责任，我们该做些什么？拥有负责任的、忠诚的员工，团队或组织能从中获得什么？

激励、工作满意度和绩效

1.3 你可能对激励是否真的那么重要心存疑虑。有人说，只要人们受雇从事某项工作，他就会去做这项工作，根本不存在什么“激励”问题。如果员工不想做了，他会辞职。

1.4 事实上，问题的关键在于“如何”完成工作，即完成工作的途径与方法。有学者指出，如果受到某种形式的激励，员工就会更有效率地工作（从而使生产率提高），高质量地完成工作，在完成组织目标的过程中发挥其创造性和主动性。他们会以一种更加坚定、忠诚的方式完成工作。马林斯强调绩效是能力水平和激励双重作用下的产物。

1.5 工作满意度是更具争议的一个概念。

- 人们常说，快乐的蜜蜂可以生产更多的蜂蜜，但我们却难于在现实生活中加以测量和证实。
- 工作满意度难于定义，它随时间、需要和期望、人的不同而变化。
- 正如赫钦斯盖和布坎南所阐述的，由于没有多少相关的研究，所以我们很少看到“工作生活的质量”方面的著述。

1.6 另外一方面，低落的士气、不满意或沮丧的心理状态会通过以下的效应对绩效产生直接或间接的影响：

- 人员流动超过通常的人员流动率（辞职或调动）水平，或高于可接受的人员流动率水平。
- 高缺勤率（直接避开工作或真的有与压力有关的疾病）。
- 不守时，不守纪律。
- 减少与上级的沟通，不再积极主动得参与（例如质量改进建议），不再愿意承诺而只是混日子。

- 员工经常发生纠纷和申诉。
- 产出数量减少和/或质量下降（缺少承诺、故意消极怠工）。

1.7 我们可以这样总结：激励是一门艺术，而非科学。它是一种非常主观的现象，有些激励模型强调了激励战略的文化维度。关于哪些因素可以用来激励员工或者驱使员工做得更好，经理人有自己的认识，他们会根据自己的认识来激励团队。

X 理论和 Y 理论

1.8 X 理论和 Y 理论（道格拉斯·麦格雷戈）并非是指“人的类型”，而是关于哪些因素可以激励员工的两个极端的管理假设。

1.9 正如我们在第二章中介绍的，麦格雷戈的观点是，X 理论和 Y 理论假设在本质上是可自我实现的预言。如果承认 X 理论是正确的（利用胡萝卜加大棒的激励系统，严格的规章、严密的监督、较低自由决断的岗位等）并如此对待员工，那么员工就会按照 X 理论表现出 X 理论所描述的行为。消极的工作体验造成员工缺乏抱负、不思进取并且能力停滞不前。如果承认 Y 理论是正确的（运用具有自主权的团队合作、员工参与计划和给员工提供帮助的管理风格）并据此对待员工，那么员工就会表现出 Y 理论所描述的行为，表现得喜欢迎接挑战。

激励理论

1.10 激励理论主要分为内容型激励理论和过程型激励理论。

- 内容型激励理论（Content Theories）回答的问题是：“能够激励人们的因素有哪些？”这些理论假定人类有其追求的一系列需求或预期的结果。

- 过程型激励理论（Process Theories）回答的问题是：“如何激励人们？”这些理论研究个体在选择某种结果和最有利或最能接受的实现途径时的有意识或无意识的盘算过程。

第二节　内容型激励理论

2.1 根据内容型理论，激励行为旨在降低员工由于需求未得到满足所产生的焦虑感。所以，管理的任务是提供满足个体需求的途径，或者激发、唤醒员工身上潜在的、组织想要去满足的需求。

2.2 不同的个体之间以及同一个体在不同时期内，其需求都是不一样的。但是，对于那些被认为是人类固有的需要（对所有人类而言都是很自然的事情），是可以识别其层次的（内容型理论实际上是需要理论）。

马斯洛的需求层次理论

2.3 亚伯拉罕·马斯洛在《激励与人格》一书中介绍了人类的七个固有需求，并将它们按照相对优先级别排列成层级结构，如图 5-1 所示。每个需求层次在没有（不论是多么不完全地）满足之前都是当前占据主导地位的需求：只有上一层次的需求得到满足，下一个层次的需求才会成为主导的激励因素。

2.4 另外，马斯洛还描述了两个“更高层次的需求”，它们支撑其他所有的需求。

- 查询和表达自由的需求（即允许自由言论、鼓励正义、公平和诚实的社会环境）。
- 知识和学习的需求（从环境中获取知识，探究和学习）。

2.5 马斯洛理论具有某种直观的吸引力。毕竟，当你处于饥饿或口渴的时候，你不太可能关心地位或认可：基本生存需要未得到满足，就会处于当前优先满足的地位。

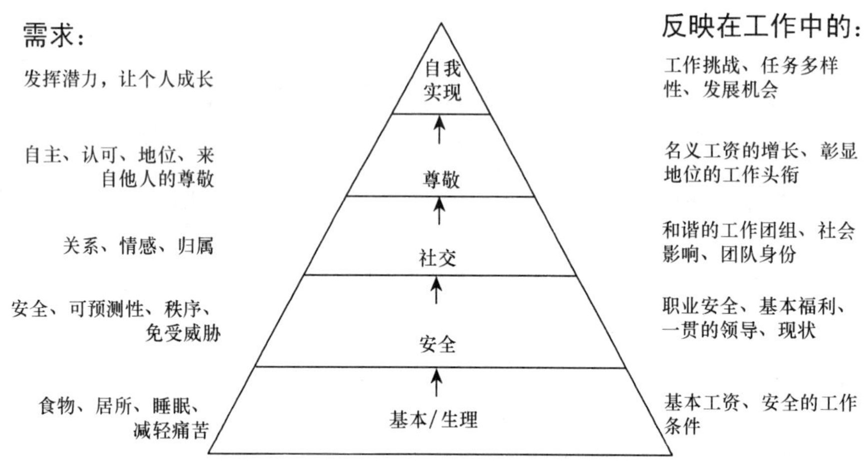

图 5-1　马斯洛的需求层次

2.6 事实上，运用需求层次理论来预测员工行为是颇为困难的（马斯洛当初并没有打算将它应用到工作场合）。现实中各个层次不同需求之间的边界尚不清晰，甚至有些重叠；人们会强调彼此各不相同的需求；同时，同一种需求却会促使不同的人产生不同的行为。在某些情况下，人们为了他人或者为了一个被视为“更高层次的理由”，甚至能够压抑基本生理和安全需求。既然工资可以有争议地替代其他报酬，那么工资所能发挥的作用便很成问题了。由于自我实现是一个很主观的层次，所以很难把它当做一个现成的奖励红包发给个人。

2.7 另外，赫钦斯盖和布坎南认为，“马斯洛仅仅反映了美国中产阶级的价值观以及他们对美好生活的追求，并非偶然发现了人类心理学方面重要的万能定律。”研究结果表明，文化价值观影响着工作行为和管理技术的成功。然而，需求层次理论可以提示经理人采用灵活的、权变的方法来激励员工。

奥尔德弗的 ERG 理论

2.8 克莱顿·奥尔德弗按照相同的路线，将马斯洛的需求层次简化为三个层次。

- 存在的需要。
- 与他人交往的需要。
- 个人成长的需要。

他把这个模型称为“存在（Existence）—交往（Relatedness）—成长（Growth）”（ERG）模型。

2.9 ERG 模型也是一种需求层次模型（个体从存在的需求层次向成长的需求层次发展），但是奥尔德弗指出，对于每种需求，每个个体可能会有不同的水平：在高层次需要成为主要的激励因素之前，并不是必须满足较低层次的需要。这意味着如果一个人的需要在某一层次受到阻碍，经理人还是可以通过满足其他层次的需要来激励团队成员的。（例如，如果工作岗位没有提供晋升的机会，那么组织仍旧可以试着提供更大的团队合作满意度。）

麦克利兰的激励理论

2.10 大卫·麦克利兰采用主题视觉试验对激励进行了测量。实验中，实验人员向参试者展示了图片，并请参试者判断图片中发生的事情以及图片中人们正在思考的事情。在参试者向实验人员解释图片的时候，就会将他们心中占据主导地位的动机需求投射到图片上。通过这些实验，研究人员划分出三类需求。

- 权力需求。高权力需求者通常会谋求那些可以影响和控制别人的职位。

5

- 关系需求。高归属感需求者倾向于注重维持较好的人际关系。
- 成就需求。高成就感需求者对成功有强烈的渴望并且非常害怕失败。麦克利兰认为成就需求是对于国家经济发展和成功而言最重要的需求。它与以下几方面有关：喜欢难度适中的任务（这样才最有可能完成）；喜欢个人承担业绩责任（从而通过自身努力获得成功）；需要反馈（以便确定成功还是失败）；喜欢创新精神和创业精神（以便完成一项任务后马上转移到下一项任务）。

赫兹伯格的双因素理论

2.11 在 20 世纪 50 年代，弗里德里克·赫兹伯格（《工作和人的本质》）访问了匹兹堡的众多工程师和会计师，找出了让他们对工作满意或不满意的“决定性的事情”。分析中显示有两类不同的因素：一类是可以带来满意的因素（赫兹伯格称之为“激励因素”），另一类是造成员工不满意的因素（“保健”因素）。

2.12 赫兹伯格突出强调了两类基本需求。

- 避免不愉快感受的需求，保健因素可以满足这类需要。
- 个人成长的需求，仅靠工作中的激励因素满足。

2.13 赫兹伯格认为，“人们对工作不满意通常是由于对环境因素的不满造成的。”这些环境因素包括公司政策和管理、工资、领导风格和监督、人际关系、工作条件和职业安全。由于这些因素基本上是预防性的，所以赫兹伯格将它们称为“保健”因素：他们可以降低不满，但不能带来积极持久的满意感受；同理，卫生设备降低了对健康的威胁，但并不能带来良好的健康状况。例如，某个人很有可能对工资不满意。涨工资会给他带来暂时的满足，直到他开始认为涨工资是理所当然的或者和别人比较了工资后，他的满足感就消失了。尽管如此，领导人仍必须重视保健因素，以便减少职工的不满。

2.14 激励因素积极地创造满意感，可以有效地激励个人提高绩效。例如为个人提供成长空间与自我实现的机会，使激励因素发挥激励作用。根据赫兹伯格的双因素理论，环境因素会造成不满意，只有工作才能带来满意感。所以，激励因素包括：晋升、表彰、责任、富有挑战的工作、有趣的工作、工作成就和个人成长。

2.15 工作多有趣或多有挑战，才能起到激励效果呢？答案取决于个人的具体情况：个人的能力与智力、期望值和对滞后奖励的容忍度（例如他准备从底层做起，一步一步往上提升）。赫兹伯格提出了几种工作设计方法，可以将激励因素加到工作中去：岗位轮换（通过从一个岗位换到另一个岗位来增加工作的变化）；工作扩展（通过增加工作职责：实际上是横向充实）和工作丰富化（增加工作的反馈、意义、趣味、责任、自治权和自我决断的自由：纵向的延伸，今天我们称之为授权）。

2.16 赫兹伯格认为，“管理不可能真的能激励员工：它只能创造一个可供员工进行自我激励的环境。”要做到这点，需要保证保健因素是充分的（将不满意降到最低）并将工作激励因素最大化（从而使满意度达到最大）。

2.17 虽然赫兹伯格的理论简单、方便，而且涵盖了广泛的具体工作因素，但是人们仍旧有许多指责该理论的理由。赫兹伯格的研究样本规模太小，在文化上没有代表性；他的方法相当主观，激励因素提高生产力的命题难以得到证实。

2.18 尽管如此，赫兹伯格的工作帮助人们认识到工作满意度（内在的奖赏可从工作自身找到）的概念，从而对工作再设计（本章后面将会阐述）和“工作生命的质量”运动做出了贡献。

内在的和外在的激励

2.19 赫兹伯格的双因素理论也强调了可以提供给工作人员的两类奖赏。

- **内在的奖赏**（Intrinsic rewards）源自工作本身，并且（在某种程度上）源自员工自身：挑战、兴趣、团队身份感、在组织中的自尊感、对成就的满意等。这些主要是“心理上”的奖赏。
- **外在的奖赏**（Extrinsic reward）不是源自工作本身，而是来自他人（典型地，指管理层）奖励或抑制的力量：薪水或工资、奖金、奖赏、晋升、工作条件改善等。这些主要是“有形的”奖赏。

2.20 马林斯提出的“简单而有用的”需求和期望三级分类法是工作激励的基础。

- **经济奖赏**（例如工资、福利、像退休金一类的延迟工资和职业安全），这些是满足工作的“工具”取向，主要涉及“其他事情”。
- **内在满意**（源自工作本身、兴趣和个人发展），这些是满足工作的“个人”取向，主要涉及“自己”。
- **社会关系**（例如友谊、团队合作、归属感和地位），这些满足工作的“关系”取向，主要涉及“其他人”。

马林斯认为，一个人的激励、工作满意度和绩效是由这些需求和期望集的相对强度以及他们得到满足的程度所决定的。

作为激励因素的工资

2.21 从组织的观点来看，工资的目标是：吸引并留住合适类型和素质的人才；承担所理解的社会责任；激励员工达到并维持期望的绩效水平。

2.22 工资在激励理论中占据中心的位置但是作用模糊。例如，在赫兹伯格理论中，工资是保健因素，而不是激励因素。德鲁克提出像工资一类的刺激一旦定期提供，就会被员工视为一种“资格”从而成为带来不满的摇篮，成为绩效的阻碍，这远远超过了他们所能带来的激励作用。再者，爱德华·E. 劳勒在《工作组织中的激励》中提出，当不知道同事赚多少钱的时候，员工会猜测同事的收入，而且常常会高估——然后他们就会抱怨赚得比他们所“认为”的同事所赚的要少，从而感到不满意！

2.23 事实上，根据赫兹伯格的看法，工资是保健因素中最重要的因子。这不仅是因为工资能够带来其他许多方面的满意，而且作为对价值的一种持续衡量手段，可以便于员工比较他们自己前后所赚的差异，也可以比较他们与组织内、外其他人或职业群体的所得。

2.24 雇员需要收入才可以生活。收入的多少将会影响他们的生活水平，但是人们并不太关心收入最大化。他们可能喜欢赚得多一些，但另一方面会更关心下述问题：

- 赚取足够的工资。
- 跟其他人相比，跟他们投入的精力相比，所得到的工资是否公平。

2.25 工资系统在公平性（客观的岗位定级，保持工资差异等）和激励性（提供奖励来激励某些个体和团组付出额外的努力和成就）之间左右为难。

2.26 戈德索普、洛克伍德、贝切弗和普拉特在《富裕的工人：职业态度与行为》中研究了假定的工作“工具”取向：工作本身并非目的，而是实现其他目的的手段。在他们的研究中，研究小组发现，高薪的卢顿汽车装配工人认为他们的工作是例行公事，并且没有前途。在进入提供高薪报酬而不是内在满意度的职业上，他们实际上做出了理性的决定。

2.27 但是，卢顿研究人员没有说所有工人对工作都是工具取向的，不过提出一个人会在下述得失之间寻找一个令人舒服的平衡点：

5

- 对他而言报酬所得是非常重要的。
- 为了赚取这些报酬他感到可以容忍的损失。

2.28 即使对于那些对工作是工具取向的人来说，纯金钱刺激也有限度。如果失去的（与长时间的工作、简陋的条件、交际上的孤单、无聊或者诸如此类的事情有关）太多，换句话说，如果取得收入的代价太高，那么再高的工资都不会有激励效果。

2.29 以货币报酬或与绩效挂钩的工资为基础的激励计划，存在很多困难。

2.30 如前所述，提高收入水平并不是适合所有人的激励因素。再者，工人不可能完全控制其工作的结果（尤其是一个公司的盈利情况）。付出与报酬之间的联系不足以成为一种有意义的激励——或者，当职工投入了精力但没有得到他们预期的报酬时，职工反而有可能因此感到挫折。

2.31 即使员工可以被金钱激励，其效果也不会总是令人满意的。对工作的工具取向可能会鼓励自私的行为，削弱团队合作的力量。它会促使人们不计质量成本、降低标准和目标而一味强调产出，以便更加轻松地获得奖金。工人常常会以为，如果他们实现了高水平的产出与收入，管理层将来会降低激励等级的基准来减少未来的收入。所以工作小组倾向于将产出限制到一个他们感到公平但可以实现的水平上。

2.32 除了货币激励措施，我们还可以利用许多非货币报酬和激励措施。非货币报酬和激励措施常常包括以下福利：公司车补、健康保险、比法定休假时间更多的休假、设施使用权利（社交的、体育的）、食堂或午餐券、礼品卡等。最近几年又兴起了灵活福利计划的趋势，员工可以自由选择福利种类：选择权提高了员工感受到的报酬或激励的价值，因此促进了愈加多样化的全体员工激励。

2.33 非现金激励计划仍旧建立在外在奖赏的基础上。现在我们考察一些可以提供给员工的内在奖赏。

第三节　过程型激励理论

弗鲁姆的期望理论（Vroom's expectancy theory）

3.1 期望理论属于过程型激励理论。这一理论认为，个体做事动机的大小，取决于他希望通过自己努力达成其个人需求或目标的程度。

3.2 维克多·弗鲁姆（《工作和激励》）根据期望理论提出了一个可以评估和测量人类动机的公式。他认为，个体激励的强度是由以下两个因素决定的：

- 个体对某一结果的偏好程度。弗鲁姆称其为“心理效价”：人们可能希望达成或避免某一结果，或者对结果淡然处之；对应地，我们可以用正值、负值或零来表示这三种状态的“心理效价”。
- 个体对于某一行为事实上导致某种结果的期望。弗鲁姆称之为“主观概率”或“期望”。作为一个概率，我们可以用介于 0（不可能）和 1（一定）之间的数字来表示。

3.3 期望公式最简单的形式，可表示如下：

$$F=V\times E$$

式中　F——个体按某一特定方式行为的动机的强度或力量；

V——心理效价：个体对某一结果或回报的偏好程度；

E——期望：个体对于某行为达成某种结果或回报的知觉。

3.4 在这一公式中，心理效价或期望的值越小，个体的动机越弱。员工对于提高生产率会促进晋升具有很高的一个期望（比如由于管理层的允诺），但如果他对晋升漠不关心或者消极（因为他不喜欢承担责任），那么他就不

5

可能受到激励去提高其生产率。同理，如果晋升对员工来说非常重要，但是他不相信提高生产率会使他晋升（也许是因为以前他曾经受到忽视），那么他也不可能受到激励。

3.5　我们可以用期望理论来测量员工对一系列不同报酬以一种期望方式采取行动的可能的动机强度，从而找出最有效的激励策略。

波特和劳勒期望模型

3.6　莱曼·W. 波特和爱德华·E. 劳勒建立了一个更综合的、可以用于经理人的激励模型，如图 5-2 所示。

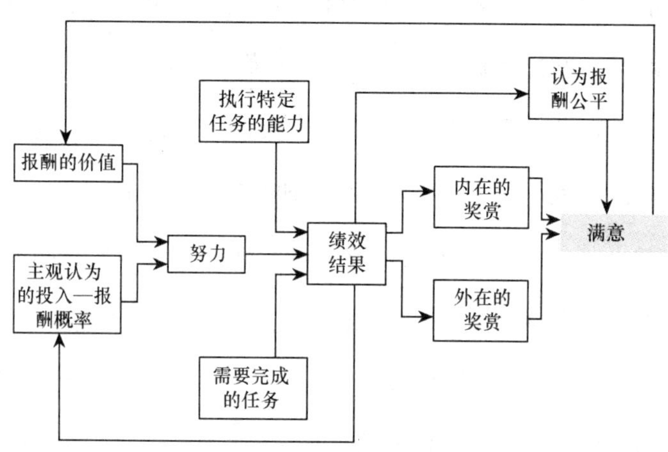

图 5-2　波特—劳勒的激励模型

3.7　该模型反映了一个人所付出努力的大小，取决于他可获得的报酬价值，以及个体认为为了获得报酬需要的投入和他能获得报酬的主观概率。后两个因素反过来受到其他一些因素的影响，例如过去绩效所收到的实际报酬。

3.8　工作实际绩效不仅受到个体投入工作量的影响，而且也受到他对任务的理解和他完成任务能力大小的影响。

3.9 个体关于外在奖赏（例如工资）是否公平的感觉，会影响他对工作的满意度。同时，工作满意这一内在奖赏，会影响他对于外在奖赏是否公平的判断。

3.10 该模型推进了权变激励方法的产生。经理人应当注意以下一些因素：

- 绩效的内在奖赏和外在奖赏之间的平衡，是因人而异的（强调具有高心理效价的结果）。
- 确保工作绩效与报酬之间具有明确的因果关系。
- 制定明确的个人绩效衡量标准，并对进展给出明确的反馈。

3.11 同时，他们需要理解：

- 激励并非唯一影响绩效的因素：还必须关注诸如人格、能力和培训、组织和系统等一系列中间变量。
- 激励效果取决于团队成员对以下各项的主观理解：报酬价值；所感觉的投入—回报关系；提供的报酬的公平性。
- 模型毕竟只是一个模型（像波特和劳勒所指出的）：期望理论只适用于那些可以被个体直接和自愿控制的行为（付出努力的大小和花费精力的多少以及执行任务的方式）。

公平理论：J. S. 亚当斯

3.12 公平理论（Equity theory）强调人们对于他们所受到的待遇、职位和报酬，通过交换（作为对工作量、精力、责任等等输入的交换，所收到的输出）和比较（与相同环境中其他人的待遇相比较），得到是否公平的认识。当存在报酬上或待遇上的不公平或不平衡时，个体就会体验到“不公平”的感觉（缺乏公正与公平）。

3.13 J. S. 亚当斯在“社会交换中的不公平”，《试验和社会心理学进展》中认为，当人们感到他们付出努力所获得的回报与别人获得的回报不相同时，就产生了不公平的感觉。不公平的感觉会引起不愉快的认知不一致感和焦虑感。我们可以运用几种方法来激励个人，以便让他们消除不舒服的感觉，并恢复公平的感觉。

- 根据输出和报酬对输入进行调整。（例如，如果工资低得不公平，则减少工作量，或者，如果工资远高于同类人，则延长工作时间且不要加班费。）
- 根据输入对输出和报酬进行调整。（例如，如果个人觉得付出的工作量或贡献超出了所得的报酬，他就会寻求额外的工资或报酬。）
- 对输出或输入作心理上的变形，以便为不公平现象辩解。（例如，在心理上掩饰一个人与其他人相比是如何努力工作的。）
- 改变其他人的输入或输出。（例如试图影响其他团队成员，让他们减少工作量、产出量或者接受较低的报酬。）
- 改变比较的参照点。（例如将自己和一个完全不同的、不公平现象更严重的团组进行比较。）
- 离开这种不公平的环境。（例如为了实现心理平衡，辞职或者请求调动到其他团队。）

3.14 经理人可以通过努力改变个体的输入（劝说他们更加努力地工作，或者相反，鼓励他们取得更好的工作与生活的平衡）或结果（例如在团队内对报酬进行平衡），减少团队中明显的不公平现象。事实上，不公平可能仅存在于团队成员的认识中，所以有必要做一个“事实调查”（例如采取更为现实的比较方法）。

目标设定理论（Goal-setting theory）

3.15　爱德华·洛克在“近距离观察任务激励和奖励理论”，《组织行为和人的业绩》中强调在对行为进行激励的过程中人们的目标或意图所发挥的作用，以及将目标设定当作激励技术的重要性，如图 5-3 所示。

- 结果或报酬的心理效价（觉察的价值）引起情感和期望。
- 为了满足这些情感和期望，个体制定出目标（或意图）。
- 对那些目标的追求支配着个体的行动——包括工作行为和绩效。
- 个体为达成目标所付出的努力大小取决于两个因素：①觉察出的实现目标的困难；②个体实现目标的积极程度。当人们具有（A）明确的、可测量的、有时间限制的目标和（B）富有挑战的或“延伸的”（困难但可以实现的）目标时，人们会做得更好。
- 工作行为和绩效导致结果、后果和反馈，它们又反过来促使人们修正目标，并计算下一次的期望值。

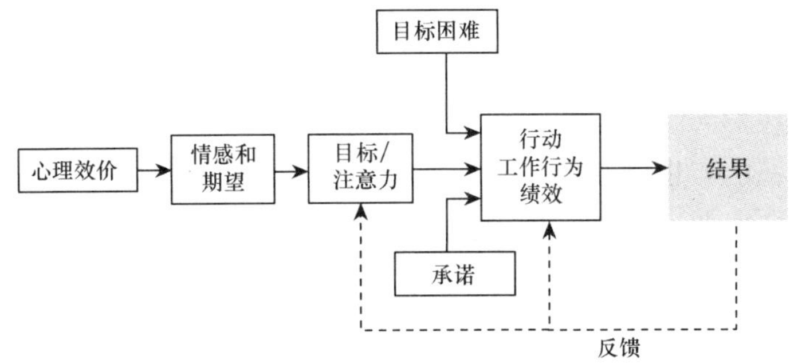

图 5-3　洛克的目标设定理论

3.16　目标设定模型对于管理实践有一些明确的意义。为了维持激励水平，应该设定明确的、清晰的、可测量的业绩目标。目标应该是现实的、可实现的和富有挑战性的。应该将及时的、有意义的结果反馈提供给目标完成者，以便让他们可以检查目标实现的进展。其他模型也强调了让员工参与目标设定过程会提高他们的激励水平和绩效。

激励行为的失败

3.17 由于实现目标的道路受到阻碍而使个体无法满足他的激励需求，会产生什么结果呢？马林斯提出了两个可能的失败反应。

- **建设性的行为**：是对预期目标被阻碍的积极的、有适应能力的反应，基于：
  - 解决问题：消除障碍（例如通过找到实现目标的替代方法，比如在经理人不能提供帮助时，越级求助上级的上级）。
  - 重建：调整或更换目标（例如兼职志愿者工作来弥补工作满意度的缺失）。
- **挫折诱导的行为**：是对预期目标受阻的消极反应，包括：
  - 攻击：对人或物从肢体上或语言上发泄怒火（例如骂人或破坏机器或损毁文件）。怒火可能是针对造成挫折的人或物；但如果找不到发泄对象的话（或者由于距离太远或害怕惩罚而不能直接攻击），也可能对更易对付的或更安全的目标（例如下属或同事）转移攻击行为。组织应该教育个体控制其攻击行为，将怒火引导到更安全的或更具建设性的出口（例如体育锻炼或体力劳动），也可以教给个人一些自信的交流技巧（清楚地、坚定地坚持自己的需要、需求和权利，但没有攻击行为）。
  - 退步：退回到孩子气的或原始的行为（例如生闷气或突然发怒）。
  - 固着：坚持那些没有调整作用的行为，或者继续坚持不会产生积极结果的行动路线（例如完成一项任务的方法尽管已被证明无效，但还是重复地尝试同一种方法）。

- 撤退：辞职，放弃，或不再对任务付出努力和承诺。（例如不守时、缺勤、避免作决定或避开人们、将工作留给他人、离岗等。）

3.18 当发现为了选定的目标在选定的道路上受到阻碍时，个体所受挫折的程度随着下述情况的不同而有所变化：需求的强度，目标对个体的吸引力大小，个体激励的强度，所了解的阻碍的特点（例如私人的或/和个人无关的，坏运气或故意的，公平或不公平的）以及个体的人格。

第四节 工作满意度

4.1 工作是现代工业社会的主要特征。对于大多数人来说，工作占据了人生很大比例的时间。有时，可以简单地把工作仅仅看作是纯经济活动，但它同时在人们的生活中却发挥了非经济的功能。

4.2 从社会学意义上讲，工作非常重要。一个人的职业与其社会地位和生活方式以及个体在社会角色中的“位置”有强烈的相关关系。西方文化价值观给工作赋予了积极的道德价值（有时称为“工作道德”）。一个人的社会价值和名望，是由其领取报酬的职业决定，并且，不管出于任何原因，没有工作就可能降低个人在主流社会中的地位和参与度。

4.3 因为工作占据了一个人如此多的时间和精力，所以从心理学意义上讲，工作也非常重要。工作影响着我们的关系、自我的形象、自尊、能力和权力感、创新机会和自我实现等。令人悲哀的是，一些研究表明（例如罗伯特·迪宾所做的研究），对于多数人来说，工作只能满足职工相当少的需求，他们只有在工作场合之外才能获得满意和利益。

4.4 但是，发达国家的员工期望变得更为复杂：受教育程度更高、生活更加富足、人口减少（出生率下降）、技能短缺的现象开始出现。许多组织正在努力提高工作生命的质量，特别是工作的内在满意度，以便吸引和留住高素质员工。

工作满意度的维度

4.5 J.理查德·哈克曼和格雷格·R.奥尔德姆的“工作设计的激励”理论，在《组织行为和人的工作效率》中强调了几个对工作满意度和内在动机有用的核心工作维度。工作满意度与三种心理状态体验有关，其中每种心理状态都是由关键的工作特性所引起的，如表 5-1 所示。

表 5-1　哈克曼和奥尔德姆的核心工作维度

状　态	工 作 维 度
工作的意义	技能多样性：应用不同技能、执行不同操作的机会。与其相对的是，过分专业化和重复性的工作使人感觉单调乏味和厌倦 任务同一性：将操作整合到一“整块”任务中（或一个有意义的任务“块”），与此相对的是“小碎块”任务 任务重要性：根据组织的和个人的价值观，任务所具有的作用、目的、意义和价值
责任	自治权：在诸如目标设定、进度安排和工作方法选择等领域，有机会自行决定或自我管理
了解结果	反馈：信息的可利用性，个体可以凭借该信息对照期望和目标评估进展和业绩，并且有机会做出反馈并提供绩效改进建议

4.6 保罗·希尔所做的研究同样表明，员工对全职工作的心理需求有以下几个方面：

- 应当对员工提出合理的工作内容要求（不能仅仅让员工被动接受，还应与员工协商工作内容），工作内容应该具有一定的多样性。
- 员工应当知道他的岗位是什么，成功标准是什么，以及他执行得如何。
- 应当为员工提供在职学习和继续教育的机会。

- 应当为员工提供让其行使其自由决断权力的一些工作领域。
- 组织内应当提供一些社交支持和认同的机会。
- 员工应当能够将他的工作和成果与公司目标以及他在社区中的位置联系起来。
- 该工作应当有实现未来预期（尽管这并不一定是晋升）的潜力。

工作中的疏离感

4.7 之前我们讨论了追求目标行为的挫折感可能是潜在的去激励因素（De-motivator）。马林斯认为工作满意度可以被看作工作中挫折感和疏离感的反面。

4.8 "疏离感"（Alienation）是与一个人生活的某个方面（特别是一个人的工作角色）隔离或疏离的感觉。卡尔·马克思认为，资本主义社会中劳动的分工不可避免地带来工人对其劳动条件和成果的控制，导致他变得与他自己和与他的同事（无论他认识还是不认识）的疏远。

4.9 关于不需要特殊技能的工作，常常出现的问题是，员工在无意识的、日常的、不令人满意的岗位上所感受到的疏离感。罗伯特·布劳纳（《疏离与自由》）提出了四个疏离维度。

- 无能为力——对工作和条件无法控制。
- 无意义——由于标准化和分工，导致一个人的工作不再像以前那么重要。
- 孤立状态——由于不再属于某一明确的工作团组，导致归属感和关联感的丧失。
- 自我疏远——工作作为一种中心生活活动的感觉的丧失：工作仅仅是满足外部需求的一种手段，工作自身不能带来满足感。

你可以看到，工作满意度的核心维度可以用来消除或减少工作上的疏离感。

5

4.10 疏离感常常是与自动化和流水线生产组织相关的，但是布劳纳的研究表明，在某些情况下，高技术事实上可以减少疏离感，例如：

- 在允许团队合作和社交的情形下。
- 在允许对工作节奏有所控制的情形下。
- 在有机会学习流程和发展相关技术技能的情形下。

参与和参加作为一个激励因素

4.11 有重要证据表明，员工的参与可以提高组织决策的有效性。有人也认为，人们在实现他们参与制订的目标时会感觉更有动力，在解决他们参与界定的问题时会付出更大的努力。因此，员工的参与可以成为工作绩效的刺激因素。由于参与使员工感到地位提升了、对工作更感兴趣了，员工在组织中的价值得到了认可，所以员工参与也是对员工的一种奖励形式。

4.12 员工参与是指一系列旨在提高员工责任心及其贡献的政策和流程。大卫·格斯特提出了推进员工参与的五个办法。

- 给员工提供更多的信息（例如通过简报小组或工作委员会）。
- 从员工那里获取更多的信息（例如通过建议计划和质量小组）。
- 改变工作的结构和安排（例如通过越来越多的授权和团队合作）。
- 改变激励（例如引入利润分享）。
- 改变关系（通过在领导中更多地让下级职员参与决策，打破管理层和员工之间人为的地位障碍）。

4.13 安东尼·G. 霍普伍德提出，那些认为参与方法总比官僚风格更有效的想法是很幼稚的。如果员工没有参与决策，大多数员工仍旧会遵从命令，并且在某些组织环境下，这是组织可以接受的（例如，在官僚文化中）并且足可以保证较好的绩效（例如，在工作高度自动化的地方）。但是，在近几十年中，已经发生了从服从系统到承诺系统的转变。

4.14 “承诺”是一个不可捉摸的概念，莫迪、波特和斯蒂尔认为它是“个体在组织中身份认同及参与的相对强度”。它至少具有以下三个特征：

- 对组织目标和价值观有充分的相信度和接受度。
- 为了组织利益付出相当大努力的意愿。
- 维持组织成员身份的强烈愿望。

4.15 因此，当组织想要培养以下几方面的特质时，“承诺”就可以发挥巨大的作用：目标凝聚力和和谐的员工关系，员工忠诚度和保持力，人力资源的灵活性和最大化，向上的沟通，持续改进，创新和响应的文化，积极的变革管理等。

4.16 迈克尔·阿姆斯特朗提出了获得员工承诺的下列几个步骤：

- 引进提高激励的项目（利用上面介绍过的方法）。
- 实施更有效的领导。
- 通过沟通、参与、聆听员工想法、培训和利润分享（或为员工提供其他形式的股份激励）等办法建立员工的组织身份认同感。
- 运用责任制管理，确保员工了解他们要实现的目标是什么以及如何根据协商的目标和标准考核绩效。
- 引入奖励体系，根据个人绩效实施奖励。
- 尊重员工，把他们当作宝贵的人才，而不是将其视为机器。

作为激励因素的文化

4.17 组织文化反映了组织共同的价值观、信仰和自我形象，它包括工作、绩效、质量等方面的正面或负面的价值。

4.18 德鲁克认为“绩效精灵”是组织“活力之源”。彼得斯和沃特曼在《追求卓越》中同样认为，通过以下方式，借助文化的力量，可以让员工付出超乎寻常的忠诚度和努力。

- 可以将所从事的工作视为在某种意义上的伟大事业。经理人需要“重申工作的英雄维度”，例如，强调质量和客户满意是值得追求的目标；对成功（以及英勇的失败）进行庆祝；等等。“也许是由于运气好，或者是由于感觉好，那些强调质量、可靠性和服务的公司选择到了让完全普通的员工也能轻而易举感到振奋的领域。他们使员工为其所做的事情而骄傲。他们使热爱产品成为可能。”
- 将人们当作获胜者来看待。“如果将一个人贴上失败的标签，那么他实际就会像失败者一样行事。”压抑的控制系统和负强化（通过威胁、惩罚和谴责）会破坏员工的自我形象和自信。正强化（通过奖赏、表扬、褒奖和关怀）产生正能量。
- 能够使人们满足他们的双重需求：一方面，他们像一颗牢固的螺钉；另一方面，他们凭本身的头衔在自己的世界里又可以是一个“明星”。

第五节　工作设计的影响

5.1　“工作”（Job）是指归集在一起然后分配给个人的一系列任务或职能：即工作活动范围。对于许多员工来讲，似乎工作“就在那里”（或者不在）。然而事实是，工作是大量决策的结果：组织中的活动能够或应该怎样划分？哪些任务可以和其他任务自然而然地归为一类？一个员工可以有效地执行多少种不同的任务？让每个人仅执行一项单独的任务（重复地）或许多任务（依次地）是否更有效率或更具有激励作用等。

5.2　工作设计（Job design）是对任务进行划分、归类，形成某份工作的工作职责的方法，是在专业化、自行决定的自由、自治权、多样性和其他工作要素等方面做出决定的方式。

早期的工作设计：任务执行效率

5.3 弗里德里克·泰勒（见第二章）是系统化工作设计的早期倡导者。他的技术基本上包括以下几个方面：

- 确定工作细分的程度，将一项复杂的任务分解为其最基本的组成部分，它们代表了一个人或一组人的全部“工作”。
- 确定执行每一操作最有效率的方法，利用工作研究技术和时间与动作研究确定执行一项任务最简单的方法，消除无效的运动（物理上的移动），并且为所有操作设定标准时间。
- 培训员工，使之能够以最有效的方法执行他们承担的细分任务。

因此，工作是“细化设计的”：细化到单一的、可重复执行的动作。

5.4 人力细分是以生产线工作组织为基础的，从而提高了这种类型工作的效率。每项任务是如此的简单，以至于不用经过什么培训就可以掌握；将缺勤和人员流动造成的影响降到最小；任务可以严格界定、标准化和定时，这样产出的数量和质量就更容易预测和控制。（你可以在包装、质量检测、生产线和其他类似的工作中看到这种形式的工作设计。）

5.5 回顾科学管理时期，赫伯特·希克斯写道：“工人的作用已经降低为生产机器中一颗没有人情味儿的齿轮。他们的工作在专业上变得越来越狭窄，以至于他们感受不到自己对最终产品做出什么贡献……尽管取得了非常显著的技术进步……科学管理方法最严重的问题是，它使组织员工去人性化，使他们像机器一样，变成一个没有感情的、可以被合乎科学地操纵的人。”

5.6 人类工作行为的研究表明，工作细分还会带来管理上的问题。

- 单调乏味和无聊感，这是“职业疲劳”的部分症状，它干扰了让员工表现最佳的稳定状态。不能启发思想的工作任务可能会带来社会交往中的漫不经心和偏见，也可能导致精神错乱，产生失误和引发事故。
- 高负荷、低自由度的工作与压力存在很强的相关关系。其症状肯定影响到工作绩效。
- 动力减弱，用外在奖赏补偿员工的努力不可能带来持久的满意。
- 如果这种任务被员工（“我们”）视为分内之事，并且受到管理层（“他们”）的控制，满足的是管理层的利益，那么员工关系将是对抗性的。

人际关系角度：员工工作满意度

5.7 当人际关系理论家对工作激励和“工作满意度”在提高绩效中发挥的作用感兴趣时，接下来就要自然而然地考虑工作设计的问题了。

5.8 激励研究人员弗里德里克·赫兹伯格是首批提出工作满意度系统方法及其与工作设计关系的研究人员之一。如前所述，赫兹伯格的理论表明，工作本身可以成为获取满意度的一个来源，它提供了个人成长所需的多种方法。赫兹伯格和布坎南对此作出了解释，他们指出，“个体工作设计既决定了可利用的奖励的种类，也决定了个体为了获得奖励该作什么。”

5.9 赫兹伯格（《工作与人的本质》）提出三个通过工作设计增加员工满意度的基本方法：即岗位轮换、工作扩展和工作丰富化。

- 岗位轮换（Job rotation）是指有计划地在不同岗位之间进行员工调动，来丰富员工的工作。（文献中记载的一个例子是说四个工人在仓库工作，其中大家公认最差的岗位是系紧料斗口下麻袋袋口的工作，最好的岗位是叉车司机：岗位轮换可以保证大家在所有岗位上的工作时间都是均等的。）通常人们都承认岗位轮换对人员的发展价值是有限的，但是它能够减少重复性工作的单调乏味。

- 工作扩展（Job enlargement）是指通过增加员工参与的操作或任务数量而使工作范围扩大。这是工作的一种“横向扩展”（阿吉里斯）。延长重复性操作的时间周期可能会减少单调乏味。然而，赫兹伯格本人曾说过，请一个员工完成三项独立的单调乏味、没有挑战性的任务，比起让他完成一个单一的单调乏味、没有挑战性的任务，不可能让他觉得更有动力。
- 工作丰富化（Job enrichment）是指为了提高岗位工作的责任感、增加工作的宽度和挑战性而作出的有计划的、审慎的行动。这是工作的一种“纵向扩展”（阿吉里斯），它常常等同于“授权”。它可能包括解除对员工行动的控制、提高责任感、对员工绩效进行定期的反馈、引进新任务、分配特殊的工作。很明显，这会对我们以前讨论过的员工核心工作维度体验造成更强烈的影响。

5.10　我们应更加全面地看待这个问题，并非所有员工都需要或想要更有挑战性的工作。并且，正如查尔斯・汉迪指出的，“即使是想要丰富工作的那些人，除工作满意度之外，他们还希望得到更多的回报。工作丰富化并非提高生产率的廉价方法。它的代价就是增加了在士气、氛围和工作关系上的不可见成本。”

5.11　同时还应当指出，不管工作扩展或工作丰富化多么有利，但是实践中岗位重新设计却并不那么容易。关于岗位重新设计对组织目标的贡献，我们还需辩证地看待：它是否提高了生产率？是否提高了灵活性？是否获得了更大的员工承诺（减少不希望的人才流动）等。

5.12　工作设计非常耗费时间和成本。它要用到专业的工作研究和设计技术，而且可能涉及整个流程、系统和技术的再造。组织可能需要对职工进行培训和再培训，短期内还要加强监督。在职工适应新过程、新汇报关系和新责任的过程中，生产率可能会下降。工作得到扩展和丰富化的员工对于增加的那部分任务和责任会提出加薪要求。

5.13 另外，工作再设计并非所有员工都欢迎。一些人害怕职责增加附带的学习任务和责任。一些人并不适应授权或多技能造成的模糊性和不确定性。当工作再设计使某些职工因人员过剩而被解雇时，工作再设计会遭遇集体的反抗。

授权

5.14 授权既包括给员工以自由决断的权力，让他们决定如何组织其工作，也包括让员工对实现生产和质量目标负责。

5.15 授权的目标是通过提高员工工作满意度，利用他们的创造性与“一线的”专长，缩短客户和供应商界面上的响应时间，提高组织的有效性。

5.16 可是，实践中大家认识到，授权面临着许多障碍：

- 并非所有员工都期望接受更多的挑战、承担更多的责任。
- 并非所有员工都有能力承担更大的责任或掌握必要的技能。
- 经理人可能需要在放开控制和/或改变角色和风格方面付出努力。
- 授权并非其他报酬的替代物：对于员工承担的多出来的那部分责任，必须用精神表扬和/或货币报酬进行补偿。
- 授权可能被视为晋升或职业发展拙劣的替代物。

团队合作

5.17 团队合作是工作设计的另一个重要方向。“基于团队的”岗位或角色意味着我们可以将各种个体技能结合起来，职工有机会成为一个完整的、有意义的任务的组成要素，以及社会关系中的一分子。团队合作常常也可用于共享决策、多技能（如下所示）、项目工作和授权等情形——它们都可以提高工作满意度和绩效（我们将在第六章讨论）。

多技能

5.18 多技能（Multi-skilling）是另一个备选的职能灵活性方法。它不是指对很多个体的技能结合（例如在多职能团队中），而是指单个个体具备灵活按要求完成许多不同任务的能力。它模糊了职能专业之间的传统界限：企业培训、组织和鼓励职工，让他们跨岗位或技术边界进行操作。原来工作是由某团组“负责”，现在是由最适合做这项工作的职工来做。

5.19 多技能为组织提供了使用“精简”劳动力的一种成本有效的、高效率的方法，尤其是在竞争、技术创新和客户需求不断变化的压力之下。如果多技能能够通过员工及其代表的合作得以实现，那么它就可以终结代价高昂的细分争端、裁员和其他表面上看来“合理”的工作设计引起的后果。多技能也为员工提供了更加多样化的任务、自由决断的权力和工作满意度。它也可能给员工带来工作的安全感和物质利益，因为多才多艺、可流动的员工在人才市场上具有更高的价值。

5.20 所有这些方法都要求组织建立灵活的、水平的结构（我们在第一章中介绍过）。用摩托罗拉首席执行官的话（汤姆·彼得斯引述）说：“传统的工作说明是一种障碍。我们需要组织在各专业之间足够地灵活，这样……人们可以自由地跨越职能障碍或组织障碍来共同完成工作，而不是仅仅完成他们特定部分的工作。”

工作—生活的平衡和灵活的工作安排

5.21 工作—生活平衡反映了劳动力队伍（尤其是妇女参加工作）的构成越来越多样化，组织试图创造一种灵活的工作模式，能够让员工在工作需要和家庭生活需要（尤其是照顾未成年儿童或老年人的需要）之间取得平衡。组织也认识到，过劳工作和压力是引起相关职业疾病的原因。一方面要急切地提高生产率，另一方面又需要以一种健康的、可持续的方式对工作的需要进行控制，组织认识到它必须要在这两者之间取得平衡。

5.22 工作—生活平衡计划的内容包括：

- 具有一定弹性的合同（例如每年固定工作时间合同或依据学期的固定期限合同），可以允许员工围绕家庭责任安排工作时间。
- 弹性劳动时间系统。（包括核心时间和自由决定的时间，在自由决定的时间里，人们可以对时间以日、周或月为单位进行“借贷”。）
- 兼职工作和岗位分担。

5.23 在最近几年，这些措施得到有利于家庭的和平等机会的法律的支持。例如在英国，不满六岁小孩的父母有权利要求公司认真地考虑他们灵活安排工作的请求（改变工作总工时、工作时间和工作地点）。

第六节 管理风格的影响

6.1 报酬和激励系统（如工资、福利、晋升和工作设计）既可以是部门级的，也可以是组织级的。可是，我们讨论的激励理论也指出了团队领导人激励团队的几种方式。

领导力作为一种激励因素

6.2 为了让员工能够计算出完成一项任务需要投入多少精力（以及在提供的报酬一定的情况下是否值得付出努力），必不可少的是要制定清晰的目标。目标中要包含员工赖以测量进展的标准，这样员工才知道进展是好还是坏。

6.3 **参与**是有力的激励因素，同样也可以提高决策的质量。如果团队成员参与了目标设定和价值表述过程，他们就更有可能坚定地对目标和价值负责，更有可能坚定地为了目标而奋斗。我们也可以起草一份团队“章程”或契约，界定清楚团队成员彼此承担的责任：团队想要实现的目标是什么？为什么这一目标是重要的？团队如何合作来达成结果？

6.4 对于个人来说，为了计算下一步所需付出的努力，为了建立自信、共担责任，为了进行关键里程碑的庆祝，连续的正式和非正式的进展和结果反馈是至关重要的。

6.5 为了促使员工付出更多的努力，表扬和褒奖在其中所起到的奖励和激励作用也不可低估。表扬和褒奖受到员工的高度重视——同时却不需要经理人付出什么。团队合作方面的权威如金•布兰查德等提倡“要保持积极正面的语气”。

- 寻找（并且奖励）那些能够反映团队目的和价值观的正面行为。
- “看到人们做事正确”（或甚至是“近似正确”），而不是盯住错误不放。
- 当人们做错的时候，不要惩罚他们，而是将他们重新引导到目标来。
- 让所有的表彰和奖励都与团队的目的和目标服务联系起来。

管理风格

6.6 正如我们在第一章中提到的，并非所有经理人都以相同的方式进行管理。但是我们是有可能识别出经理人当作其“首选”方法或“风格”而采用的各种行为。马林斯将领导风格定义为：“发挥领导作用的方式，即经理人对待团组成员的典型行为方式”。

6.7 人们做出了很多努力去对风格分类并试图找到经理人最有效的风格。在这些模型中，有些模型努力要证明存在有效风格和无效风格：即跟一些风格比起来，团队成员更喜欢其他一些风格而且在这些风格下工作更有成效。所以生来喜欢采用一种风格的经理人应该尝试提高技能，运用更有效的风格。

6.8 可是，其他模型则反映出人们越来越认识到，根据不同的管理环境，可能有数种不同的适用风格。"正确的"风格是对某一任务、团队和情形起到最大作用的风格。特里·吉伦在《提高绩效的领导技巧》一书中提出，"仅运用一种领导风格有点儿像停摆的时钟：一天中它只有两次时间是对的，剩下的时间都是不同程度的偏离。领导人必须根据实际情况的差异调整与团队成员交互的方式。"这就是我们所说的"领导风格"。

6.9 在课程大纲中没有提到管理风格，但它是激励和团队领导重要的潜在影响因素。所以，我们也会在本课程中简要地阐述几个重要的风格模型。

二维风格模型

6.10 在俄亥俄州立大学（EA.弗莱什曼，"监督行为描述"，《应用心理学》杂志）开展的研究中，研究人员请人们分析、评价其上级的行为。从他们的评价结果很容易识别出管理行为的两个重要维度。

- 建立结构：涉及对要完成的工作进行组织、对角色的界定和完成工作的方式。
- 关心（Consideration）：涉及团组的社会组织、维持良好的关系、为团组参与提供机会。

这种区分在今天通常表述为以任务为中心的方法与以人为中心的方法之间的区别，而且已经非常有影响。

6.11 美国的罗伯特·R.布莱克和简·穆顿（《管理栅格》）开发了管理栅格，如图 5-4 所示。根据经理人关心人还是关心生产，而将经理人进行栅格划分。

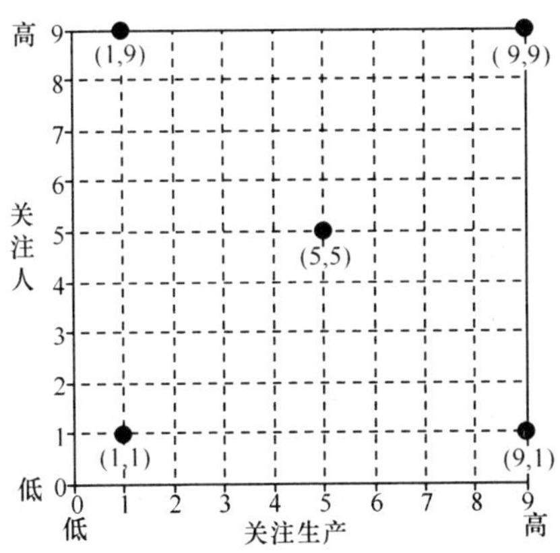

图 5-4　布莱克和穆顿管理栅格

6.12　栅格上的重要坐标及其解读如下：

- “无力的”——坐标（1，1）：经理人既不重视员工满意度，也不重视工作目标。
- “乡间俱乐部”——坐标（1，9）：经理人留意员工的需要并且已经建立了令人满意的关系和工作文化，但不重视工作结果。
- “任务管理”——坐标（9，1）：经理人几乎只重视工作结果。人的需求实际上被忽略了，在对工作进行安排的时候，将人这一要素的影响作用降到最低。
- “团队”——坐标（9，9）：经理人通过“领导”那些认同组织目标的、付出承诺的团队成员而取得很好的工作绩效。
- “中间路线”或者“抑制的钟摆”——坐标（5，5）：经理人一方面需要完成工作，另一方面维持令人满意的团队士气水平，通过在这两者之间取得平衡，获取足够的绩效。（另外一种情况是，从一个极端摇摆到另一个极端，其结果就是经理人得到（5，5）的平均分。）

6.13　栅格是用来进行管理评价和发展的工具。人们已经认识到，管理讲究的是在重视任务和重视人之间取得平衡，并且在两者之间没有必然相关性

（正相关的或负相关的）。事实上，它假定了经理人可以同时做到高度重视任务和人，而且这也是最有效的管理风格。

6.14 但是，批评家抱怨栅格过分简化了管理角色和情形。模型没有直接考虑像文化、技术、团队成员和任务性质等因素。模型还假定坐标（9，9）是最优的风格，但在某些管理情形下却并非如此。有的经理人会发现，在面临生存危机、需要立即采取纠正措施将项目引向正轨的时候，坐标（9，1）的方法会更好一些。

命令式和帮助式领导行为

6.15 上述二重维度是某些管理行为类型的基础。

- 命令式行为（或管理风格）的基础是：让下属清楚地知道经理人对其的期望（目标和标准）；下达明确的命令和指导；要求下属遵守规定和程序；安排任务的进度并进行协调；根据具体标准监督和控制绩效。命令式风格起作用的情形是：下属不赞成经理人定的目标或缺乏能力或自信的时候；当时间很紧急但后果又很危机的时候；当下属愿意接受自上而下的权力的时候。
- 帮助式行为（或者称为参与式或支持式行为）的基础是：为团队成员提供承担责任和采取主动的机会：共同协商的目标和标准；将日常计划和组织、监督和控制的责任下放到团队；在需要时能够提供指导、信息和调解；充当团队利益拥护者（代表团队利益获得信息、资源、联系和影响）；扮演“爱挑剔的朋友”的角色，为个人和团队发展提供建设性的、令人深思的反馈。帮助式行为适用的情形是：下属愿意、有能力并且足够有信心地参与决策过程的时候；当下属对决策的输入（或接受）起关键作用的时候；当任务或问题比较没有条理的时候。

几种管理风格

6.16 S.G.胡娜亚格和I.L.赫克曼（《管理中的人际关系》）发现了商业和工业领域用到的三种基本领导风格。虽然有许多风格模型，但这三种风格仍旧是对各种风格分类和描述有用的一个方法。

- 官僚式（或独裁式）风格：计划、组织和决策的权力集中在领导手中，所有沟通和合作都以领导为中心或通过领导进行。对下属的期望是简单的服从或遵守。
- 民主式风格：凭借全员参与过程，决策权下放到团队成员。领导职能分散在团组成员之中：经理人或任命的领导人作为团队成员，更多的是起到帮助的作用。
- 自由放任式风格：团队真正实现自治，能够组织自己的工作并做出决定（在规定的范围内，例如任务目标、预算花费限制和组织政策等）。经理人在团队中起到教练的作用是有意识地支持行动自由，在需要时能够提供帮助。（记住，这种风格并不等同于只是放弃责任的“无力的”经理人）。

6.17 其他研究和模型也提出了不同的风格分类方法：你可能在阅读中也遇到过其他的名称和定义。可是，各种风格模型常常研究的都是同样的事情：从一端完全以任务为核心的、命令式行为，到另一端完全以为人核心的、支持式和帮助式行为，构成了一个连续的行为谱系。

6.18 阿什里奇管理学院的研究小组对英国工业进行了研究，提出了四种风格，如表5-2所示。

表 5-2 通知式、销售式、咨询式、加入式

风格	优点	缺点
通知式（独裁式） 经理人做出决策并发出指令，下级必须遵守，不得质疑	• 需要时可以快速地做出决策 • 对于高度程序化的工作，这是最有效的领导类型	• 沟通是单向的，忽视了反馈和向上沟通或团队输入的可能 • 不鼓励下属主动或承担责任：只要服从就可以了
销售式（劝说式） 经理人仍旧做决策，但相信，为了让团队成员正确地执行决策，需要对其进行激励让他们接受决策	• 团队成员理解决策的理由 • 团队成员更加忠诚 • 团队成员在没有命令的时候能够更好地履行职责	• 沟通很大程度上仍旧是单向的 • 不一定非要激励团队成员才能让他们接受决策 • 仍旧没有鼓励主动性和承诺
咨询式（参与式） 尽管经理人保留最终的决策权，但是会征询团队成员的意见，并且考虑他们的想法	• 鼓励通过提高团队成员兴趣和参与等方法进行激励 • 提高了团队成员对决策的接受度 • 决策质量得以提高 • 产生了向上的沟通	• 决策时间更长（尤其是在寻求合议的时候） • 团队输入不会提高决策质量 • 咨询式可能是假象，实际上基本是“销售式”风格
加入式（民主式） 经理人和团队成员基于共识进行共同决策	• 促进激励和承担责任 • 授权团队成员采取主动 • 加上“咨询式”风格的优势	• 可能会削弱经理人的权威 • 会延长决策过程 • 可能引发“政治性的”决策

6.19 阿什里奇的研究反映出，尽管人们印象中的经理人最常运用的是“通知式”或“销售式”风格，但是下属明显更喜欢“咨询式”管理风格。当团队成员发现经理人在运用“咨询式”风格时，他们也会对工作持更加积极的态度。然而，对工作持最不喜欢态度的，不是“通知式”风格管理下的团队成员，而是那些无法在其经理人身上找到一致风格的团队成员。换句话说，下属被总在被变换管理风格的老板扰得不得安宁。

领导风格谱系

6.20 R.坦嫩鲍姆和 W.H.施密特（“如何选择领导模式”，《哈佛商业周刊》）提出领导行为谱系的概念，如图 5-5 所示。谱系形式对于没有采取极端风

格的经理人来说，是个有用的提示。经理人可以从全谱系的行为中选择自己喜欢的行为。

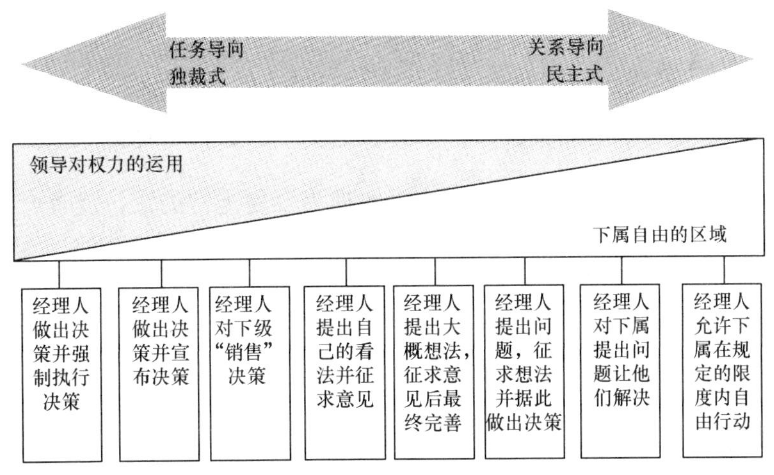

图 5-5　坦嫩鲍姆和施密特：领导风格谱系

6.21　你应该能够看到这些行为是如何被分成前面讨论过的四种基本风格。（坦嫩鲍姆和施密特将风格命名为：通知式、销售式、咨询式和辅导式。）

风格模型的局限性

6.22　领导风格模型让我们可以深刻地认识领导的本质和过程。它有效地强调了民主式和参与式风格的作用，并且通过风格的识别，帮助经理人认识到有很多不同的领导风格可供选择，而不是有限的和通用的一套行为。

6.23　可是，该方法也受到了一些批评。尽管不同研究人员之间取得部分一致，但是在风格的定义上仍旧存在混淆。也有人认为，风格模型没有考虑到对影响有效领导力的所有变量。特别是：

- 经理人的人格（或者行为能力）也许没那么灵活，无法有效地利用风格模型。

- 任务、技术、组织文化和其他经理人的要求限制了领导人选择有效风格的范围。（如果领导人的上级采用的是官僚式风格，而且团队的能力不强且需要严密地监督，那么毫无疑问领导人是不可能采用参与式管理风格的。）
- 一致性对于下属来说至关重要。如果经理人根据环境变化而采用相应的风格，那么下属会简单地将他视为反复无常的人，或者产生不安全感和压力。

6.24　正是考虑到了广泛的变量，才触发了权变或情景领导方法的产生。

情景领导

6.25　情景领导模型认为，有效的领导取决于许多变量或随机因素。没有一种领导风格能够适用于所有情形；同样，也没有必要采用适合于某种具体情况的风格来进行所有情况下的领导。这一学派最流行的一个模型是 P.赫西和 K.布兰查德（《管理组织行为：利用人力资源》）的情景领导模型。我们将在第六章团队领导部分讨论这一模型。

本 章 小 结

- 受到激励的员工可以更有效地发挥他们的作用，激励理论在组织管理中非常重要。
- 内容型激励理论试图识别个体的需求，然后寻求在工作中满足它们的方法。
- 过程型激励理论关心的是行为是如何被启动、引导和维持的。他们强调激励的实际过程。

- 今天许多组织努力去提高工作生活的质量。他们所信奉的理念是，这种做法会吸引并留住高素质人才。
- 随着组织管理理论的变化（例如从科学管理变化到人际关系方法），工作设计方法也在发生着变化。
- 许多研究人员研究了管理风格，希望能够搞清楚管理风格对激励团队成员的作用是什么。

自测题

括号内数字为参考答案所在段落。

1. 请列出低落的士气和消沉所带来的不利影响。（1.6）
2. 请区分内容型激励理论和过程型激励理论。（1.10）
3. 列出马斯洛提出的各种个人需求。（图 5-1）
4. 请解释保健因素和激励因素的含义（赫兹伯格）。（2.12～2.14）
5. 根据弗鲁姆的理论，个体动机是哪两种因素造成的结果？（3.2）
6. 马林斯指出的对于员工挫折有哪两种可能的反应？（3.17）
7. 哈克曼和奥尔德姆提出的三个核心工作维度是什么？（表 5-1）
8. 请列出提高全员参与的可能方法。（4.12）
9. 请描述 F. W. 泰勒的工作设计方法。（5.3）
10. 请区分岗位轮换、工作扩展和工作丰富化。（5.9）
11. 请解释布莱克和穆顿管理栅格上的关键坐标点。（6.12）
12. 胡娜亚格和赫克曼提出的三种领导风格是什么？（6.16）

第六章

工作团组与工作团队

对应大纲内容

3.1 评估采购与供应职能中工作团组或团队对于有效绩效的重要性

- 团组、团队和团队协作
- 团组价值观和行为规范
- 正式和非正式团组

3.2 解释采购与供应职能中工作团组或团队的发展阶段

- 团组/团队形成的原因
- 工作环境：团组规模、成员的能力、任务的特征、物理环境、沟通和技术的使用
- 关于团组/团队发展阶段的各种理论

3.3 评估采购与供应职能中有效工作团组或团队的特征

- 有效工作团组的特征
- 团队角色的不同视角
- 团组动力学和发展的阶段
- 自我管理的工作团组/团队
- 虚拟团队和远程办公
- 文化多样性的好处

3.4 分析采购与供应职能中工作团组或团队的角色关系的特性

- 团组/团队内部凝聚力和冲突
- 开发有效的团组/团队

引言

尽管人类在史前狩猎时代就已经出现了工作团组，但是直到近代才开始在管理理论中强调团队协作。在 20 世纪 20 年代通用电器公司霍桑工厂展开了相关研究工作。埃尔顿·梅奥的研究人员发现，团队动力对生产率的影响比任何工作条件变更所带来的影响更大。在最近几十年，由于劳工灵活性、工人参与和授权这些重大问题，团队协作已经成为工作组织和管理中一个重要方面。

本章中，我们讨论团组的形成和团组运作的方式，以及为了达到工作效果和提高工作满意度，如何建设并管理团组。

第一节　采购与供应中的团组和团队

1.1 汉迪在《解读组织》中将团组定义为“认为自己属于某一团组的人员的集合。”这一定义的要点在于，它将个体随机组成的一群人和具有共同身份和归属的个体组成的团组区分开来。

1.2 J.C.科尔曼在《心理学和有效的行为》一书中指出，团组行为在许多方面都与个体行为相似。“团组，像个体一样，也具有结构性、统一性，在自然和社会环境中运营。像个体一样，他们努力地保持自我，避免崩溃，寻求成长，发展潜力。他们像个人一样解决问题，既以任务导向的方式，又以防御导向的方式；如果他们的问题远非他们自身资源所能解决（或者他们认为是这样），他们将表现出紧张、泄气和生病状态。”

1.3　事实上，由于团组动力学的原因，例如团组内部的沟通模式、角色、关系和影响，人们在团组中的行为也和他们作为个体时的行为是不同的。这就是我们为什么要在组织中人的行为这一部分研究团组行为的原因。

团组形成的原因

1.4　组织中的人们由于下述原因聚集形成团组：

- 更喜欢能发展亲密关系、提供友谊和帮助的较小组织单元。
- 归属需要（身份认同感和团结）和为获得关注和赞扬而做出贡献的需要。
- 共享的空间、专长、目标和利益。
- 特定团组活动或资源的吸引。
- 为了保护自身利益，他们自己集合起来（例如通过形成同盟）以获取比个人更大的权力。
- 为了完成复杂的任务，获取所需的投入、经验、专长和其他资源（最简单的，需要一个以上的人才能完成的任务）。

1.5　通过以下几种方式，几乎可以自动形成团组：劳动分工（例如将任务分成分区或部门）；任务技术（例如将生产线上的操作员分组）；具有某种共同特征的身份认同（例如，处于相同地位、职业团组和工会等的人们被看作分组）。

正式和非正式团组

1.6　正式团组是管理层有意识地、理性地规划和建立的，以实现组织赋予的目标。他们具有如下特征：

- 组织委任和批准的成员身份和领导身份。
- 成员须遵从组织目标和要求。

- 关注分配的任务或职能的完成情况。
- 正式组织结构中，权力、责任、角色、任务分配和沟通的结构化的关系。

正式团组大体上与工作活动的协作有关。

1.7 这些正式团组会导致非正式团组的迅速成长（例如，如果一个委员会的成员形成一个社交网络），从而使非正式团组不可避免地出现在各种组织中。非正式团组包括定期聚会交流信息的人们形成的工作场所网络、工作之外参与社交的朋友形成的团组、“小圈子”和政治团组等。不像正式团组，非正式团组的成员和结构经常变动，提升个人（而不是“职位的”）权威才有希望成为领导人。

1.8 非正式团组的目的常常与团组满意度和个体成员满意度相关，而不是与某一具体的任务有关。然而，S.斯特赖克认为，非正式组织也是一个“能让工作完成的隐藏式的运营结构。”它的运营机制包括非正式沟通网络（“小道消息”）、“捷径”和长时间形成的做事方式以及非正式领导人的影响（常常回避正式结构中的沟通和权力“堵塞”）。

1.9 肯尼思·莱森斯提出非正式团组在组织中的四个主要目的：

- 维护非正式“文化”：规范团组行为和成员接纳的一套价值观和行为准则。
- 控制交际和社交：利用团组的影响力，强化对团组文化、行为准则和价值观的遵守。
- 发展非正式沟通网络：非正式团组可以补充“官方”信息来源和沟通渠道。如果管理层能够借助“小道消息”散布信息并鼓励知识共享的话，非正式团组就能对组织起到有益的作用。不过，它也因为散布不准确、扭曲或破坏性的信息（传闻、夸张的言语等），而削弱了正式的沟通程序。
- 提高社交满意度：非正式团组能够增加人际关系的趣味、乐趣和满意度，以弥补工作和正式工作合作中的单调乏味或疏离感。

团组和团队

1.10　团队是"一个小型的、具有互补技能且忠于共同目的、绩效目标和方法，并为此基本上承担共同责任的人组成的团组。"(J.R.卡岑巴赫和 D.K.史密斯，《团队的智慧》)

1.11　团队属于团组，但团组并非必然是团队。一个团组可能比团队大，与团队相比，团组的成员更易变动或者更加随意（未经选拔）；团队的规模较小，成员是仔细选择的。团组可能不像团队那样具有明确的目标或相互的责任、或严密限定的成员合作行为规范等。一个大型团组可能有一位唯一的领导人，而团队可能共享或轮换领导角色并且更重视共担责任和合力奉献。一个正式的工作团组比非正式团组更有可能像一个团队一样运转。

1.12　在采购与供应中团队合作的组织方法有许多，我们这里简要介绍主要的几种。

多技能团队

1.13　多技能团队将许多个体聚集在一起，每一个体都能执行所有的团组任务。这样就可以灵活地分配工作而不受技能限制，将最适合的人才配置到最需要的岗位。因为多技能打破了职位描述与划分的障碍，使团队能够灵活地应对内外客户需求和环境变化，所以从这个意义上说，多技能可以说是团队授权的基石。例如，在采购职能中大宗商品采购团队可能是多技能的：任何成员都能完成所要求的一系列任务和职责。

跨职能团队和矩阵结构

1.14　多专业或跨职能团队将具有不同技能和专长的个体聚集在一起，从而让他们的能力和资源得以整合或交换，和/或使他们（可能互不相同）的目标和利益得到体现。举个例子，比如一个多职能采购战略团队，或者甚至是一个多组织采购管理团队（牵涉到供应链中所有利益相关者的代表）。

1.15 持续的跨职能工作常常按矩阵结构进行组织。这种结构形式出现于20世纪50年代的美国航空航天公司洛克希德公司，那时它的客户（美国政府）在进行合同谈判时正遭受着单独应付许多职能专家的困境。矩阵结构的本质是双重权力：不同职能或地区的员工既在部门活动方面对他们的部门经理负责，又在与某产品、项目或客户有关的部门活动中对产品、项目或客户经理负责。

1.16 采购中的矩阵结构有些类似于图6-1。圆点代表的采购人员既对采购职能的直线经理（例如采购部负责人）负责，也对B项目的项目领导人负责。

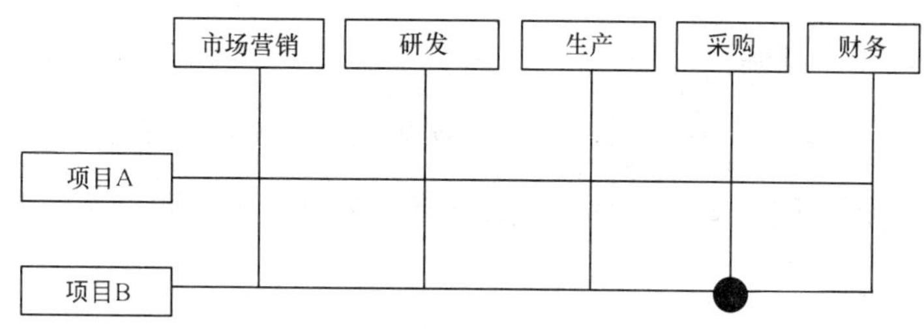

图6-1　矩阵式采购结构

1.17 项目团队通常是跨职能团队，建立的目的是处理具体的战略发展问题（例如引进准时制生产方法）、与具体流程相关的任务（例如库存控制的信息化）、与具体“事例”或客户有关的任务（例如与某一供应商进行运输量协调）或者对流程或改进机会的特别审计和调查（例如对订单参数或供应商道德行为准则进行评审）。项目团队就是专门工作组或问题解决团队的实例：他们本质上常常是短期的，被授权在项目说明书和职权范围之内采取行动。

跨职能团队的优点

1.18 跨职能团队特别有助于团队成员对其任务和决策有一个全局上的认识，从而将职能目标与整体战略契合在一起。

1.19 跨职能团促进了观点、专长和资源更广泛的共享，并且代表了更广泛的利益（它们既有可能提高决策的质量，也有可能将执行阶段的冲突与抗拒可能性降到最低）。通过集思广益，跨职能团队有助于产生创新的、综合性的问题解决方案和绩效或流程改进建议。对于诸如创新和头脑风暴团组、质量小组、职工代表委员会、特别工作组和委员会等一类的应用，这些特点是特别有用的。

1.20 汤姆·彼得斯在《乱中取胜》一书中用“**水平结构**”这一术语代表那些允许工作和信息跨职能边界自由流动的组织形式，在这种结构中不会遇到专门化、部门的岗位分工和正式沟通渠道所带来的垂直障碍。因为跨职能团队通常会包含不同职能部门或单元的代表，所以跨职能团队是跨组织边界协作的重要工具。这提高了信息流动、非正式（网络）关系和合作。它是整合商业流程的一个重要因素，以便使通向客户的增值流（和客户对该组织的体验）不会受到垂直障碍的阻碍。

1.21 产品开发与创新、伙伴关系、人际交往和学习都是水平活动，要求信息跨职能边界进行自由交流。在竞争和快速多变的环境中，跨职能团队对于组织柔性和响应性起到了重要的作用。通过不同专长和知识的共享，跨职能团队促进了创新，同时，由于避免了冗长的沟通和权力的垂直渠道，加快了决策的速度。

网络结构和虚拟团队

1.22 团队在供应链开发方面的另一个用途是多组织团队合作：将供应链中各利益方（或利益相关者）纳入进来，供应链中的关系和工作需要在团队结构和气氛中进行协调。将供应商纳入“团队的一部分”对于支持关系和互惠关系并不仅仅是一句空话。利益相关者为了共享信息、解决问题、建立关系等举行定期会议，就是对此的一种反应。

1.23 因此，供应链网络可以采用虚拟团队的形式：互相联系的团组，成员可能不在同一个办公室或组织中（甚至不在世界的同一个地区），但是他们可以：

- 共享信息和共担任务（例如供应商提供的技术支持工作）。
- 一起做出决定（例如在质量保证或员工培训方面）。
- 实现团队的协作职能。

1.24 信息与通讯技术（ICT）促进了这类协作，借助于电信会议、视频会议、上网的计算机和互联网模仿团队合作。供应链中的成员可以使用这类技术获得并分享最新的产品、客户、存货和发货等信息（例如利用基于网页的数据库和数据跟踪系统）。电子会议管理系统可以让虚拟会议代表通过远程电信会议互相交谈和倾听，同时共享信息并利用他们计算机上的电子白板。在更基础的层面，供应商可以通过电话或在线热线服务为产品或销售团队提供技术支持。

自我管理的团队

1.25 自我管理的团队协作是团队协作的最高发展形式。他们是稳定的团队，成员可以一起决定所有重要的工作问题：流程和时间安排、任务分配、团队成员选拔、团队报酬分配等。团队负责人也是团队成员，扮演促进者的角色并履行相应的责任：这一角色在任务需要的时候也可以轮换。

1.26 在自我管理团队中，团队成员在所有影响他们工作和内部流程的重大问题上一起共同决策。适当的时候，领导角色可以共担或轮换。每周的团队会议用于识别、分析和解决问题，评价团队合作和进展，让团队成员研究和提出问题等。一旦制定了团组的目标，外部管理输入从根本上会起到支持和促进的作用（并且仅在需要的时候）。

1.27 自我管理团队有以下优点：鼓励承诺（伴随着质量和生产率的提高）、降低管理成本、增进合作和柔性以及鼓励主动性（伴随着响应性和客户服务质量的提升）。可是，在成熟的形态下，自我管理团队是一种相当新鲜（并且少有）的事物：它们要求有熟练的领导艺术和强大文化的支持。

1.28 自我管理团队合作对团队成员的能力有较高的要求，并且经理要有高度的信任（让团队可以在任务计划、实施和控制方面拥有自我决断的自由）。以团队自行决定的自由为基础，自我管理团队也必须具有清晰的目标、角色定义、评审节点和测量指标。为了协调与控制，自我管理团队的沟通和汇报机制必须到位。

第二节 团队协作的价值

2.1 人们以前将组织的基本工作单元按专业划分为职能部门。在最近几年，人们采用了彼得斯和沃特曼（《追求卓越》）称之为“分块”的方法：将组织结构分解为小型的、灵活的单元或团队。

2.2 从组织的立场来看，团队具有许多优势。

- 对于那些需要集合多人或多专业技能、经验和知识才能完成的任务，团队能够起到促进的作用。人们已经发现，比起个体单独地工作，团组能够产生经更好评估的（尽管个数更少）的决策。
- 因为团队可以跨组织边界（例如专业或部门）将具有共同目标和有序沟通的个体或团组整合在一起，所以团队能够促进不同个体或团组之间的工作协作。
- 团队促进了相互沟通和人际关系，因此尤其适合于：
  - 测试决策和批准决策，因为团队提供了多来源的反馈，从而能够让决策更易于接受（考虑了所有利益相关者的观点）。如果一项决策影响到团组中的个体及其工作（例如，假如团组中的人员负责贯彻该决策），那么团组是否能接受这一决策就变得非常重要了。

- 咨询、谈判和冲突解决，因为团队能够使人们互相交流观点和互相影响。
- 产生想法，因为团队可以“活跃”人们的思想并且获得多重输入。
- 收集和传播信息，因为成员参与了多种网络。

• 由于下列几个原因，团队能够激励个人，使他们奉献更多的精力和能量，以实现组织目标：
  - 让团队成员关系和谐，以此形式作为给他们的奖赏。
  - 只要团组的目标与组织目标一致，那么团组的影响力可以提高绩效。

2.3 从个人的立场来看，团队也可以发挥一些重要的功能。

• 团队满足了人们寻求友谊、归属感、互相鼓励和支持的社交需求。
• 团队帮助个人建立自我形象和身份认同（作为大于他们自身的团体的组成部分）。
• 团队可以使个人分担工作责任，并且完成他们自己无法单独完成的工作。
• 团队让人们能够做出引人注意的个人贡献（它支撑着他们的自尊），同时，让人们分担责任，成为大于他们自身的团体的组成部分（它支持着他们的安全感）。彼得斯和沃特曼在《追求卓越》一书中指出，这些是员工重要的双重需求。

2.4 可是，在利用团队时会存在一些问题。

• 团组决策耗费更长的时间，尤其是在团组试图通过说服意见不同者而达向合意时更是如此（在日本这是一种受到偏爱的方式）。
• 团组工作要求我们对团组动力学和团组维护过程分配一定的注意力（正如我们稍后要看到的）：这有可能使人们无法专注于任务本身。

- 团组决策部分基于团组行为准则和利益（团组自身的议事日程）而不是基于任务的需要或者组织的需要。
- 人们已经发现，团队决策比个人决策包含更大的风险。责任共担反而模糊了个人对决策结果的责任感。尤其是非常有凝聚力的团组，甚至会通过忽视“外部的”信息和反馈来保护他们的合意：团队变得思路狭窄而且过分自信。这一现象会由于团组内部竞争而加剧，从而导致分崩离析、缺乏沟通和不同团组间的冲突。
- 团组行为准则可能会限制和阻碍个人的贡献，而且产生负面的工作结果。埃尔顿·梅奥在霍桑工厂（见第五章）的研究表明，团组会利用他们的力量限制产出、“排挤”不受欢迎的监督者。

2.5　你也应该注意到，“团队协作”自身既有积极的一面，也有消极的一面。团队协作涉及复杂的动力学、角色和关系，并且做起来不是那么容易。佩德勒、伯戈因和博伊德尔在《经理人领导力指南》一书中，曾勾勒过理想的团队协作，他们这么写道：

“简直是痴心妄想。现实中，在公众面前表现出有凝聚力的团队，在面临压力时常常会顺着薄弱环节分崩离析。团队可能不会对成员起到支持作用，有可能被内部冲突和地盘争夺战牵着鼻子走，而且，有才能的个人并不总是优秀的团队成员。”

重要的是，不仅要建立团队，我们还要建设有效的团队。

第三节　团队建设

3.1　J.C.科尔曼注意到团组复杂的社会本质。“团组具有权力结构、领导结构、角色结构、沟通结构等。他们形成行为准则、意识形态、独特的气氛、凝聚力和士气。”团队是复杂的和动态的：不是静态的。他们随着时间成熟、发展和变化。我们将从团队建设开始，考察团队动力学和流程。

塔克曼的团组建设阶段

3.2 四阶段团组建设模型是由布鲁斯·W.塔克曼提出来的（“小型团组的发展顺序”，《心理期刊》）。

- 形成期（Forming）是第一阶段。在这一期间，成员试着互相了解，并且了解团组是怎么运转的，同时团组的目的、组成、领导和组织仍旧有待建立。可能对新思想的引入持谨慎的态度：成员会严格遵守规定，以免自己不被团组接受。这种谨慎的引导阶段是重要的，但并非有助于任务的有效性。
- 震荡期（Storming）是第二阶段。在这一期间，成员开始坚持自己的主张并且测试出角色、领导、行为准则和观念。在这些领域存在着或多或少公开的冲突和竞争，但这也可能是一个收获的阶段，随着制定出更为现实的目标，沟通更加透明，产生出更多的想法。
- 规范期（Norming）是第三阶段，事实上是一个平息的时期。在这一期间，关于工作、共享、个人要求和输出期望，都已达成一致。团组流程和习惯将会被规范并受到忠诚的保护。第二阶段的激情和头脑风暴已经变得越来越弱直至消失，但是可以引进并维持有条不紊的工作。
- 执行期（Performing）是最后一个阶段。在这一期间，团组重视任务的执行：团组建设的困难集中体现在执行方面。

3.3 塔克曼和延森（摘自《团组和组织研究》书中的“重谈小团组发展阶段”部分）在原有模型的基础上，增加了新的阶段。

- 调整期（Dorming）：团队已经成功地运转了一段时间，开始变得自满起来。它进入一种半自动运行状态，所做的工作主要是维持团队本身。
- 悲痛期或解散期（Mourning or adjourning）：团队认为自己已经完成了目标，团组不仅从物理上解散（例如在暂时项目团队中那样），而且在心理上也解散了（当团队转向新的目标、重新议定成员身份角色，并返回到下一阶段的形成期）。

3.4 团组经历这些阶段的速度或快或慢，不同时期还会重叠，或者停顿在某一时期进行不下去（特别是“震荡期”）。

舒茨的 FIRO 模型

3.5 因为人际关系能够满足人类特定的基本需求，所以个体在他们的社会交往中会积极地寻求与他人建立和谐的关系。正是基于对这一事实的信仰，威廉・C.舒茨提出了人际导向理论。上面提到的基本需求包括：归属的需求（例如归属感）、控制的需求（例如喜欢人际关系中互相影响的平衡）和情感的需求。他提出一个概念，称为 FIRO，即**基本人际关系导向**。

3.6 为了评估每一种基本需求对于不同个体的相对重要程度，舒茨设计了一个调查问卷，包括 54 个问题。每个问题会请回答者想想他多久会执行一次某一行为。对答案进行评分，从而可以确定个体的人格导向。

3.7 FIRO 模型揭示，一个和谐共存的团组（例如具有相同需求的个体组成的一个团组）将会进行合作，它们的业绩优于“同床异梦”的个体所组成的团组。

3.8 舒茨的 FIRO 模型也可以用来检查团组发展各时期中出现的并且需要解决的团组问题。这些问题可能会在团组生命周期中的一些时期重复出现，但是它们大致是按照团组的发展时间发生的。

- 包含问题：“进来还是出去”。（我是否能认同团组目标，并且感觉到我与团组中的其他人有足够的共同点，使我能选择留下来并参与团组活动？）

- 控制问题："顶部还是底部"。（我是否也可以与众不同并且在团组的运营中有一些发言权呢？）
- 情感问题："亲近还是疏远"。（我对团组是否信任并且重视到卸下盔甲、共担并忠于团组目标的地步？）

3.9 跟其他团组发展模型不同（例如塔克曼和延森），舒茨没有明确地提出结束阶段。可是他提到随着团组结束，上述各阶段会反转自身：成员感情上分开，变得再次关注控制问题，并且最后随着团组的解体解决包含的问题。

团队建设

3.10 团队通常并非任其自我发展。经理人或团队负责人的一个任务就是"建设"团队：启动或加速开发期、促进向成熟执行期的进展。例如，团队负责人可能不会压制或贸然地解决一个新团队中的冲突：这些冲突可能会受到鼓励，并且使之暴露出来，以便让团队顺利地进展到震荡期。

3.11 对于松散结构的团队、地理上分散的团队和矩阵结构的团队（包括供应链伙伴关系和虚拟团队）而言，团队建设是经理人的一个特别的挑战。（这类团队的更大挑战包括角色和共同目标的确立、对工作的监督与控制等。）

3.12 我们将在本章第五节增强团队凝聚力的部分进一步阐述团队建设的问题。

第四节　团 队 角 色

团队规模

4.1 人们对团队的最优规模进行了各种各样的估计。有些作者认为主要工作团组的最优人数在10～12人（比得上原始狩猎分队），而另外一些人则宣称团组应该更小一些，比如 5～7 人就足够了。尽管较小的团队限制了合并技能和经验的协同效应，但是较大的团组涉及更为复杂的动力学和流程（决策、沟通、影响等）。较大的团组（像大型组织）可能要求规则和流程更加正式一些，以确保协作和控制的正常运转，除非团组领导和行为准则的力量非常强大。当一个团队变得太大时，它会分裂为更小的亚团组，而且还有进一步分裂的可能性。

团队成员身份

4.2 团队成员身份可以由现有的安排、组织任命或选举（例如在职工代表委员会的情况下）进行确定。当经理人有权利选择团队成员时，他应该综合考虑品质、能力和资源，确保满足任务的需要。有观点认为，由同类人组成的团队（其中的个体大体具有相同的态度、价值观和特点）可能更有凝聚力。可是，成员多样化可以提供互补的技能和观点，从而提高创造性和促进决策。

4.3 团队可能需要专业的技能和知识（也许从组织的不同区域）；团队成员的经验可能是有益的（尤其对于指导欠缺经验的团队成员）；当团队为了有限的资源展开竞争时，组织在资源（包括信息）方面的影响或权力可以起到“声援”团队的作用。

4.4 除了团队目标的特殊要求（也称为内容角色），一个有效发挥作用的团队须要求其成员承担多方面的任务和团队维护（或流程）的角色。团队的人员管理要求我们既要注意到内容（做了什么和说了什么；任务要求和任务执行），也要注意到流程（人们如何做，人们如何说，团队如何完成任务）。**团队流程**包括行为准则和角色的接受、沟通、决策、团队建设和凝聚力等。

6

贝尔宾的团队角色

4.5 R.梅雷迪思·贝尔宾（《工作中的团队角色》）在英国亨里管理学院对商业对策游戏团队进行了研究，并建立了有效运转的团队中的混合角色模型。贝尔宾的研究表明，有效的团队是由九种角色的人组成的，如表 6-1 所示。他指出，“任何一种角色的贡献大小通常与某一缺点联系在一起。这些称之为允许的缺点。执行官很少在所有九种团队角色中都表现显著。”

表 6-1 贝尔宾团队角色

角色和描述	贡　献	允许的缺点
建设者 创新的、富有想象力的、非正统的	解决困难的问题。提出新观点	忽视细节。太先入为主，影响有效的沟通
资源调查者 外向的、热情的、爱说话的	寻找机会 建立联系	过度乐观。一旦初始热情消失，就会失去兴趣
协调者（或主持人） 成熟的、自信的、一个优秀的主席	澄清目标，促进决策，积极授权	有可能被认为有操纵欲。 授权个人工作
塑造者 富有挑战性的、动态的、压力会帮助成长	有动力和勇气克服障碍	可能触怒他人。伤害人们的感情
监控评估者 冷静的、战略性的、有洞察力的	能够发现所有备选方案。准确地判断	缺乏鼓舞别人的动力和能力。过度挑剔
团队员工 合作的、温和的、有知觉力的、有手腕的	倾听、建设、转移摩擦、平息事态	在危急情况下优柔寡断。容易受到影响
执行者（或公司员工） 受过训练的、可靠的、保守的、有效率的	能将想法付诸实现	稍微有些僵硬。应对新的可选择的方法上比较迟钝
完成者 辛勤的、认真负责的、焦急的	发现错误和遗漏。保证按期交付	倾向于过度担忧。不愿授权。可能是个“过分挑剔的人”
专家 坚定的、自觉的、投入的	提供特殊供应领域的知识与技能	仅在狭窄的前沿有作用。沉迷于技术性，忽略“全局”

4.6 团队角色没有固定在某一特定个人身上，团队成员可以承担多个角色，或者根据需求进行角色转换。有效的团队协作要求对所有角色能够健康地混合与平衡，正是这些角色支持了任务功能（例如集思广益、问题解决、执行和跟进）和团队维护功能（支持、冲突管理、领导力等）。

第五节　团队动力学和流程

团队价值观和行为准则

5.1 正如我们在第二章中看到的，在我们讨论霍桑实验时，已经发现在团队中可以形成强大的共同价值观和行为准则，团队利用社会压力将成员凝聚在一起。不仅在团组行为中，而且在更大的组织行为和绩效中，这都是一个重要的因素。

5.2 行为准则可以定义为：“社会团组期望的并且需要成员遵守的具体行为标准。”工作团组建立了行为准则和意识形态，希望所有团组成员都能够遵守。霍桑实验（在银行配线间阶段）发现了团组中的非正式“代码”，这些代码设定了产出准则（不要在绩效上超过他人，但不要偷懒）和与上级的关系准则（不对管理层“咆哮”，在实施权力时候不要“多管闲事”）。

5.3 团组压力的一般特性是在团组中要求个体有所担当。对于团组行为准则和习惯，个体可能的反应包括顺从（“压着红线走”，没有真正地负起责任）、认同（完全接受和认同）或抗拒。查尔斯·汉迪在《解读组织》中认为，当问题没有那么清晰，个体对其自身的态度或行为没有那么自信，并且当他暴露在团组其他成员面前的时间比较长的时候，对顺从的压力是最大的。聪明的、独立的和自信的人不太可能顺从。团组会通过以下几种方式强化行为准则：

- 正强化，靠身份认同实现：作为团组成员，有一种归属、声誉和接纳的感觉。各种徽章、标志、词汇、“玩笑话”和入会仪式都可以用来促进身份认同，并在那些属于团组的人与不属于团组的人之间画一道清晰的界线。
- 负强化，靠各种惩罚实现：没有应对挑战或没有努力改正错误的异常成员，可能会受到排挤（“碰一鼻子灰”）、嘲讽、谴责、身体攻击（在有些文化中这是可以容忍的）并且最终从团队中被开除出去。

5.4 团组行为准则有时候能够发挥作用（促进团组身份认同和新成员的融入、加强组织价值观和目标、提供行为标准），但是有时候也有可能失灵（如果它们偏离或破坏组织价值观和目标、阻碍不同观点或抗拒变革）。经过一段时间它们可能会变得根深蒂固。要**改变团队行为准则**，需要做到：

- 团队一致认为有变革的必要。（例如遇到了危机、出现新的需求或发现失灵。）
- 为变革提供支持。（例如通过在团队中树立强大的变革拥护者，或者提供变革的诱因。）
- 利用态度与文化变革的系统性流程，例如列温的“解冻—变革—冷冻”模型。这包括：质疑并扰乱失灵的行为和态度（加强变革驱动力并减弱抵触或抑制力）；发布并执行新的行为准则和要旨；稳定并固化新的状态（通过重复和正强化）。

团队凝聚力

5.5 在莫顿·多伊奇所报告的一个试验中，心理学专业的学生在讨论组中收到要攻克的难题和人际关系问题。一些团组（“合作型”团组）被告知，每个人在课程结束时得到的分数取决于团组的绩效表现。其他团组（“竞争型”团组）则被告知，每个学生会根据他自己的贡献得到自己的分数。

5.6 实验发现，这两类团组在任务兴趣大小、参与程度深浅或者学习程度上都没有显著的差异。但是合作型团组与竞争型团组比起来，每单位时间的生产率更高，产出和讨论质量更好、工作合作更顺畅、活动分工更合理、每位成员所做的贡献更加多样化、在讨论中对低年级成员更加关心和友好。这为建立合作型的、富有凝聚力的团队提供了有力的证据。

5.7 凝聚力在一定程度上是沟通、合议和相互信任这些正因子的结果，但在面临“共同敌人”（竞争或危机）时凝聚力和绩效表现甚至会更好。在每个面临竞争或危机的团组内部，成员会紧密团结面对困难并且放下他们的差异：忠诚度和顺从被高度激发出来。气氛从非正式的和随和的状态转变到以任务为中心的状态，个人需要被丢在一旁。团组比起平时来可能要接受更官僚的领导风格，以便更有效率地调动资源。同时，“我们和他们”这种分级感进一步强化了凝聚力。

5.8 为了建立坚定的、合作的工作关系，为了建立互相的忠诚和互担责任，并且为了实现公开信息的共享，凝聚力被大家广泛认为是其中不可或缺的要素，所有这些都有利于使团队合作可能的协同效应和个人社会满意度达到最大。可是，你应当注意，团组有可能会变得过于凝聚。汉迪在《解读组织》一书中指出：“因为团组在组织背景中必须服务于组织而不是它自己，所以过分凝聚的团组可能是危险的。”如果一个团组完全沉迷于它自己的维护、成员和优先权，那么它会把精力和注意力从任务转移到其他方面。

团组思维

5.9 过分凝聚的团组也可能对外部信息和反馈变得心胸狭隘，从而带来危险，同时可能会自信地朝着错误的方向大踏步前进。I.L.詹妮丝在《团组思维的受害者》一书中将这种现象描述为“团组思维”（Groupthink）：“在凝聚力较强的决策团组中存在一种心理倾向，即不计代价地实现合意，这就压制了异议和备选方案的评价。”团队令人满意的合作阻碍人们考虑备选方案、建设性的批评或冲突。

5.10 团组思维的症状表现如下：

- 有种刀枪不入的感觉——对所宠爱的策略中包含的风险视而不见。
- 对前后矛盾的信息进行合理化。
- 道德上失明（“权威就是对的”）。
- 有一种将所有局外人视为“敌人”的倾向。
- 压制持异议者和“不安分的人”的强大团组压力。
- 全体一致的观念——过滤掉或忽略了不同意见。
- 互相支持和团结地保卫决定。

5.11 既然具有团组思维症状的团组会强烈抗拒批评、拒绝承认失败和不好的信息，那么要将这样一个团组从其恶性循环中解救出来就不是那么容易的事情。实际上，必须鼓励团组进行自我批评、欢迎外部的意见和评价、积极应对冲突迹象。这也许可以让一位成员做“魔鬼代言人”，故意抛出一些其他可选择的观点并且激化冲突。让团队进行角色轮换，鼓励人们站在不寻常的视角认清团队的目的和目标，减少那些会遏制异议或质疑的权力失衡现象。为了避免自满的情绪，我们需要不断认清“现状”。

提高团队凝聚力

5.12 团队建设（建立富有凝聚力的团组）有许多不同的方法，而团队凝聚力的基础，常常建立在对下列要素的培育上。

- 团队身份认同：作为一个团队的感觉（有时称为团队精神）。实现途径包括：对团组进行命名；用标语和格言表达团队的身份；用故事和笑话建立团队的历史（特别的英雄般的成功和失败）；为团队制作独特的“徽章”或符号。

- 团队的团结：对团组的忠诚，团队成员为团组付出更大的努力，对团组行为准则和价值观提供更多的支持。实现途径包括：表达团结（“我为人人，人人为我”）；鼓励团队中的人际关系；用积极的、明确的方式控制团组内部的冲突和竞争；庆祝团队（而不是个人）的成功。
- 承诺于共同目标：为实现团队目标所进行的合作。这些最初可能只是团队维护目标，但当他们与任务目标整合之后（通过为团队提供成就、褒奖或报酬上的满意），合作动力就会转化为组织优势。
- 竞争、危机或突发事件：当团组的生存或行为模式受到外部的威胁时，团组成员会行动一致。团组内部的竞争会瓦解凝聚力，但与其他团组的竞争却会提高凝聚力。

团队决策

5.13　决策是一个重要的团队过程。我们可以用多种方法做出团队决策。

- 负责人凭借自己的权力，也许是在考虑了成员的意见之后。
- 利用权威或影响，例如一位团队专家或有魅力的成员。
- 少数服从多数：通过投票，或者领导人“感觉”其意见得到大多数团队成员支持。
- 通过合意：审查有分歧的意见并提出有说服力的证据的过程，直到所有团队成员大多数同意为止。该过程耗时颇长，不过由于所有团组成员都认为是自己做出的决定，所以执行时不打折扣。

5.14　在不那么有效发挥作用的团队中，这可能是一个消极的过程，决策是在没有获取团队成员意见的情况下做出的；由少数人做出（例如团队中占据支配地位的小圈子）；或者弃权（例如领导人放弃了他的责任）。

5.15 如前所述，团组决策倾向于耗时漫长（特别是合意的决策方法），但决策经常会得到很好的评价且具有更大的代表性（这要归功于采纳了不同的意见），因此大家会更加负责任地执行决定。也许经理人的重要任务就是避免“冒险变速”现象，即团组倾向于比个人自己更冒险。上面讲过，在凝聚力大的团组中由于存在团组思维，“冒险变速”的现象更严重，我们必须严格坚持听取不同意见并评估备选方案以避免“冒险变速”。

5.16 在有效发挥作用的团组中，决策随时间变得更少以领导人为中心：建设性的问题解决过程会随着合适成员的参与和信息共享（不会退化到团组思维）而得以执行下去。

团队沟通

5.17 有效发挥作用的团队倾向于从以领导为中心、领导人发起的沟通模式，转变为多方向或“全渠道”交互的沟通模式：任何成员都可以直接与其他任何成员进行沟通。小圈子和孤立的个体随着时间的延续，会慢慢融入这张互相影响的网中。

5.18 有效的团队沟通具有以下特点：

- 坦率的、诚实的沟通，包括坦率地、直接地和公平地（不掺杂个人好恶或怨恨）处理冲突、解决问题和接受批评的能力。
- 与任务相关的信息的共享（不基于“保密”或“知识就是力量”而扣留信息）。
- 会议、讨论和决策的全员参与。平等参与并不意味着所有成员完全平均地分担，而是当所有成员有话要说的时候能得到公平的聆听。

- 没有人为的地位障碍，这样高级职员和低级职员之间可以轻松地进行沟通。
- 积极的贡献（提供并寻找信息、建议和意见；鼓励并肯定他人；适当地接受批评；检查理解的对不对；提出建设性的反馈；总结等）要超过消极的贡献（攻击、防卫心理过重、陈述困难、挑刺儿、打断或无视别人等）。

团队领导

5.19 权变理论认为管理效果取决于许多变量或随机因素，并不存在适合于所有情形的“一条正确道路”；经理人必须以适合于具体情形的方式进行领导。根据汉迪在《解读组织》一书中所说，管理情形由以下因素组成：

- 经理人在组织中和工作团组中的权威和影响，影响着他采用命令—控制风格的可能性有多大。
- 任务和技术的性质，影响着员工在多大程度上需要接受密切地指导和监督。
- 工作团组的技能和动机，影响着员工在多大程度上希望自治或参与决策。
- 组织及其管理的文化，影响着风格是否能被接受、是否能够发挥作用。

团队成熟度

5.20 正如我们在第五章中所述，赫西和布兰查德提到了颇具影响的团队领导情境模型，其中，经理人风格是命令式和帮助式行为的结合体。命令式行为包括：“清楚地告诉人们做什么、怎么做、何时做，然后严密地监督他们的表现”。帮助式行为包括：“倾听人们、对他们的工作提供支持与鼓励，然后促进他们参与问题解决和决策过程”。

5.21 某个团队最适合的管理风格取决于团队成员根据他们的任务能力（经验、知识和技能）和成功完成任务的意愿（他们是否具有自信、责任感和动机）执行某一任务的准备程度（或成熟度）。模型如图 6-2 所示。

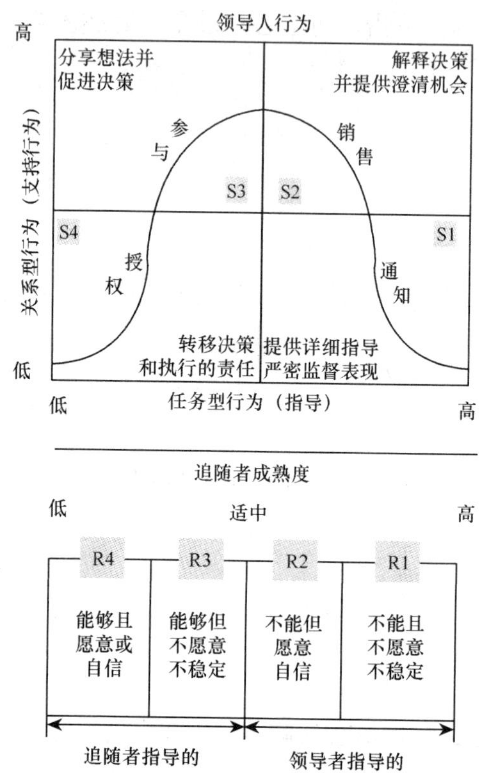

图 6-2 赫西和布兰查德情境领导模型

5.22 图 6-2 中四个象限描述了四种领导“风格”，用 S1、S2、S3、S4 表示。

- S1：低成熟度的团队（缺乏能力和动力或自信），需要更多命令型行为，以便保证足够水准的任务绩效：最适当的领导风格是“通知”式风格。典型的一个例子是，刚进入组织或刚接触某项技术或流程的新员工。
- S2：成熟度介于低和适中之间的团队（愿意并自信，但缺乏能力），既需要命令型行为，也需要支持型行为，以提高他们的任务绩效而不伤及士气：最适宜的领导风格是销售式风格。这方面的例子是，较有经验的员工成员首次承担新的责任。

- S3：成熟度介于高和适中之间的团队（有能力，但不愿意或不牢靠的）是有能力的，但需要支持型行为来鼓舞士气：最适宜的领导风格是咨询式或“参与”式风格。参加完培训的团队成员将新学到的技能运用在工作中；或者经历了一段时间的低士气的团队或拒绝组织变革的团队。
- S4：高成熟度的团队（有能力并且愿意和/或自信的）不需要命令型或支持型领导：最适宜的领导风格是参加式或“授权”式风格。典型的例子是，成熟的、有效发挥作用的团队能够顺利运转，只有在碰到不可预见的问题或新情况时才需要求助于领导人。

第六节　建设有效的团队

是什么让团队走向成功

6.1　团队领导人的任务是建设“成功的”或“有效的”团队。不过团队有效的标准是双重的：

- 任务和组织目标（质量和生产率）的完成。
- 团队成员的满意度（尤其是他们在成长和发展方面的高层次需求的满足）。

6.2　根据管理学人际关系学派的理论，一个人事实上是无法离开其他人的：感到满意的团队成员更有可能是以一种坚定的和合作的方式工作，以达成任务目标；任务目标的成功完成反过来又积极地提高了满意度。同时，为了帮助完成任务和获得满意，团队过程（决策、领导、沟通、角色分配等）必须是平衡的、动态的、有用的和成熟的。

有效的团队有什么表征

6.3 为了明确团队是否有效运行或者到什么程度，我们必须对许多因素进行评估，既有定性的因素，也有定量的因素。有些因素自身并不能当成证据，但有可能揭示团队中的潜在问题。例如事故率、人员流动率和缺勤率。在一个有效的团队中，你可以观察其定性因素和定量因素。

定量因素

- 人员流动率、事故发生率和/或缺勤率低。
- 产出或生产率高。
- 产品质量高、浪费少、故障率低。
- 达到具体的个人和团队目标与标准。
- 由于问题、冲突等造成的不定期工作中断。

定性因素

- 勇于承担达到目的和目标的责任。
- 清楚地了解团队目标、团组在组织或供应链活动中的作用（尤其是客户服务或质量）。
- 清楚地了解团队中每位成员的角色。
- 成员之间互相信任，反映在自由、坦率的沟通和分担任务的意愿上（相信别人能够“完成他们那部分的工作”）。
- 产生新的想法、交流思想、欢迎不同的观点。
- 成员之间互相支持和促进彼此的工作。

- 团组坦率地面对和调查问题，旨在找到让大家满意的解决方案。
- 热心并参与工作决策。
- 为个人的挑战、责任和发展寻找机会。
- 在团组领导人短暂缺席的时候有能力和动力保持运转。

诊断表现不佳的团队

6.4 我们已经强调了有效运转的团队的特征和动态。你应该能够通过运用反义词来描述无效的或失灵的团队。总而言之，下面列出的是团队表现不佳的一些原因。

- 缺少来自管理层的支持、信息或资源（包括缺乏真正的决策权力和责任）来帮助团队完成任务。
- 模糊的或不现实的个人或团队目标。
- 不合适的团队规模或组成（团队角色中的分歧或失衡）。
- 阻碍团队发展、合作和信息共享的利益冲突、人际间的敌对状态或地位障碍。
- 表现不佳或没有动力的个人拖住了团队的后腿，造成不信任和不满。
- 不佳的团队领导、权力冲突和权力失衡、沟通的缺乏和不确定性。
- 未受抑制的团队凝聚力，使注意力从任务本身转移到其他方面，造成“团组思维”。
- 以一种有益的方式来维护团队发展和指导团队过程（角色分配、决策和沟通），在这方面缺乏相应的领导力和团队合作技能。
- 团组行为准则削弱了绩效表现（例如限制产出、抗拒领导）。

毫无疑问，你还能想到其他因素——甚至有可能根据你自身的经历来想象……

有效团队协作的影响因素

6.5 影响有效团队协作因素有哪些？这方面有许多不同的模型。A.G.希尔德和A.P.卡卡巴德思（“从松散的团组到有效的团队”，《管理发展期刊》）提出九种基本因素：清晰界定的目标、排好的优先级、接受的角色和责任、个体的自我意识、提供帮助的领导、开放的团组动态、坦率的沟通、让团队有一定自由决定权的任务内容以及一个有益的组织基础架构。

6.6 类似的，迈克·伍德科克在《团队发展手册》一书中提出了有效团队协作的十个“砌块”。

- 领导：采用适合任务、团队和情景的领导风格（如果存在一位经过任命的领导）或者确保领导角色和职能公平地分配或轮换到最有能力运用它们（并且能发展他人）的人身上。
- 成员身份：保证合理地兼顾能力和成员角色。
- 气氛/文化：在信任的基础上，塑造合作的气氛和风格。
- 目标：清晰并表达具体的、有意义的和可实现的、能被整体团队认同的目标。
- 成就：创造学习机会，庆祝取得的进步。
- 工作方法：设计可行的任务流程和团组功能。
- 沟通：常常通过团队简报，促进公开和诚实、信息共享、思想形成和建设性的反馈。
- 人际关系：控制冲突、促进信任和合作。
- 个人发展需要：给团队成员提供团队中成长和发展的机会。
- 评审和控制：对团队绩效和改进需求进行定期评估和反馈。

6.7 这些砌块的反面（不合适的领导风格、未充分融合的能力、不良的沟通等）

在伍德科克模型中被称为"阻塞"。你应该可以通过推理得出每一砌块无效的版本是什么——以及它们对团队功能的影响。

6.8 马林斯对影响有效团队协作的因素进行了总结，如表 6-2 所示。

表 6-2 马林斯的团组凝聚力和绩效影响因素

成员身份	• 团组规模：不要太大，以免没有凝聚力 • 成员的融洽：同质性（提高凝聚力）和多样性（增加贡献并且避免团组思维）的平衡 • 成员身份的持久：为了让团组获得发展，尽量避免成员流失
工作环境	• 任务的性质：凝聚力得到如下支持的力度 - 共同的任务和问题 - 定期交流和沟通的需要（即使是在虚拟团队中也是如此）
组织环境	• 物理环境：对物理距离和/或与其他团组的隔离（提高凝聚力）和隐私（专注于执行）进行平衡 • 沟通：由任务组织、物理条件（例如噪声）、技术（通信系统）和领导力（允许或促进交流）支持的开放的、多方向沟通（提高凝聚力）的自由 • 技术，例如： - 技术对有助于凝聚力的身份认同感（例如手艺或基于技巧的）的培养程度 - 技术对有助于凝聚力的社会交流的放开或限制的程度（例如在生产线中） - 技术促进任务完成的程度（例如解放员工去执行其他任务、支持知识共享、加强最佳实践流程）
组织背景	• 管理和领导：提高凝聚力和表现水平（通过帮助式行为、提供参与机会、解决冲突、建设和激励团队、有效授权、信息共享等） • 人力资源政策和流程：公平政策；由招聘、评价、报酬、培训和发展各环节强化的团队价值观 • 成功：形成凝聚力和带来满意；受到反馈和先进团队成果表彰的支持 • 外部威胁：将大家一致认为的威胁（外部商业威胁、竞争、变化等）表达出来，提高凝聚力和动力
团组发展和成熟度	• 凝聚力和提高绩效的发展阶段：形成期、震荡期、规范期、执行期或休会期（塔克曼/延森）

提高团队效率的权变法

6.9 即使在相同的组织环境中始终做着同种类型的工作，也没有任何两个由人组成的团组是一样的，而且也没有一个团组会前后始终都是一样的。查尔斯·汉迪提出了一个提高团队效率的权变法。在任何团队情况中，都有某些“给定因素”在短期内不会有太大的改变，这些因素是团队领导人必须要加工的原材料。但是，其他因素则被视为“干涉”变量，它们在团队领导人的影响范围之内，因此需要进行有效的管理，以便将团队协作的“结果”最大化（就生产率和成员满意度而言）。

6.10 团队管理情境中“给定因素”包括以下方面：

- 团组——包括团队成员的技能、态度、目标和人格等一些因素。
- 任务——包括团队必须要完成的任务的复杂性、结构、技术和期限等因素。
- 环境——包括团队的物理环境、其他团组和组织文化。

6.11 经理人可控的干涉因素包括以下几个方面：

- 团组的动力。
- 经理人的领导风格。
- 流程和程序：工作方法、团组学习、反馈、沟通、团组决策、冲突处理等。

第七节 管理多样化的团队

团队文化多样性的好处

7.1 我们在第三章中介绍过，因为非同质（多样的、多文化的）团队从长期看比同质（非多样性的）团队表现更优秀，所以说多样性是关乎生产率和团队效率的问题。正如贝尔宾角色模型所反映的，成功的团队协作取决于不同任务和团队角色及贡献之间的调配与平衡。多样化的（甚至是有分歧的）

风格、观点、人格类型和背景如果能达到如下效果，那么它们就是团组协作中的积极因素。

- 拓宽决策和解决问题时需要考虑的意见和信息的范围。这样会提高解决方案的质量和创新性，以及更广泛的接受度（必要时）。
- 展现提出解决方案的意愿，其中，方案要综合考虑多样性组织、供应链或客户的意见和他们的关注点。
- 通过挑战和测试主导的或不容置疑的观点，对思路狭窄和自满思维的风险进行控制。
- 启动新一轮审阅、质疑和批评的流程和方法，这是学习和持续改进的基础。
- 创造一种团组氛围，让人们能安全地表达思想和情感，并且欢迎和尊重差异。（这对于帮助所有团队成员做出贡献来说是至关重要的。）

管理虚拟的或“远程工作”团队

7.2　我们在本章第一节介绍过，商业全球化进程促进了越来越多“虚拟”组织和团队的诞生，并得到ICT技术发展的支持。这对团队管理带来了各种挑战。

- 团队建设和合作。虚拟团队意味着团队成员是远程或在分散的区域、甚至是全世界开展工作。这限制了团队凝聚力的提高和人际的交流，管理层需要做出一些举措来突破这些限制，比如，尽可能为人际交流提供机会（例如年会）；定期虚拟会议和简报；数据共享（例如利用电子邮件或外网或内网设施）；为非正式网络提供机会（例如利用社交媒体）；对团队和公司身份认同和团结大肆宣传。
- 团队沟通。在 ICT 沟通系统和定期沟通机制之外，组织还必须重视远程团队成员及其领导人的沟通技能培训：建立和谐关系（通过音频或音—视频联系）；运用帮助式的沟通风格等。远程沟通不像面对面交流（甚至是在音视频连接的时候）那么丰富：必须重视沟通的准确性；确认彼此的理解是否正确；避免由于缺乏视觉线索或技术远程效果（例如在电子邮件中发布意外消息的倾向）所造成的误解。

- 领导和监督。"职位权力"在虚拟工作环境中几乎没有什么意义，虚拟团队本质上都是不同程度的自我管理的组织。团队领导人或协调人必须运用适合于这种情境的管理风格：培养彼此的信任；有效的授权（同时保证在成员需要的时候能够提供指导）；采用帮助式导师和资源调动者的角色和风格。在所有传统观念中"监督"工作可能是困难的一件事情：领导人将不得不注重监督和测量结果，而不是努力去控制工作模式或时间管理。
- 文化多样性。团队成员在迥异的地理区域和国家中生活和工作，给团队带来了文化多样性的挑战。弗朗西斯科和戈尔德在《国际组织行为》中认为："文化多样性已经变得越来越普遍，它增加了虚拟团队管理的复杂性，因为不同的价值观、习惯和传统需要领导力，即在无法应用进行直接领导的条件下的领导能力。"
- 基础设施和后勤问题。另外，全球化的虚拟团队协作在以下几方面带来了挑战：不同的时区和工作时间；可利用的基础设施不一样（例如访问宽带互联网或手机通信网络）；不同的法律制度和司法（例如要签订聘用合同的情形，还有供应和商业合同）等。

建设和管理文化上具有多样性的团队

7.3 一个文化上具有多样性的团队要想变得更有效率，需要在以下领域加强领导。

- 当文化冲突产生时要有所认识（不能简单地将所有冲突都归咎于文化差异），鼓励大家互相了解彼此的假定、价值观和基于文化的行为。
- 发现并强调共同的价值观和共有的基础。
- 说明期望，并且获得大家对团组共同的目的和目标的承诺。
- 识别个人利益、优点和喜好，对不同文化的贡献表示感激和尊重。
- 灵活地运用文化上适合的团队建设方法，对表现优秀的要进行奖励（在发展共同团组文化的过程中）。
- 对权力失衡保持警觉（例如主流语言可能并非所有成员的母语，或者出于文化上的原因不愿意在会上发言或提出与领导人不同的意见），并且支持所有成员的贡献。
- 促进沟通和反馈过程，鼓励人们学习、提高敏感性和行为灵活性，并且在潜在冲突和权力失衡导致团队失灵之前对之加以应对。

本 章 小 结

- 正式团组是管理层为了实现组织目标而建立起来的。组织同时也是非正式团组的家。
- 跨职能团队合作在现代组织的重要性越来越得到广泛地认同。
- 团队协作在提高组织绩效和满足团队成员需求方面具有许多优势。
- 塔克曼发现了团队发展的典型阶段：形成期、震荡期、规范期和运行期。后来他又补充了调整期和解散期。
- 贝尔宾总结了团队成员执行的典型角色。
- 团队凝聚力对于有效的执行是一个重要的帮手，但存在过度凝聚力会导致团组思维的危险。

- 诊断团队是否有效率，我们可以利用许多定性的和定量的方法。

自测题

括号内数字为参考答案所在段落。

1. 列出工作团队形成的原因。（1.4）
2. 解释跨职能团队的优点。（1.18～1.21）
3. 从组织的角度来看，工作团队的优点是什么？（2.2）
4. 请描述塔克曼提出的团组发展阶段。（3.2，3.3）
5. 根据 FIRO 模型，在团组发展的每个时期需要处理的三个问题是什么？（3.8）
6. 请列出贝尔宾总结的团队角色。（表 6-1）
7. 解释团组思维的含义。（5.9）
8. 列出团队做出决策的几种方法。（5.13）
9. 列出反映工作团队有效性的定性和定量因素。（6.3）
10. 在汉迪的团队有效性理论中“给定因素”和“干涉因素”是什么意思？（6.9～6.11）
11. 管理虚拟团队面临的具体挑战是什么？（7.2）

第七章

协作和冲突

对应大纲内容

3.4 分析采购与供应职能中工作团组或团队角色关系的特性

- 采购与供应职能的利益相关者
- 角色一致和不一致
- 团组/团队内部凝聚力和冲突
- 冲突的积极和消极后果
- 减少冲突的行为
- 建设有效的团组/团队

引言

管理的一个重要作用，就是发展并维护组织（和供应链）中的协作关系。

从人际关系的角度，这涉及一个复杂而持久的、多样性的和差异性的管理过程。“多样性”的原因在于组织是由许多不同人格、目标、态度、背景等的个体和团组组成；“差异性”的原因在于多样性的这些领域会不可避免地、偶尔地引起误解、异议、竞争，甚至敌意。这就是我们称之为“冲突”的一种差异——虽然冲突自身是一个复杂的术语，但我们可以从多种视角看待冲突。

本章将讨论工作团队中的冲突意味着什么，以及冲突是好事还是坏事。我们将概述冲突的常见原因（为什么会产生冲突）和症状（当你看到冲突时你如何认识冲突）以及如何预防、控制和解决冲突。

第一节　采购与供应中的角色

角色是什么

1.1　角色理论提出，不管在哪种情形下，人们都是根据与此情形有关的其他人对其应当如何行事的期望行事的。角色可以被视为你扮演的一个侧面：人们有时在不同的情形下或面对不同的人群时戴“不同的帽子”。在组织背景下马林斯将角色定义为：“与组织结构中担任某一职位的人员相关的预期行为模式，以及他们如何看待自己的处境。”

1.2　角色组（Role set）是指对某一给定角色的人做出响应的一组人。采购与供应职能中的员工与采购经理这一角色的关系是专业人员与上级的关系，而不是父母或配偶（在家庭的角色集合中）、朋友（在与工作无关的同类人的角色集合中）的关系。个体需要了解他们所处的角色集合是哪个，以便根据他们的角色合理地行动。

1.3　角色符号（Role signs）表示人们在某一时刻是什么角色，以便让他人与处于那个角色的他们不带含糊或混淆地发生相互的联系。角色符号传统上包含办公室中的着装风格和称呼（姓或尊称的使用）等要素，来塑造职业特性和相对的地位。这些要素现在看来可能会被视为需要打破的人为障碍，但你应该注意到取代它们位置的、作为角色符号的其他行为：请仔细想想，在供应商会议上和下班后在酒吧里，你在同事面前的表现有多么不同。

1.4 角色定义、区别和行为对于团组团队流程、结构和关系很重要，这在第六章中已经有所阐述。组织内部职能之间的关系也可以视为角色之间的关系，例如把采购与供应角色当作其他部门的商业伙伴、服务提供者或内部顾问。

角色一致和不一致

1.5 **角色不一致**（Role incongruence），是指个体角色不“一致”的情况：即关于角色的两套或多套期望不“相配”。一个人的角色或地位如何定位，不同的利益相关者对此有不同的期望——它也可能有别于个体自身的角色期望。经理人可能具有很高的地位和责任感，但在某些环境中（例如跨职能团队）缺少权力或权威对此形成支持。采购高级职员和一位高级生产经理比起来，权力上相对较小，但他所处的位置却是“执行”采购政策或对物料请购提出质疑。

1.6 **角色冲突**（Role conflict）是指不当的角色定义和分歧的角色期望导致个人的行为与他们角色期望的行为模式产生不一致的情形。

- 角色模糊。当个人（和/或他的角色集合的成员）不确定需要什么角色时就会出现角色模糊的问题。例如，对于岗位的范围、权力或责任不确定（例如，由于改变职位描述或缺少职位描述）；或者对于其他人的期望不确定，对于如何评估一个角色的绩效不清晰。例如，采购经理人的角色是否主要是缩减成本，或者是否作为商业伙伴贡献战略价值，他对自己的角色可能并不确定。类似地，跨职能项目团队采购成员对他在团队中的角色可能同样也会感到不确定。

- 角色不相容。两套有分歧的期望意味着，从任何一方的观点来看，个人在一个角色中不可能“合理地”行动。例如，将自己定位为团队成员“朋友”的经理人，可能发现他自己无法满足团队成员要求获得经理支持和关心的期望，同时满足免除他严明纪律处罚或裁员责任的期望。角色不相容常见于矩阵结构（包括移交各职能部门负责的采购结构）和跨职能项目团队中，其中团队成员“脚踩两只船”：一方是用户部门或项目，另一方是采购与供应职能。
- 角色超负荷。当一个人承担了履行太多角色的期望，或者一个角色担负了太多不同期望的时候，就会出现此种现象。它会引起优先级冲突和带来压力。此外，它比较容易在需求互相排斥的矩阵结构和项目结构中出现。
- 角色欠负荷。当一个人分配的或认为的角色低于他的期望时就会出现这种现象。例如，当一个岗位或团队角色对于一个有抱负的人来说缺乏足够的挑战性，他认为自己有能力承担更大或更多的角色，这就出现了角色欠负荷的现象。

1.7 角色冲突常常是团组、团队和组织中冲突的来源。重要的是要区分：

- 角色冲突——由不适当的或不适宜的角色定义引起。
- 人格冲突——由于两个人不相容引起（即使他们的角色是清晰界定并得到完全理解的）。

采购与供应的角色

1.8 组织中常常见到三种权力：

- **直线权力**。它是指权力沿着垂直的命令链条（或直线）进行的直接流动。例如，一位经理所拥有的凌驾于下级之上的权力。它赋予经理人制定目标、决策、发布命令和期望看到命令执行的权力。

- **参谋权力**。它是指经理人或部门所拥有的给他人提供专家意见或指导的权力。这不包括制定决策和影响决策的权力。意见是否得到采纳取决于部门有多大的权力——而这种权力反过来取决于部门的信誉度、所给出意见是否有说服力以及其他部门是否也认为它的专长有价值和有必要。
- **职能权力**。它是结合直线权力和参谋权力的一种形式，通过职能权力，经理人或部门有权在某种情形下引导、设计或控制另一个部门的活动或程序。

1.9　采购与供应职能的经理人对他自己的员工具有直接的直线权力，对职能中任何下级部门或分区也具有直接的直线权力。

1.10　对于组织中的其他部门，采购经理人会在一些领域中运用职能权力：从日常采购申请和审批程序，到环境和道德采购或质量管理的政策方针。在其他领域，他的角色可能单纯是提供咨询的角色：为项目采购高级职员推荐供应商、价格或订购数量，或者为产品设计师提供材料、规格和质量问题方面的意见等。

1.11　模糊的地方会引发冲突。比较常见的是，“战略性”职能（例如生产或财务部门）会抗拒那些被“支持性”职能视为无知、干涉或“建立王国”的东西。在那些支持性职能被任何战略角色排挤的地方，他们倾向于凭借自身的专长和地位变得固执己见——结果他们可能真的与组织战略目标发生偏离（或者不相关）。

1.12　采购与供应经理必须解决组织内缺乏统一的问题和负面认识。这在很大程度上要依靠经理人的人际网、关系建立和谈判技巧。

第二节　采购与供应的利益相关者

2.1　利益相关者是在组织、过程、项目或决策中具有合法利益的个人或团组。他们可能提供了资金，或者做出过贡献，或者受到活动及其结果的影响。

2.2　组织的利益相关者包括内部的、相连的和外部的团组，它们在组织中的利益可以总结如下：

- 内部利益相关者（Internal stakeholders）。对于在组织边界之内开展工作的董事、经理和员工来说，组织的生存和发展（促进延续雇佣和繁荣）、任务目标的完成（测量他们的能力与成功）和他们个人目标的实现（收入、安全、职业、地位等），关乎他们的重要利益。
- 相连的利益相关者（Connected stakeholders）。这些人包括股东，他们作为所有人，在组织财务效益上拥有重大利益。这类利益相关者还包括：
  - 资本家，例如银行。（利益：贷款安全、投资回报率。）
  - 客户和消费者。（利益：采购产品或服务、合乎道德的商业交易、给予帮助的服务和支持、准确的信息等复杂期望和动机的满足。）
  - 供应商。（利益：足够的信息流；按协议付款；互惠长期的合作关系；反馈和对于提高服务水平的支持。）
  - 分销商。（利益：可靠的供应；质量和增值；市场营销支持；通过贴现利润或佣金获取收入；互惠的长期合作关系。）
- 外部的利益相关者（External stakeholders）。这些包括：
  - 政府立法机构。（利益：经济活动；税收；遵守法律；报告和回复；社会责任。）
  - 压力和利益团体。（利益：察觉到一个特殊的原因或问题，例如环境影响；保护团体的权利和利益，例如残疾工人。）

- 专业团体、商会和其他代表性团体。（利益：保护成员的利益；促进专业标准和职业道德的推行。）
- 当地社区。（利益：就业；提供货物与服务；社会责任和参与。）

2.3 利益相关者能够以不同方式、不同程度地运用压力来对组织施加影响。

- 经理人对计划、组织和控制施加直接的影响（正式权力或权威）。他们也会借助于领导或个人魅力和影响技巧（例如在谈判中）运用非正式权力，或者在战略实施的时候运用自由决断的权力。
- 员工可能会凭借人力资源控制或专业知识与技能（专家权威），运用权力去影响人力资源管理政策和任务绩效。
- 客户（在“市场导向”的企业中）是所有组织计划和活动的重点。
- 供应链伙伴有能力影响供应、质量、增值、成本和定价决策、高效率的产品上市以及竞争优势。他们有能力控制战略资源、专长（例如分包商），对战略执行施加影响，也许会通过与经理人之间的人际关系产生影响。
- 政府通过法律和规章等限制组织活动来发挥自己的权力。

2.4 所有上述这些影响都可能作用于组织结构、系统、政策和价值观，以及像采购与供应一类的具体职能。利益相关者的影响力越大，经理人就越有可能考虑利益相关者的需求。

采购与供应的利益相关者

2.5 除了一般的组织利益相关者，组织的每个职能、单元和项目都可能有其自身的利益相关者，他们的需要和影响也必须得到考虑。对于任何给定的采购活动或决策，都可以找到具有与上述相似的利益和影响力的利益相关者。

- 项目或活动的负责人或赞助人：他们对项目或活动授权，启动项目或活动，并且制定项目或活动的目标。
- 活动及其输出的客户和用户：接受采购建议或帮助的部门，或者采购资源和服务的最终用户。
- 参与的员工：他们也许是从采购部门或从其他职能部门调来的，要么通过跨职能的工作流动和信息流动，要么是处于专门的跨职能项目团队中（取决于活动及其组织）。
- 供应商：他们在任何采购活动或项目中都有利害关系，是采购重要的社会责任的主体。
- 外协单位：例如外包服务提供者（项目管理、物流等）、研究顾问、法律顾问等。
- 二级利益相关者：他们在商业上与项目没有联系，但受到项目的影响，例如供应商从中聘用人才的社区，受到项目环境和经济影响的人们，环境、贸易惯例、消费者权益等相关的利益团组。

2.6 内部客户概念的意思是，组织内任何单元的任务如果对其他单元（或者是流程的组成部分，或者是在员工或服务关系中）的任务有所贡献，那么这个单元就可以视为其他单元的货物和服务提供商，就像任何其他供应商一样：价值链上的每一个环节都是前一个环节的客户。这样，每一单元的任务就变成有效地发现并满足其内部客户的需求。这有助于整合价值链上各单元的目标——从而使每个单元都能关注它所能提供的增值。

2.7 采购职能的内部客户包括：高级管理人员和利益相关者，他们期望通过供应链管理实现他们的战略目标；在业务依赖于与采购职能有效合作的职能，诸如财务、制造、仓储和物流等部门；其他职能中的直线经理，他们希望及时提供满足质量和数量要求的资源来达到他们的目标。

利益相关者管理

2.8 利益相关者管理反映了在制订战略和计划时需要将利益相关者考虑在内。对于采购经理人，它在很多方面都很有帮助。在项目计划阶段，它能让你从利益相关者中获得专家意见来提高决策质量。利益相关者更有可能对他们曾经参与的计划“认可”并提供支持，这将会使接下来的合作更为顺畅。得到有实力的利益相关者的支持反过来能调动组织内的权力和资源来支持你的计划。至少，你可以预先考虑到对你的计划抵触的原因（来自其目标和你的不相同或不相容的利益相关者）并做到未雨绸缪。

2.9 管理利益相关者的一种主动的系统性方法如图 7-1 所示。

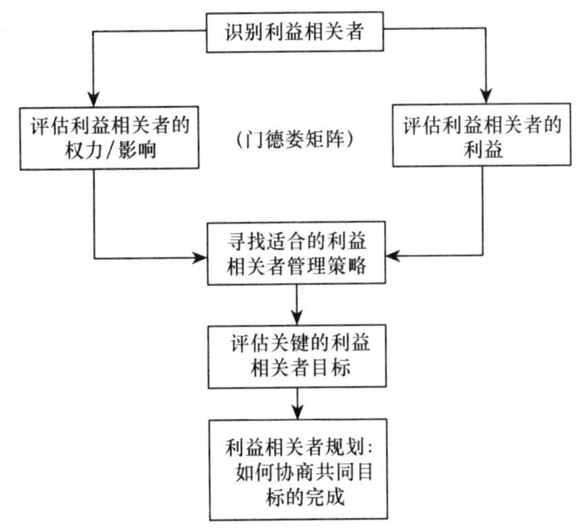

图 7-1 管理利益相关者方法

2.10 门德娄势力/利益矩阵是根据利益相关者影响组织活动的势力大小和他们在其中利益的大小，对利益相关者进行分类的有用工具，如图 7-2 所示。

2.11 下面分别讨论每个象限：

- 既没有大的利益也没有大的影响力的利益相关者（A 象限）是低优先

级的群体：不应当将资源浪费在他们的目标或可能反应上，他们更可能仅仅是接受后果和命令。

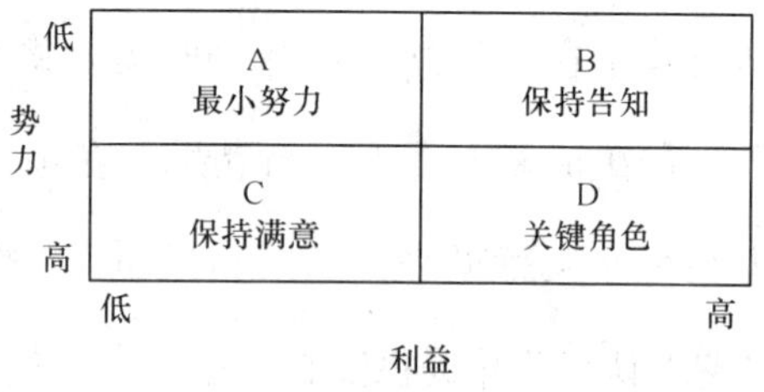

图 7-2　门德娄势力/利益矩阵

- B 象限的利益相关者非常重要，因为他们的利益很大：他们的直接影响力较低，但除非他们保持在“圈内”并理解决策的必要性，否则他们会寻求其他的势力，如游说或联合起来保护他们的利益。（社区和员工属于这一类。）推荐的战略是，通过对利益相关者的推销、沟通与教育，将计划和结果告知他们。
- C 象限的利益相关者非常重要，因为他们的影响力很大：当前他们的利益较低，但如果他们的利益得不到满足或对其关心不够，那么他们的利益会上升。（大的机构股东或者监管机构属于这一类。）推荐的战略是保持这些利益相关者满意。
- D 象限的利益相关者称为“关键角色”：他们有影响力并为自己的利益有动机使用这一影响力。（高级的内部客户、关键供应商属于这一类。）推荐的战略是早期参与，以便使这些利益相关者的目标能够尽可能地与组织的目标结合起来。

2.12　一旦确定了重要利益相关者，就有可能为每一个重要利益相关者制定一个管理策略。你可以使用一个标准流程，如下所示：

- 目标分析。推动这些利益相关者前进的是什么？他们的目标是什么？或者他们想从你的计划中得到的结果是什么？你的计划可能会给他们带来什么样的问题和恐惧？他们在哪些方面可能支持你，同时在哪些方面可能反对你？

- 预期结果。你从这些利益相关者身上想要或需要得到什么？你想从他们身上获得多大的支持？你希望他们在你的项目或计划中扮演什么角色？
- 向利益相关者的营销。你需要向这些利益相关者传达什么消息？你如何才能将你建议的或在做的事情的好处“推销”给他们？你如何面对并克服阻力？
- 关系管理。你如何管理与这些利益相关者之间的双向沟通？你如何保持重要支持者的动力？你如何才能平息阻力？你如何满足潜在支持者的利益？
- 问题管理。你如何提出潜在的问题与争议？利益相关者的目标和你的不同在什么地方？为了将后果最小化或对后果有所控制，你怎么才能让利益相关者尽早参与并且与他们合作？

2.13 说到供应链关系，贝利、法默、杰索普和琼斯对交易关系和互惠关系进行了区分：交易关系是指供应商和买方之间存在简单的交换；互惠关系是指“除了交换，供应商和买方通过分享思想获取合作的利益”。CIPS其他课程会介绍供应商关系的建设和维护过程。你应当认识到，有效的利益相关者沟通在以下几方面对于经理来说至关重要：

- 客户服务和客户关系管理（包括内部客户）。
- 团队建设和合作、令人满意的团队协作。
- 促进沟通，减少冲突和差异引起的障碍。
- 团队成员的激励（假定人们有社交需求）和团队简报的管理。
- 经理人的联络人、代表和文化创造者的角色。
- 影响力。（以适当方式实施权力，这种方式不会疏远别人，而是让他们愿意顺从甚至承担责任。）

第三节　冲突的本质

3.1　对于组织中的冲突，存在几种不同的看法。

- **快乐家庭观点**（或**一元视角**）假定组织基本上是合作性的结构，其中没有系统性的利益冲突。冲突是不自然的和例外的，由于缺乏领导、沟通不畅、个人或利益团体不够灵活造成。加强文化建设、促进沟通、塑造合作价值观、提高领导力等措施，应当能够消除冲突。
- **冲突观点**（或**多元视角**）假定组织是天然的冲突竞技场，组织成员为了有限的资源、地位和报酬展开竞争，并且追求不同的目标和职业价值。个人利益和组织利益不可能总是一致的，但可以达成相关各方在不同程度上都接受的相互依存策略，包括通过妥协来进行的冲突控制。
- **进化观点**（或**互动视角**）将冲突视为推动渐进的、进化的变革的一种力量。它维持着现状（通过平衡各种互相竞争的利益），同时也使组织对变革的需要保持敏感。（这种观点有别于激进视角，例如卡尔·马克思所提出的思想，他认为冲突是不可避免的，是为了进行革命性的变革而推翻社会系统压迫的一种必要力量。）

冲突的积极和消极后果

3.2　冲突在某种程度上也是很可取的，它可以活跃关系并澄清问题。约翰·亨特（《管理组织中的人》）认为冲突如果产生如下的一些效果，那么此类冲突可以说是**建设性的**：

- 提出不同的问题解决方案。
- 更清晰地界定权力关系。

- 鼓励创新和思想的验证。
- 重视个人贡献。
- 将情感表达出来。
- 提供宣泄机会（释放敌对情绪，否则会感到压抑）。

3.3 冲突对社会系统也可能是**破坏性的**、消极的和损害性的（激进视角仍将此冲突视为积极的和可取的）。亨特认为，这类冲突在由个人组成的团组中起到如下作用：

- 从任务上转移注意力。
- 产生极端思想并且使团组出现混乱。
- 为了次级目标，破坏首要目标，不分主次。
- 鼓励防守性的或“破坏性的”行为。
- 造成团组瓦解。
- 激化情绪、零和冲突或敌意（破坏了沟通）。

3.4 史蒂芬·P.罗宾斯（《管理组织冲突：一种非传统的方法》）提出冲突的一种现代方法：

- 认识到冲突是不可避免的（甚至是必需的）。
- 明确地鼓励对思想和现状的挑战和意见。
- 明确冲突管理，既包含冲突激化，也包含冲突解决。
- 将冲突管理视为所有经理人的主要职责。

第四节 冲突的原因

4.1 加里·德斯勒（《人力资源管理》）总结出组织冲突的四种主要来源。

- 互相依赖和资源共享。冲突最有可能发生在团组成员互相依赖才可以实现目标并且为达成目标共享资源的时候。

- 目标、价值观和认识上的差异。团组是独特的社会单元，具有特殊的利益，对于什么重要、什么不重要它有自己的看法，并且倾向于站在促进团组成功和团组维护的角度上理解世界。（成员身份重叠——例如团队成员同时也是商会成员——会引起个人内心的冲突和团组内部的冲突。）
- 权力失衡。如果一个团组的权力和它的责任或声望相比显得太小的话，它就会强烈地谋求更大的权力（在与其他团组的竞争中）。如果它具有很大的权力，那么它会成为其他想要提高自身权力或声望的团组的靶子。如果各团组的贡献相当或可替代，那么政治冲突会随着团组架空或取代其他团组而升级。
- 模糊性。当团组责任过于模糊或不清晰，就会产生权力真空地带：填补真空的竞争就随之开始。同样的，对其他团组的目的和动机不清楚也会造成不信任和“政治博弈”。

4.2　马林斯对组织冲突的可能来源进行了总结，如表 7-1 所示。

表 7-1　马林斯提出的冲突原因

认识上的差异	不同的人对于同一事物持不同的看法：那么不同的态度和价值判断会成为人际冲突的原因
有限的资源	个人和团组常常不得不为了分享有限的（或稀缺的）资源而竞争，例如预算、员工、办公空间等
专业化	在专业化基础上进行的劳动分工引起了职能部门划分。各职能部门具有不同的目标、优先级、方法和文化，这些可能造成“筒仓”心理和自私（次优化）行为。这会引发冲突，尤其是当部门之间需要合作的时候
工作活动的性质	当一个人或一个团组的任务依赖于其他人或团组时，就有可能会由于没有满足内部客户的需要（例如没有满足商定的时间进度或产出指标）而引发冲突——特别是当客户部门感到基于这种被其他部门破坏的结果、自己受到了不公平判断的时候

（续）

角色冲突	正如前面所讨论的，一个人的行为没有符合别人对他的期望，或者在利益相关者眼中没有达到他们角色赋予的要求
不公平的待遇	如果一个人或团组感到自己受了不公平或不公正对待的时候，冲突就会爆发。尤其是在和另一个人或团组比较的时候（和第五章介绍的公平激励理论有关）
侵犯领地	人们倾向于将他们视为自己的资源和责任划为自己的领土，并加以占有。如果他人“侵犯”或“侵略”他们的领土，他们就会感到愤恨或受到威胁：篡夺权力、接管客户、占用他们的工作场所等
环境变化	环境变化可能是上述冲突原因的催化剂：例如经济衰退引起稀缺资源竞争加剧，或者就业法律引起工人和管理层之间的利益冲突

团组之间的冲突

4.3　组织中经常看到各种团组之间的冲突，例如：

- 制度化的冲突，例如商会和管理层之间的冲突。
- 基于等级制度的冲突，由于职位权力不平等引起。
- 职能冲突，由于不同组织职能之间矛盾的目标和对权力与资源的竞争引起。
- 直线/参谋冲突，例如生产和销售职能与人力资源、财务等“参谋”职能之间的冲突：参谋职能的权力常常被直线经理看作是干涉而对其感到愤怒和抗拒，所以参谋职能不得不重复主张他们的权力（经常通过消极的手段，例如繁琐程序和加强规定）。
- 正式/非正式冲突，即非正式组织的不成文规定、沟通渠道和权力结构与正式组织发生矛盾。
- 地位冲突，团组为了争夺地位和荣誉而展开竞争。
- 资源冲突，团组为了争夺资金、人才、办公空间和其他资源而展开竞争。这经常是对抗性谈判的基础：“赢/输”竞争（也称零和博弈）一方只有在另一方输的前提下才能赢。

7

- 政治冲突，个人或利益团体运用他们所能积聚的权力去影响组织的决策目标、标准或流程，以扩大他们自身的利益。

团组内部冲突

4.4 由于如下一些日常因素，团队内部也会产生冲突：

- 需求、目标、价值观、优先级和利益的不一致（因为个人具有不同的“目的”，或者对于团队目标和目的具有不同的认识）。由于以下一些原因，会使冲突加剧：
  - 关于团队目的和目标是什么，缺乏来自组织或团队领导人的指示。
  - 对于分配给团队成员的角色不清楚，由于角色重复或留下空缺，造成角色模糊，使人倍感压力（个人不清楚大家期望他贡献什么），和/或带来挫折以及无法合作。
- 沟通不畅，它是冲突的原因（也是症状）。人们之间沟通得越少，就越有可能存在负面的假定、模式化的见解和误会。扣留信息不公开可能被视为是一种充满敌意的“政治博弈”，也会让冲突升级。
- 争夺稀缺资源，团队这一层级也存在这种现象。个人可能会争夺权力、办公空间、基于团队的报酬、经理的褒奖和关注、设备使用时间（或者其他资源）等。
- 人际问题，比如“人格冲突”，强势个体的侵略或控制，好辩的或巧妙处理的沟通风格等。
- “保健”问题（用赫茨伯格的术语）：对领导、工作条件或工资不满意，引起对组织（或领导人）的不满和/或发展为团队中的人际冲突（例如，一些成员觉得其他人赚得太多）。

组织政治

4.5 组织中不同个人或团组的利益包括个人权力或影响力的获取、“建立王国”、职业提升或有利的组织资源分配。

4.6 实现这些目标的技术（明茨伯格和其他人称之为“博弈”）包括借助人际网、同盟和结盟来加强个人权力，并且运用权力削弱和控制其他人（例如通过扣留信息，制造繁琐程序等）。

4.7 下面是其他一些权力策略。

- 达成约定：团组之间谈成交换协议，通过让步获取收益（例如在劳资谈判中）。
- 笼络：通过让潜在的批评者参与决策，让反对和批评消解于无形。
- 形成人际网和同盟：通过形成战略同盟，联合个人或团组的信息和权力。
- 对决策标准施加影响：“移动球门柱”，改变成功和失败的判断标准，让自己看起来优秀或让其他人看起来更糟糕。
- 控制信息：有选择性地发布、扣留或扭曲信息，以巩固自己的职位（“知识就是力量”）或削弱他人的地位。
- 强迫和压力战术：威胁或运用负面的权力（例如在工业行动中撤走人员）。
- 制定规定：为了凸显自身的重要性，对其他团组提出规定、程序、限制或官方要求。

冲突行为

4.8 根据汉迪（《解读组织》）的理论，组织中冲突的症状如下：

- 个人内心的斗争或挫折，这里个人自身具有互相矛盾的目标。
- 沟通不畅（向上的，向下的和/或双向的）。

- 人际摩擦。
- 团组之间的竞争和戒备。
- 士气低下和挫折。
- 规定、行为准则和神话的培育（为了保护不同的职位）。
- 广泛应用仲裁，求助于更高层次的权力和申诉程序。
- 对变革持僵硬的态度。
- 敌对的、互不沟通的团组之间不良的合作，导致工作延误（并且还可能导致客户抱怨）。

第五节　工作团队冲突管理

5.1　现在有很多冲突管理的方法，每一种方法是否适用必须根据与它相关的具体情况进行判断。不存在“正确的方法”。在有些情况下，妥协可以达到最好的结果；在其他情况下，可能必须采用“零和”解决方案；还有一些情况，不管最终结果是什么，寻找一种双赢解决方案是对双方最有利的。

5.2　**冲突解决**这一术语用来指代汉迪称之为“控制策略”的内容：争端或冲突一旦出现，就马上解决。这类策略包括：建立详细的行为规章和程序；任命联络官或协调官来管理冲突领域；利用碰面会和谈判会议阐明差异、达成妥协；提供第三方干预的机制（例如通过调解、调停或仲裁）；或者将冲突的双方分开。

5.3　**冲突管理**这一术语用来指代更为前瞻的过程，涉及汉迪称之为“生态策略”的管理：创造条件，使个人和团组能够更好地相互合作，使大家能够开诚布公地讨论问题和潜在的冲突，如果不能总是达成一致的话就达成相互的谅解。

5.4　这类策略是广泛而不间断的，具体方法包括：就目标和价值观协商一致；

通过文化机制和帮助式的领导强化团组或团队的组织生命性质；对人们开展团组过程技能培训；建立多向沟通、员工关系和参与的机制；澄清职责和角色歧义；消除不必要的地位障碍和不公平；公平、透明地分配资源；建立团组讨论和问题管理的基本原则等。

冲突解决方法

5.5　罗宾对解决冲突的可能策略进行了如下分类：

- 问题解决：将有关方面召集在一起，寻找解决具体问题的方案。
- 鼓励有关各方从全局出发，放弃差异，认清共同目标。
- 资源分配：释放并调动资源，满足各方需要，消除竞争的可能。
- 避免：一方或双方从冲突中撤退，或者否认或隐藏不和谐的情况。
- 圆滑：一方或双方对差异轻描淡写，隐瞒嫌隙。
- 妥协：商谈、谈判和调解，各方为了获得一些利益都做一些让步。
- 权威命令：权力大于双方的仲裁者做出决定性的判断。
- 改变人：做些工作以改变引发冲突的态度、信仰和认识。
- 改变结构：为了将冲突可能性降到最低，努力重组工作关系。

5.6　马林斯将可用的策略总结如下：

- 澄清总目标和具体目标、角色定义和执行标准，以避免由误会引发的冲突。
- 资源分配：增加资源份额、调动新资源，或为了尽可能地公平和效用最大化而对资源进行合理的分配。
- 当财务资源受到限制的时候，利用非货币奖励。
- 公正和公平的人力资源管理政策和程序：公平报酬；申诉程序和纪律处分程序；正面的员工关系；对经理人开展训导和谈判技能培训等。

- 人际和团组过程技能的培养，形成对冲突管理和问题解决的自我意识和自我控制。
- 团组选拔和发展：例如谨慎挑选跨职能团队成员；利用正式和非正式机制鼓励跨职能沟通。
- 领导和管理。马林斯提出“更有参与性和帮助性风格的领导和管理行为，才更有可能帮助到冲突管理”（例如培养人际互相的尊重、团队价值观等）——但大家也应该记得，更强的命令式风格也是解决冲突所必要的风格。
- 组织流程：从权力结构中消除不必要的压力因素（例如地位障碍）；沟通渠道；决策流程；官僚的“繁琐程序”。
- 社会—技术方法：如第二章中所述，关注工作和组织的社会—心理因素，同时关注技术和结构要求。

冲突风格模型

5.7 肯尼思・W.托马斯（《冲突和冲突管理：工业与组织心理学手册》）提出，根据参与各方的意图，可以将个人冲突处理风格反映到两个维度：武断（他们努力满足自身所关注事情的程度）和合作（他们努力满足他人所关注事情的程度）。

5.8 由此得出五种处理风格，如图 7-3 所示的五个极端点。

5.9 五种风格的区别如下：

- **避免**：你从冲突中抽身撤退，或者将它“扫到地毯下面”。这样就可以避免处理冲突，同时避免了直接的紧张压力：如果问题真的很琐碎，或者你需要一段“冷却”期，或者另外有人能够更好地处理冲突，那么这种方法是合适的。可是，潜在的问题并没有得到解决，长期的挫折和不满可能会以其他方式爆发出来。

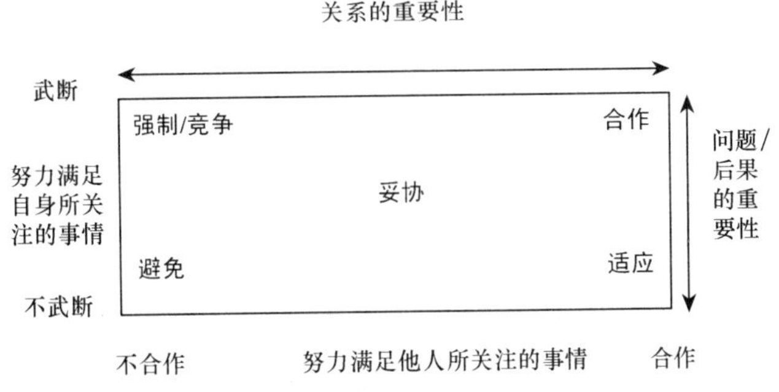

图 7-3　冲突处理风格模型

- **强制/竞争**：将你的解决方案强加于问题，以期得到问题的解决。这种方法可以让你按自己的方式行事，对于那些只许成功不许失败的问题是合理的。比如，减弱别人的顽固或在危机中快速执行一项不受欢迎的措施。可是，另外一方可能有被击败或受辱的感觉，从而会破坏长期的合作和信任。
- **适应**：为了保持和谐而不去斗争，容许问题的存在。当维持关系比起解决问题更加重要的时候（或者你意识到是你自己错了!），就可以采取这种方法。不过，你会允许他人利用这种形势，从而使你的权力受到削弱。
- **妥协**：利用协商或谈判，这样每一方以退为进，为了获得利益而做出一些让步。这种方法会促成让双方都满意的一致意见，使工作能顺利地完成。当权力处于均势并且真的存在利益冲突的时候，这种方法是必要的。不过，解决方案与其说是有效的，倒不如说更是一种权宜之计，会让双方都得不到满足。
- **合作**：你们一起努力，寻找尽可能满足双方明确需求的结果：一种问题解决或"双赢"的方法。这种方法假定，双方的立场都是重要的，即使它们并不一定真的有效。它耗费时间，但到最后，双方都会认可

7

解决方案，并且满意于自己得到了公平的对待。这种方法促进了学习，产生了更具创新性的选择方案并鼓励了信任。（我们下面将会对“双赢”方法进行更详细的考察。）

记住，仍旧不存在“最优”的风格：经理人行为上要有灵活性。

5.10 托马斯的研究表明，合作是解决冲突最有效的方法。但是，也有人质疑：

- 对于不同的一套假设，竞争是一种比合作更有效的应对措施。它对于解决意识形态争端、提高灵活性、避开弱点和建立自治都是必要的：换而言之，有时候你只是不得不“坚持立场”。
- 在以下情况下合作是解决冲突的有效方法：当有关方面至少存在一种适度的互相依赖性时（所以零和博弈的局面会损害双方的利益）；当双方之间存在感觉上的权力平衡的时候（这样双方都能开放到要求合作的程度）；双方都能看到合作可以为双方带来利益的时候；当合作过程得到了组织的支持时。

双赢的冲突解决方法

5.11 另一个有用的冲突解决模型是“双赢”。海伦娜・科尼利厄斯和肖肖纳・费尔（《人人都能赢》）提出，冲突或分歧的解决存在三种基本方式。

- 零和策略：一方以牺牲另一方为代价获得自己的需要。不论这种解决方案多么好，但对“输”的一方来说常常会经受长时间的不满，这种不满可能会损害工作关系。
- 双输策略：双方都无法获得自己真正需要的满足。妥协就属于这一类。但是，不论这种解决方案多么符合逻辑，双方都常常感到不满。即使是积极的妥协，也只能带来部分的满足。
- 双赢策略：双方都尽可能获得真正的满足。不论结果如何，该方法都可以产生更多的选择方案、更创新性的问题解决办法、更开放坦率的沟通和深入细致的合作，同时也保护了工作关系。

5.12 科尼利厄斯和费尔将双赢策略概括如下：

步骤 1 找出每一方之所以需要他们声称想要的东西的原因。了解其他当事人在那种情况下的需要和恐惧，可以促进有意义的问题解决。它也鼓励了沟通，支持了他人的价值观，将问题与涉及的人格剥离出来。

步骤 2 在差异中寻找可以吻合的地方。需求有分歧可能是冲突的原因，但这也为问题解决提供了可能。不同的需求可能不会是互相排斥的，在一些点上可能吻合。

步骤 3 设计新的备选方案，使大家能得到更多各自需要的东西。可采用的技术包括：头脑风暴、分块（将一个大问题分解为可管理的小块，并且寻找这些分块的解决方法）并设计便于使用的“货币”（对双方都是容易的或低成本的、并且可以进行交换的建议和让步）。目标是双赢。

步骤 4 合作。将其他人看作是伙伴，而不是对手。

5.13 给出的例子是两个男人为了一个橘子吵架。双赢策略下，会问每个人，他为什么需要那个橘子。一个想用橘子做橘子汁，另一个想用橘子皮做蜜饯，冲突消失了。如果他们都想做橘子汁，那么我们再来研究其他的备选方案：分享橘子汁、获得更多的橘子、将橘子汁冲淡、给其中一个人买一些瓶装的橘子汁等。即使达成妥协，结果也是双赢的，因为双方均是自己决定并愿意合作的，从而加深了双方的关系（导致“赢”的结果）。

7

正式的冲突解决机制

5.14 为了预防或解决冲突，组织常常建立正式的机制。

- **处罚程序**：反映了组织想要加强其可接受的行为规则和标准。许多企业将它们的惩罚程序建立在渐进处罚的思想上：每一次重复违反规则或加剧，对应的处罚将加重一步。典型的渐进可能是从非正式谈话到口头警告再到正式的书面警告；之后是越来越严重的处罚制裁（例如降级、减薪、停止工作活动或暂停）；“最后一招”还有解雇的制裁。

- **申诉程序**：反映了组织调查和解决职工主张的努力，这些主张包括受到不公正或错误的对待、牺牲、歧视、骚扰等。有些不满需要有关个人之间进行非正式的冲突解决，由他们的经理人进行调停。可是也存在另一些情况，例如不满的情绪变得更加强烈，或者经理人自身成为人们抱怨的对象。在这些情况下，建立系统性的正式申诉程序就很重要，必要时可以求助于更高的权力。
- **咨询机制**：“问题”管理的一种形式，在这种形式中，利益相关者会在问题发生之前（或者在问题发生后尽快）讨论冲突的可能原因并有机会发表他们的意见。非正式咨询的形式包括团队简报、论坛、日常团队沟通。
- **谈判机制**：谈判是解决各层次冲突的有效方法。
  - 作为一种沟通风格，经理人或团队可能用它来解决他们之间的问题。每一位当事人令人信服地提出自己的立场，然后通过商谈（讨价还价）或共同点（如上述“双赢”策略中所述）寻求建设性地妥协，使双方当事人达成他们都同意的一种解决方案。
  - 作为一种官方机制，它常常用于工业关系中，集体争端（雇员和雇主之间）的解决、工资协议的谈判等。集体商谈是雇主和雇员代表进行协商谈判的过程，在这一过程中，达成所代表雇员团组的聘用条款（和有关事项）。这通常是在一系列正式会议上进行的，特别是专门为此目的而召集的会议。

- **争端解决：**解决个人和集体争端的正式机制。
  - 调解（Conciliation）是指在公正的调解者主持的讨论会上将冲突和不满公之于众的过程。调解者的角色是提供信息，对过程进行管理（例如通过制定基本规则并保证参与者遵守规则），并提供建设性的建议，而不是为任何一方当事人做出判断。
  - 如果双方当事人没有达成互相满意的解决方案，那么在调解之后紧接着进行调停（Mediation）。我们需要任命一位独立的人员（或者陪审团），由他来考虑双方当事人的案例（着手写下来），在调停听证会上聆听证据和论据；并作为解决争端的基础提出正式的建议（对双方当事人都没有约束力）。
  - 调停不成，在双方当事人同意的情况下（或者如果组织政策有这方面的要求），就可以进行仲裁。我们需要任命一位独立的人员（或者陪审团），他会遵从和调停类似的程序——只不过在过程结束时，仲裁员将发布一个对双方当事人均有约束力的决定或判断。

7

团队合作的重要性

5.15 马林斯强调，“作为团组成员的人们如何行动和表现，与他们作为个人的行为或表现同样重要。和谐的工作关系和良好的团队协作有助于大幅提高员工士气和工作绩效。有效团队协作是现代管理实践的基本要素，例如授权、质量小组和全面质量管理，以及团组如何管理变革。团队协作在任何组织中都很重要，不过在服务业中尤其重要，例如直接影响到消费者满意度的医疗卫生组织。”

5.16 吉尔德姆（《工作中相互影响的行为》）认为，“当代组织，特别是高科技和服务业中的企业，越来越多的工作需要团队协作。工作组、项目团队和委员会是现代工作的关键要素。团队协作不只取决于组成团队的个人的技术能力，也取决于他们‘融合’的能力。为了更好地合作，团队成员所需要的，不仅仅是团队精神。他们还需要合作技巧，他们必须能够互相支持，处理冲突的方式更多是建设性的，而不是破坏性的。”

建设有效的团组和团队

5.17 我们在第六章中介绍过，团队建设战略鼓励员工对共同的工作目标以及为实现目标需要付出的合作担负起责任。这有可能是建设虚拟团队或多组织供应链团队以及常规的组织内部团队的一个重要工具。它包括以下活动：

- 清晰地表达团队任务目标及其在组织（或供应链）整体活动中的地位。
- 在制定具体目标和标准、协商工作组织方法时，邀请团队参与。（这也可能包括在更大的范围内在有关团队希望如何合作的事宜上达成一致：团队成员对彼此的期望；团组流程的基本原则，如角色分配、信息共享、决策、领导等。）
- 尽可能确保大家表达了所有的利益和观点，并且互相达成理解，这样的合意才是真的（而不是虚假的，因为“团组”决定是被强加的）。
- 提供团队完成目标所需的资源。
- 对进展和结果，通过团队简报进行定期的反馈。
- 不断邀请团队成员提供意见、反馈和建议（根据领导和操作风格），这样他们就可以影响工作方法和促进改进。
- 对任务负责任的行为，进行正强化（通过奖励、褒奖和庆祝）。

5.18 克洛克和戈德克密斯（《管理的终结与组织民主政治的崛起》）总结了团队成员为了促进有效的自我管理的团队协作而需要发展的十项技能。

- 自我管理：所有权、责任、承诺和效率。
- 沟通：有效聆听、共鸣、信息共享、公开和问题构架及定义。
- 领导：组织、计划、协调、合作、促进和辅导。
- 责任：既有个人的责任，也包括共同的责任。
- 支持多样性：克服偏见和歧视；重视多样性与贡献。
- 反馈和评价：欢迎、感激和奖励对过程和结果的负面的（建设性的、发展性的）反馈和评价，以促进学习和提高。
- 战略规划：发现环境威胁和机会，重视长期的、前瞻性的解决方案和机会探索。
- 成功地召开会议：让会议开得短一些，成果更多一些，参与的人更多一些，达成合意。
- 解决冲突：问题解决、全面谈判、困难的行为处理和冲突解决。
- 快乐：从挑战、成就和合作工作过程中得到快乐的能力。

本章小结

- 角色理论提出，人们在任何情况下都是根据他人的期望行动的。
- 组织中的利益相关者可以分为内部的、相连的和外部的三种。
- 门德娄矩阵是利益相关者团组管理中一个颇有影响力的计划工具。
- 组织内部的冲突可能是破坏性的，但在有些情况下它也可能具有有利的一面。
- 德斯勒总结出组织冲突的四种主要原因：互相依赖、目标上的差异、权力失衡和模糊性。
- 罗宾斯和托马斯都在冲突管理和解决方面提出了自己有影响的方法。

自测题

括号内数字为参考答案所在段落。

1. 角色集是什么意思？（1.2）
2. 请区分直线权力、参谋权力和职能权力。（1.8）
3. 请举出组织内部的、相连的和外部的三种利益相关者的例子。（2.2）
4. 举出采购与供应中利益相关者的例子。（2.5）
5. 画出门德娄矩阵。（图 7-2）
6. 组织冲突在什么情况下是建设性的？（3.2）
7. 请列出引起工作团组内部冲突的因素。（4.4）
8. 列出罗宾斯提出的冲突解决战略。（5.5）
9. 请说明托马斯提出的五种冲突解决策略。（5.9）
10. 列出冲突解决的正式机制。（5.14）

第八章

人力资源管理

对应大纲内容

4.1 解释采购与供应职能中人力资源管理的重要性

- 人力资源管理（HRM）的定义
- 人力资源管理政策、活动和职能
- 人力资源管理是一项分担的组织责任

4.2 指出采购与供应职能中人员的技能和知识要求

- 人力资本管理

引言

组织是由人组成的，正如市场，组织从市场中获取人力和供应，向市场中提供产品和服务。许多组织职能的有效运转，都依赖人的知识、关系、决策或活动。所以人无可争辩的是任何组织中的一种重要资源。

正如对其他资源一样，组织对人力资源也必须进行管理。为了实现诸如增值、独特才能、组织学习、灵活性和竞争优势等重要战略目标，组织需要招聘、控制、使用和发展人力资源。这是人力资源管理的全部内容，即确保组织在正确的时间、正确的地点获得正确的人力，并使人力资源为实现组织目标做出正确行为的一种系统性方法。

本章中我们将考察人力资源管理的性质及其在提高组织绩效（提高采购与供应管理有效性）中的重要性。我们也强调采购与供应经理人（在部门层级）在人力资源管理中的重要作用。

在以后几章中，我们将讨论一些核心的人力资源管理工作——招聘和选拔、培训和发展——中的系统性方法以及它的重要性。

第一节　什么是人力资源管理

人力资源管理的发展和重要性

1.1　如本章引言中所阐述的，组织是由人组成的。对人的日常管理包含了许多与任务和团队合作相关的角色和职能：清楚地表达目标、给予指示、控制冲突等。我们已经在本教程中多次探讨了管理的这些内容。

1.2　可是，人的管理还有另一面，源于雇主和雇员之间的广泛关系和从招聘到离职的“职业生命周期”。人员是被组织寻找来的，他们与组织签订合同确定了劳动关系，并被要求依据某些政策和流程做事，他们被调动、评估、培训、发展、训练和奖励，从而满足自身变化着的需求和组织的需求；最后（迟早）他们离开组织。

1.3　组织中应该有人对这些事情负责。传统上，这些事情被称为专门的**人事职能**。实际上，“人事管理”也指各个部门的直线经理工作中的人事部分，即雇佣关系和生命周期的管理。

1.4　管理概念的一个基石，就是生产力并不是仅仅通过程序和活动获得的，还要依靠人的工作。人的劳动使物料、资金、信息和其他资源增加价值。为什么需要人们有效的工作呢？为什么必须帮助人们提高技能和贡献呢？

其原因在于，在不断变化的、网络化的、基于知识的和关注客户的商业环境中，这是建立比较优势和带来增值的源泉。

1.5 人事管理从业者长久以来一直认为，人是组织成功、增值和盈亏底线的关键。彼得和沃特曼在《追求卓越》一书中指出，它是 IBM、麦肯锡和 3M 等“卓越”公司的一个重要特点：他们简单地称之为“人决定成功”。研究结果似乎支持了这一论点。“技能的获取与发展（通过选拔、入职、培训和评估）和岗位设计是收益率和生产率变化的重要预报器。更广义地说，该研究的结果表明，与研发、质量、技术和战略等职能相比，指示未来企业绩效的最为有力的指标是人事实践。”（《人事管理》，1998）

1.6 越来越多的企业不再把雇员当作一项需要控制的成本，而是当作一项需要不断培育、发展和授权的资产，以便充分发挥雇员的才干和抱负，实现组织的目标。

1.7 同时，社会和商业环境日益增长的复杂性已经将人力资源问题摆在组织目标和关注的核心位置：质量；社会责任；变革管理；劳动力多样性；灵活性的需求；日渐复杂的市场期望。人力资源问题已经越来越紧密地融入到组织战略计划中。

1.8 现代商业社会是通过知识、创新和人际关系来增加企业价值的。在这样一个时代，人就成了重要的资源。ICL（《ICL 道路》）断言：“我们处在一个知识产业中，这样的事实决定了我们对人的态度。因此，商业上的成功首先是由人创造出来的，其次才是产品。我们不再以出售一箱一箱的计算机设备为主业，而是要推销创新性的商业问题解决方案。如果我们想要成功，想要在所有我们开展的业务中取得卓越，要想赢得竞争而不是仅仅去竞争，那我们就必须意识到所有 ICL 人员的全部能力并将它们发挥出来。这些都是经理人的事情，人们期望经理人系统地、连续不断地培养员工的技能。”

1.9 这就是所谓的管理和领导中**人力资源管理**导向的基石。

- 迈克尔·阿姆斯特朗在《有战略意义的人力资源管理》一书中将 HRM 定义为："对组织中最富价值的资产——人进行管理的一种战略的和一致的方法，这些人在组织中工作，分别地并且共同地为实现组织目标做出自己的贡献。"
- 约翰·布拉顿和杰夫·戈尔德（《人力资源管理：理论与实践》）将 HRM 定义为："管理雇佣关系的一种战略性的方法，强调人的能力在实现可持续性的竞争优势方面具有至关重要的作用。"
- 英国皇家人事与发展学会（CIPD）将 HRM 定义为："为了使企业绩效最优化而对管人的战略进行的设计、执行和维护，包括建立政策和流程来实施战略，以及对人在企业中贡献大小的评估。"

1.10 HRM 的趋势是更加强调为了质量、创新、组织灵活性、学习和员工承诺这些重要战略目标实现对人事的管理。它趋于使用下列管理方法：用文化价值观、目标和以客户为中心来代替规章和控制；坦率的沟通和员工的参与；合作式的员工关系；授权的团队合作；帮助式的领导风格（而不是命令式的）；持续学习和发展。

HRM 方法的重要特点

1.11 HRM 方法的主要特点总结如下（阿姆斯特朗《有战略意义的人力资源管理》）。

- 努力将 HR 与公司规划结合在一起，站在战略层面形成与组织战略目标直接相关的 HR 政策。
- 制定一致的、互相支持（内在一致、不矛盾的）的 HR 政策和做法：换而言之，即进行跨职能的横向整合。

- “承诺”导向而不是“服从”导向：保证员工认识到组织的目标和价值观，而不能仅仅停留在服从命令的层面上。正如我们在前面章节所看到的，“承诺”导向常常与诸如团队建设、授权、参与、员工发展和组织文化创建这些管理实践联系在一起。
- 将人们看作宝贵的资产（或“人力资本”），而非成本：要将员工视为一种有战略意义的资源，视为企业价值和竞争优势的一种来源。与之相联系的，常常是管理上强调为客户和利益相关者传送价值，强调对绩效、能力和贡献进行回报，强调对员工发展进行支持。
- 直线经理（而不是专业的人力资源部门）对以人为基础的目标和结果负责。

人力资本管理

1.12　我们曾介绍过，人是组织绩效至关重要的因素，在这种认识的基础上建立了 HRM。约翰·布拉顿和杰夫·戈尔德（《人力资源管理：理论与实践》）提出，“人类由于其在工作组织中承担的角色而成为**人力资本**……用管理术语来说，‘人力资本’或‘人力资源’是指人们带到工作场合的特征——智力、才能、承诺、隐性知识与技能、学习能力。”

1.13　英国皇家人事与发展学会（《人力资本：概览》）强调，人构成了组织的**智力资本**或智力资产的重要部分。组织的智力资本由以下几部分组成：

- **人力资本**：给组织带来发展和创新的组织中人力的知识、技能、天资和能力。
- **社会资本**：“能够让那些人获取并发展智力资本的结构、网络和程序，其表现为组织内外关系所产生的知识的存储和流动”。
- **组织资本**：“一个组织所具有的制度化的知识，其存储在数据库、手

8

册等之中”。

1.14 有些学者质疑将人视为“资本”或“资源”的正确性，认为这是一种冷淡的、没有人情味的说法，它抛弃了人性，暗示了对人可以操纵和控制。然而，这一术语的后果却是由于人是组织绩效和价值创造的重要因素、人是一种需要培育和发展的资源而提升了人在组织中的地位。尽管如此，经理人必须记住，不能将人当作非人类资源来操纵和控制或“管理”：实际上不能这么做（因为人类是独特的、复杂的和不可预测的），伦理上也行不通。

HRM 的其他视角

1.15 现在普遍认为，HRM 角色具有两面性——并且也许有点模糊性：既具有商业导向（强调组织绩效和价值的提高），又具有人力导向（强调员工的激励、发展和工作生命）。HRM 领域的几位重要学者总结出两个“版本”的 HRM，常常被称为“硬的”版本和“软的”版本。（你可能会想起，这一术语在其他模型中是用来区分定量和定性因素的。）本质上，硬的 HRM 更强调人力资源“资源”的一面；而软的 HRM 则比较强调人力资源“人”的一面。

1.16 **硬的 HRM** 强调“将 HR 政策和企业战略紧密结合在一起，将员工视为一种和其他用于挖掘最大回报的资源一样的、需要经理人管理的资源”（卡伦・莱格，《“HRM 的道德准则”：战略性的人力资源管理》）。硬的 HRM 模型的关键特点包括：

- HRM 战略目标和企业战略的紧密结合。
- 强调投资于人的商业合理性（例如在培训和开发上）。
- 强调需要进行绩效管理和其他管理控制形式（而不是向员工授权等）。

1.17 **软的 HRM** 强调“员工是宝贵的资产，是企业凭借员工的承诺、适应和高水平的技能和绩效获得竞争优势的源泉（莱格）。”它所基于的各种管理方法（例如第二章介绍的人际关系学派）强调社会—心理因素对工作行为的影响（关系、态度、激励、领导、沟通、学习等）。软的 HRM 模型的关键特点包括：

- 关注人事管理中人际关系的方面，例如学习和发展、沟通、参与、激励和工作满意度。
- 为了开发员工的潜力，并提高员工的贡献、主动性、灵活性和业绩，强调获得员工的信任和承诺。

第二节　HRM 和组织绩效

人与绩效模型

2.1　我们在第四章中阐述过，人员管理的两个核心问题是：第一，你如何才能让个人付出额外的精力和能量，为团队和组织成功做出更大的贡献？第二，这事实上会影响组织绩效吗？

2.2　珀塞尔、哈钦森、金尼、雷顿和斯沃特（《解读人力与绩效的关系》）试图通过"人与绩效"模型来解释 HRM 和组织绩效提高之间的关系，如表 8-1 所示。

8

表 8-1　"人与绩效"模型

HR 政策/实践▶	关键工作维度▶	结　果
招聘 培训与开发 绩效评估	能力与技能	正面的心理契约 （承诺；工作满意度）
报酬（工资满意度和岗位挑战）	激励/鼓励	引起酌情行事的行为（超出了工作说明的要求之外）
团队工作 参与 沟通	参加的机会	引起绩效的变化

2.3 这一模型建立在早期 AMO 模型（E.鲍姆等人）的基础上。AMO 模型认为，如果员工要从事某种影响绩效的酌情行事的工作行为，他们必须具备必要的能力（技能、经验、知识和能力）；必须受到激励进行工作和做出其最大贡献；必须获得（为他们自己的岗位绩效和组织的成功）做出贡献和发挥作用的机会。

密西根模型

2.4 密西根模型（弗布伦、蒂奇和蒂婉娜，《战略性的人力资源管理》）属于“硬的 HRM”模型，它强调的假定是，HR 体系的管理应该与组织的商业战略相“匹配”或一致。如果得到有效地配合，“人力资源循环”（人力资源在组织中随着时间的演化）的基本职能能够推动商业绩效。这些基本职能包括如下几个方面：

- **选拔**：将可利用的人力资源与组织战略需要的角色、技能和特征相匹配。
- **绩效管理和评估**：将绩效与共同的目标和标准相匹配，支持组织战略的实施。
- **报酬**：将报酬与为支持组织战略而需加强的成就和特性相匹配。
- **开发**：将技能、知识和能力与明确的组织战略要求相匹配。

2.5 密西根模型的用途在于强调了将 HR 战略、政策（例如采购和其他职能战略）与组织目标相匹配的必要性。不过，你可能注意到，该模型考虑的影响组织绩效的因素相当有限：正如我们已经看到的，可能还存在其他绩效阻碍因素和驱动因素，例如领导风格、更广泛的激励问题（在货币报酬之外）、员工关系、工作系统和方法或技术。此外，正如赫钦斯盖和布坎南所指出的，为了将这个模型用于实践，“组织战略”必须是相对稳定和易于理解的。然而在今天快速变化的竞争环境中，这种要求并不是总能实现。

哈佛模型

2.6　哈佛模型（比尔、斯佩克特、劳伦斯、奎恩·米尔斯和沃尔顿，《管理人力资产》）属于"软的 HRM"模型，强调绩效的人际维度。哈佛"HRM 领域地图"如图 8-1 所示。

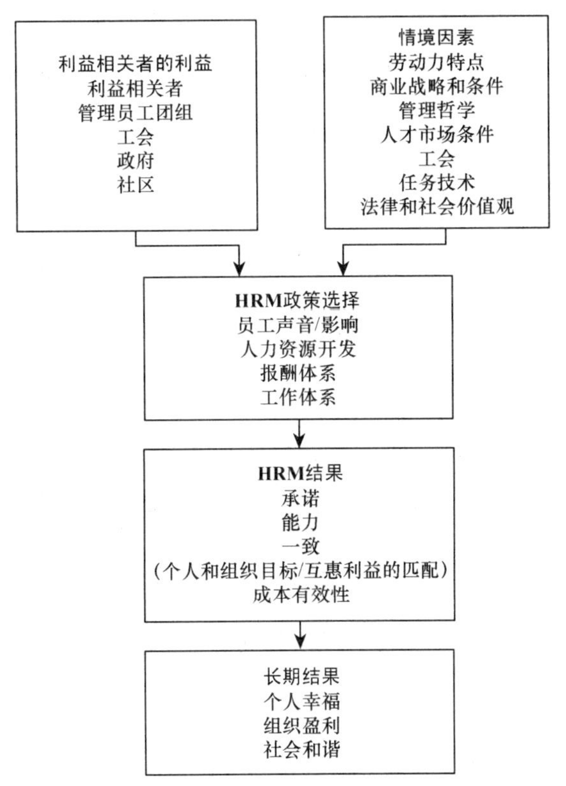

图 8-1　HRM 领域地图

战略性的/系统性的 HRM 方法的优点

2.7　系统性的 HRM 方法建立在成熟的政策和程序上，它的优点一般包括：

- 它保证有关各方**遵守**雇佣法律和规章的，例如平等就业、健康与安全、劳动保护、员工参与等。

- 它支持待人公平、平等等**职业道德**观念：（尽可能地）在选拔、付薪、申诉程序和纪律处分程序等方面确保客观、不掺杂个人感情和平等对待。
- 它传播和促进组织所希望的**文化**。连续的、完整的 HR 系统可以用来给组织带来适合的价值观和属性（通过选拔）并且对之进行强化（通过评估、培训和报酬）。
- 它使组织能够满足其现在及将来的**人力资源需求**——按照其自身的计划，以及对所处环境中变化和挑战的预测。人力资源规划（HRP）的作用是确保组织具有合理的计划，获得（从外部）和/或发展并留住（从内部）它实现目标所需的技能。
- 它提高员工的动力、承诺和留职率，提供表彰和奖励（通过评估）、工作满意度（通过岗位设计）和个人发展（通过培训与开发）机会。它也将“保健”因素最小化，否则这些保健因素会造成不满意：确保公平待遇（通过申诉程序和处罚程序）、公平报酬（通过岗位评估）等。
- 其核心目的是提高个人绩效、提高团体和组织整体绩效，途径包括：
  - 获取或发展高标准的、与岗位有关的技能和能力。
  - 确保员工了解情况、获得参与及授权，以达成团队和组织目标。
  - 鼓励人才灵活性和多才多艺。
  - 促进持续的组织学习和发展，以便提高应对变化需求的创新性和适应性。

评估 HRM

2.8 上述哈佛模型提出，HRM 结果的有效性可以根据四个标题来评估，简称为四个“C”。

- **承诺**（Commitment）：员工对组织及其目标的认同、忠诚度和工作动力，以及运用自由决断行为（超出职位描述所要求的内容）从在工作中增值。这个 C 可以借助态度调查和其他因素的分析（例如缺勤率和人员流动率）等方法进行评估。

- **能力**（Competence）：员工的技能和天资、角色能力、学习需求、提高绩效及获得职业发展的潜力。这个 C 可通过能力评估、绩效管理和评估流程、技能审计和结果监督等进行评估。
- **一致**（Congruence）：在员工目标、价值观和努力等方面寻求与管理层的一致（或者至少是员工感觉到存在共同的目的和相互利益）。这个 C 可通过申诉和处罚措施的影响、冲突、坦率的沟通等进行评估。
- **成本有效性**（Cost-effectiveness）：以可接受的投入成本，所获得的 HRM 结果的收益：（定量和定性的）收支相抵还是收大于支；成本和/或收益是在不断增加，还是在不断减少；成本和/或收益和同类组织或竞争者相比怎么样。

2.9　你应该能够看到，这些可能的结果是如何与采购与供应职能，以及与组织整体的绩效相关联的。当采购职能转移到用户或预算拨款持有部门的“兼职”采购员的时候，这些可能的结果确实特别重要。在缺乏对兼职采购员的直接直线权力的情况下，采购职能将受益于目标一致、承诺和能力（包括最佳实践采购原则）所提供的间接指导和控制。

第三节　HRM 职能与政策

HRM 职能简介

3.1　我们将在本教程的第九章和第十章讲解课程重点内容——关键的 HRM 职能，包括招聘和选拔、培训和发展（也包括了相关的绩效管理过程）。事实上，HR从业者履行的职能范围常常比我们介绍的更加宽泛，如表8-2所示。

表8-2 人力资源管理职能

组织设计与发展	• 组织设计：组织结构和流程设计的优化 • 组织发展：对组织社会过程的干预（例如结构上的变化、团队建设、过程咨询、角色谈判和人际技能发展），以促进变革和提高绩效 • 岗位和角色设计：使工作角色的范围和内容条理化；分析和明确任务及能力要求（例如招聘、评估、报酬和发展）；规划并实施灵活的结构和工作方法，使适应性、效率和工作生活之间的平衡达到最优化
HR规划（HRP）和招聘	• 人力资源规划：预测组织现在和未来的能力要求；分析组织现在的能力；进行差距分析；通过对员工招聘、聘用、保留和发展进行计划来弥补差异 • 招聘（进入人才市场）和选拔（评估和选择合适的新成员来满足HR计划的要求） • 保留：监督并管理人力流动水平；发现那些应该留在组织内部的"人才"；应用人才挽留政策鼓励和奖励忠诚员工 • 离职管理：在法律和伦理框架下管理合同收尾（例如通过退休、辞职、解雇或裁员）
绩效管理	• 设定绩效目标和标准：提出并协商通过组织、团队和个人的绩效目标（和有关能力要求）框架 • 绩效评估：根据大家共同议定的目标和标准，监督和定期评估绩效（考虑到改进和发展规划、干预和/或常常单独实施的报酬计划） • 绩效差距分析，识别学习和发展需求 • 绩效管理干预，包括：处罚处理；对申诉的处理；激励和报酬；学习、培训和发展；员工意见和支持
报酬管理	• 工资系统：建立管理公平的、具有激励作用的工资和薪水结构；管理与绩效挂钩的工资系统和利益计划（员工有资格得到的、间接的工资或"附加"利益）
人力资源发展	• 学习、培训和发展：对学习活动、课程和干预进行规划和管理，弥补已知的能力差距；促进个人学习和个人职业发展规划 • 职业发展管理：继任和晋升规划；个人顾问和职业规划；为了挽留、激励和支持可用人才，发现可提拔的"人才"并设计发展路径 • 管理发展：扩大教育、培训和体验机会，以发展管理能力、对管理继承进行计划 • 学习型组织：塑造一种支持的气氛和系统，促进个人和组织的学习、知识创造和共享（如第四章所述）

（续）

员工关系	• 行业关系：对和职工代表（例如商会）形成的正式集体关系进行管理；就条款进行集体协商；集体争端的解决；执行正式通过的协议和伙伴协议 • 员工沟通：让员工清楚他们关心的事情；调节沟通“气氛”，鼓励多渠道、坦率的和建设性的沟通；鼓励自下而上的沟通（例如反馈、建议计划）；管理“内部营销”（公司“好消息”交流、形象管理和问题管理） • 员工声音和参与：通过正式机制（例如联合顾问委员会）和非正式机制（例如参与式管理风格），让员工参与决策
职业健康、安全和福利	• 健康与安全：对工作环境、执业、培训和文化进行监督和管理，识别并降低健康与安全风险；遵守相关法律；可能的话，积极推进健康和幸福（例如通过工作—生活的平衡） • 福利服务：提供员工支持计划（顾问和支持）等服务，为那些受到疾病、家庭困难、即将退休或裁掉的员工提供帮助（例如新职介绍服务）
HR 服务	• 建立并执行 HR 政策和程序；建立并运行 HR 信息系统（“人事档案”）；对聘用合同进行管理；通过管理让大家遵守相关法律和规章（如第十一章所述）

HR 政策的作用

3.2　针对职业法律和规章，例如平等机会或健康与安全法律，可能需要特别制定相应的 HR 政策。同时，HR 政策的另一个基础是组织在人们应该得到怎样的待遇方面所持有的价值观和信仰。例如有些组织在法律规定禁止歧视老年人或被动吸烟法律执行之前，就已经执行了在招聘中禁止年龄歧视或在工作场合禁止吸烟的政策。

3.3　为了吸引并留住组织想要的员工，组织也必须考虑员工和人才库中潜在员工的需要和期望。例如，积极的平等机会政策可以帮助企业在面临来自传统途径的人才日渐匮乏的窘境时，可以从少数族群招聘到妇女和有关人员。同时，其他政策——比如说多技能或灵活工作安排——旨在确保企业有效地利用可用的人力资源。

3.4　职能经理，例如采购经理，应该记住，HR 政策并不仅仅是用来在组织中加强 HR 职能权力的“繁琐程序”（虽然人们常常这么看待 HR 政策）。HR

政策之所以存在，是为了帮助直线经理做好他们的工作，让他们“做正确的事情”——公平地、一如既往地对待员工——每次发生问题的时候不要陷入法律和战略的泥潭。

第四节　分担的HRM责任

4.1　关于人事管理活动是集权（在HR或人事部门）还是分权（到直线经理）的争论，归结为一方面需求专业专长和“全局”思维；另一方面需求支持直线经理的权力。

4.2　HRM 领域在发展的同时，也一直存在有关合规性的问题。这些是由下列因素造成的：

- 社会环境和人才市场的变化。（例如，可用技能及其市场价值的波动；劳动人口老龄化；人才市场越来越全球化等。）
- 行为科学领域的发展。（例如，激励方法、压力原因或领导风格的效果等方面出现新的研究成果。）
- 向前发展的法律和规章。（例如，欧盟在歧视、健康与安全、职业保护等领域执行官方指示。）
- 越来越关注并宣扬职业权益。（例如，由消费者引起的公司社会责任压力；员工意见和参与的法律要求；工会、劳资审裁处和顾问团体的作用。）

4.3　因此直线经理需要在HR事务上征求专家的意见（这样组织就能意识到上述所有问题），组织需要制定无懈可击的政策。（这样组织中的HR管理实践既可以是一致的，又可以是连续的。）

4.4　事实上，正如马林斯指出的（《人事职能：一种共同的责任》），直线经理既有权利，也有义务去考虑他们自己部门的有效运作，包括他们员工的管理和幸福。在《管理和组织行为学》一书中，马林斯进一步指出，“HRM

职能是一般管理的组成部分，是所有经理人和主管责任的一部分。”

HR 职能的作用

4.5 那么 HRM 责任如何在 HR 职能和采购经理一类的各部门直线经理之间进行划分呢？根据安妮•克赖顿（《环境中的人事管理》），传统上，HR 部门“在管理层准备放弃这些零散工作之时将它们聚集在一起”。可是，随着员工被当作组织人力资源得到越来越多的重视，一个专门的、集中的 HR 职能角色已经集成到组织战略层级中。它现在常常包含下述关键过程。

- 在战略层次上对 HR 相关活动进行规划：组织变革计划、人力资源规划、报酬系统开发、HR 审计等。
- 执行整个组织范围内的 HR 计划：例如，员工沟通、参与计划和集体协商。
- 制定一致的人事政策（例如在歧视方面）、计划（例如招聘上的）、系统（例如评估的）和规章（有些领域必须确保遵守法律）框架来指导直线经理。
- 必要时，为直线经理提供专家服务和顾问工作（商业伙伴关系）：有关新法律和合规性的建议，培训项目的实施，申诉的仲裁等。

4.6 因此，专门的 HR 职能（很像采购与供应职能）根据其地位和所处组织环境的具体情况，还有许多不同的角色与直线部门有关系。

- **服务提供者**：提供行政服务（例如工资名单管理、档案保管、报告和归还）；专家意见和指导；HRM 计划的实施（例如培训或招聘）以及为一系列内部客户提供员工服务（例如福利、提供咨询意见）。
- **管理汇报和审计角色**：例如人力资源预测和规划，员工态度调查，HR 指数分析（例如工资成本或人才流动率），标杆比较，能力检查和合规性审计（例如关于健康与安全或平等机会方面的）。

- **内部顾问**：辅助直线经理的工作，分析商业流程，诊断绩效问题，提出内部客户能够认可并能够执行的解决方案。
- **商业伙伴关系**：为了提高企业绩效，通过发现与探究机会、寻求竞争优势和增值，与高级管理层和直线管理层共担战略上的责任；通过强调目标和战略的人力资源部分，对战略规划施加影响；通过人力资源战略管理对公司目标提供支持。

直线经理的作用

4.7 非战略性的采购活动日渐转移到用户部门中的采购员和预算持有者那里。与此类似的是，在集中形成的 HR 政策和程序的协调和控制框架内，人事管理职能日渐转移到直线经理那里。在部门这一层级，直线经理对一系列操作层面的 HR 事务负有责任，包括：

- 对任务进行组织和分配（岗位设计的一个内容）。
- 设定、监督并维持绩效标准。
- 要求、招聘和选拔团队成员。
- 提供/要求团队成员入职，为团队成员提供培训。
- 建立并维持团队合作。
- 日常员工沟通、磋商和参与。
- 日常员工关系，包括个人处罚和申诉的处理。
- 维持健康和安全的工作场所。
- 保存日常人事记录。
- 遵守上述所有的 HR 政策、计划和规章（如果适用的话）。
- 咨询和/或联络 HR 职能（必要时）。

4.8 从实际效果上来说，采购与供应部门中的人员管理经理是 HR 职能的内部客户。马林斯认为："将专业知识和服务提供给直线经理，并且协助他们做好他们的工作，这是 HR 职能的工作……正是直线经理有权力控制本部门员工，对人事活动负有直接的责任，尽管有时他们需要专家的帮助和意见。如果 HRM 职能发挥了作用，那么说明在直线经理和 HR 经理之间就有良好的团队合作、协调和协商。"

高级管理层的作用

4.9 因此，HRM 中第三种主要的利益相关者是高级管理层，他们在下述的领域发挥着重要作用：

- 形成并传播哲学、态度、价值观、文化以及企业对其人员及人事管理的一般"导向"。
- 制定重要的 HRM 战略和政策。（例如关于组织结构和设计、绩效管理和报酬系统、平等机会和多样性、人力资源发展。）
- 制定涉及 HR 职能的议定参考条款，确定 HRM 责任向直线管理层转移的程度。
- 组织氛围的营造，以及对跨界指挥和领导的管理，使人们意识到像 HR（和采购）一类"支持性"职能的地位、职能和直线职能之间的合作和管理层是在认真对待"商业伙伴关系"等概念（随着 HR 职能和采购职能在战略层次上融入到管理中）。

本章小结

- HRM 是管理组织最宝贵的资产（即组织中工作的人）的战略性方法。HRM 方法的发展反映出经理人越来越重视员工的技能和承诺。

- 珀塞尔的研究表明，这样一种方法是值得的，他们得出结论：有效的HRM政策和实践可以提高绩效。
- HRM结果的有效性可以用四个“C”来评估：承诺、能力、一致和成本有效性。
- HRM 政策必须遵守法律和规章，但这仅仅是最低的要求。经理人必须同时考虑到为了吸引和留住他们想要的人才，需要采取哪些措施。
- HRM是直线经理、专门的HR职能和高级管理团队共同分担的责任。

自测题

括号内数字为参考答案所在段落。

1. 请给出强调其战略属性的HRM定义。（1.9）
2. 根据阿姆斯特朗（《有战略意义的人力资源管理》），战略性的 HRM 方向的关键特点有哪些？（1.11）
3. 请区分硬的HRM和软的HRM。（1.16，1.17）
4. 列出密西根模型中人力资源循环的基本职能。（2.4）
5. 列出战略性的HRM方法的优点。（2.7）
6. 列出术语HRM中包含的主要组织职能。（表8.2）
7. 引起HRM领域不断变化的因素一般有哪些?（4.2）
8. 列出一些直线经理的HR责任。（4.7）

第九章

招聘与选拔

对应大纲内容

4.2 识别采购与供应职能中人员的技能和知识要求

- 岗位分析和岗位技能
- 识别岗位需要的知识与技能

4.3 制订一份能够满足采购与供应职能技能和知识要求的招聘和选拔计划。

- 起草职位描述
- 筛选和评价符合需求的申请求职者
- 面试流程
- 在招聘中使用 IT 应用软件

引言

招聘和选拔是两个紧密相连却互不相同的过程。

招聘是雇主为了将组织中的岗位需求告知未来的员工，同时兼顾到激发求职者兴趣和/或促进求职者提交求职申请而进入人才市场的过程。它是一个至关重要的手段，不仅是为了满足具体的用人需求，而且是为了和外部世界进行沟通：一次公关活动以及在人才市场树立“雇主品牌”。

选拔是雇主筛选求职者的过程，在这个过程中，将那些不太可能适合该岗位或本组织的（反之亦然）求职者先排除掉，同时对可能适合的求职者进行评估，看他们是否满足所需的标准。其目的：一是满足组织用人需求；二是公平、礼貌地对待潜在的求职者，树立组织整体形象和雇主品牌。

本章首先介绍组织如何确定人力资源需求（通过人力资源规划），以及如何描述人力资源需求（以此为基础作出招聘和选拔决定）。学员须理解该过程与采购周期的相似点（识别并定义需求）。

第一节　有系统地招聘

人力资源规划

1.1　人力资源规划（HRP）的目标，是要确保在正确的时间以正确的价格获得正确数量的、正确的技能，以满足组织的要求。人力资源规划定义为："为达成企业目标而获取、使用、提高和留住企业需要的人力资源的战略。"

1.2　你可能认为这种定义听起来复杂得有些多余，尤其是对于中小型组织，或者对于像采购一类的单独的部门。毕竟，如果有人离开了，创造了一个"空缺"，你需要人取代他。如果你发现员工太少了，或者有新的技能需求（比如由于技术或法律的引入），你可以雇佣或培训某些人来完成工作。可是事实上，这一过程不会如此简单，尤其是在组织这一层级上。

1.3　布赖恩·李维（《公司人事管理》）提出，"由于以下几个原因，人力资源规划一直都是必要的：①越来越意识到需要考虑未来；②希望对影响企业成败的尽可能多的变量进行控制；③技术的发展使这种规划成为可能。"

1.4　人力资源规划可以被视为供应管理的一种形式。如同其他任何资源一样，人流入组织和人在组织中的流动也必须进行计划和控制，以便有效地满足需求。

1.5 人力资源的稀缺性（尤其就特别短缺的技能而言）是进行积极主动 HR 规划的最有力的论据之一。对人力需求的预测为组织提供了它从劳动力资源（通过招聘）获取技能或在组织内留住并发展他们（通过激励、培训、调配或晋升）所需要的提前时间。同样，如果技能需求即将下降（比如由于新技术或商业合同），积极主动的 HR 规划可以让组织获得它所需要的提前时间，使它从容地对人员进行再培训和再调配，通过自愿的方法（自然消耗，包括退休和人员流动）流出过剩的人才，或者对裁员一事给出足够的预告，正如法律所要求的和组织希望得到负起社会责任雇主形象所要求的那样。

1.6 对人力供给和需求提前规划从来不是一项精确的科学，而且可以说变得越来越困难。HR 规划者的假设不断受到各种各样的变化的否定，这些变化包括：影响人才流动的变化（例如临时工、兼职和自由职业者的出现）；人才来源的变化（例如欧洲人才市场的扩展）；影响技能需求的变化（例如新技术和市场的出现）。

1.7 根据 MW.卡明（《人事管理的理论与实践》）的论述，所有这些都不是放弃 HR 规划的理由，反而是灵活规划的契机。“环境是不确定的，从而造成我们正在规划其活动的对象——人——也是不确定的。因此，组织要接受的 HR 计划必须是连续的、经过不断检查与不断变化。”

系统的 HRP 方法

1.8 HRP 过程可以概括如下：

- 预测可能的人力**需求**（人员技能和能力、等级、数目）。这一过程需要考虑的因素包括：组织的目标；被提议的扩张、收缩或多种经营；目前人才的利用情况（例如生产率）；影响需求的环境因素（技术、经济衰退、竞争等)。

- 预测可能的人力**供给**。这一过程需要考虑的因素包括：目前全体员工的实际和潜在的技能和生产率；由于人才流动（辞职或退休)、晋升或调动使目前劳动人口的结构和规模发生的可能变动；目前劳动力的灵活性；外部劳动力市场有关熟练人才的可能供应（在给定的竞争者活动、人口统计上的变化、教育趋势、市场工资率等情况下)。
- 通过弥补人力的不足（例如通过招聘、培训、挽留、再调配、生产率或外包）或减少过剩的人力（例如通过停止招聘、支持人才流动、禁止加班、再调配或裁员)，制订计划来**弥补供求之间的缺口**。

1.9 人力资源规划的结果自然是一份**人力资源计划**。它应当包括如下内容的整合的战术计划：招聘、培训、灵活工作安排、晋升（或管理继任)、生产率、员工保留、自然消耗（作为非自愿裁员的备选方案）等。

1.10 在部门层级上的人力资源决策，是在这些计划的限制和指导下做出的，因此会支持组织整体的战略需求。例如，当组织计划要缩小规模时，采购经理就不会发布他所在部门的新职业机会；或者正当组织要承担一个新项目时却看到部门一半人员退休了；或者给员工培训的技术和方法不能满足组织近三年的需求。

系统性的招聘和选拔方法

1.11 这一过程的系统性方法包括下述阶段：

- 人力资源规划，确定组织的人力资源需求。
- 岗位分析，对于一个给定的岗位均有一份职位描述（对岗位任务、义务、目标和条件进行简要的介绍）和一份人员规格（是职位描述的改编，能够胜任地完成该工作所需的人员的种类和要求)。

- 发现空缺（来自 HR 计划的需求、即将离职的团队成员的替代需求、新任务的要求）。
- 招聘活动的授权和启动（也许使用一份岗位申请表）。
- 可选人才来源的评价：内部和/或外部的人才市场；标准和/或非标准合同工（兼职的、临时的、自由职业的等）。
- 发布招聘广告的可选媒体和方法的评价：招聘顾问和代理机构；在人才培养地发布广告（例如在学校中）；媒体广告；互联网；非正式口口相传的网络等。
- 职位广告：准备并发布岗位空缺信息以及邀请投递简历。
- 申请过程：在申请期结束时筛选申请书，将申请的最初结果或进展告诉申请求职者，对选拔过程进行计划。
- 评估申请求职者：从潜在的申请求职者中生成最后供挑选用的申请求职者名单，召开面试会和/或各种形式的选拔测试、查验证明材料。
- 跟进：发出雇佣通知，同时通知最后申请求职者短名单中落选的申请求职者，对新成员的入职过程进行计划。
- 对整个过程进行评价，查明该过程是否是有效果（聘用正确的人和树立了期望的雇主品牌）和有效率的（以一种及时的和成本有效的方式）。

9

第二节　分析技能和知识要求

确定招聘需求

2.1　在以下情况下招聘是必要的：

- 人力资源计划对招聘的具体要求进行了安排，比如在给定的时间框架内招到一定数量、一定类型的人才（或技能）。

- 由于退休、辞职、临时缺勤、晋升或调动导致人才或技能流失（或者预期将会流失），并且要想完成部门目标和 HR 计划，需要对他们进行替换。
- 任务要求变化很大（或者预期会发生变化），需要新的岗位或职业技能：例如，组织引进一个电子采购平台，或者计划执行品类管理，或者需要对可持续采购方面的新法规做出应对。

记住，在各种情况下，你都应当观察部门目标和 HR 计划的需求。例如，并非所有离职的团队成员都会自动地形成一个“空缺”。

2.2 对于所需的技能，也可能有替代的来源，应该根据他们的相对收益与成本和相关的组织政策，对这些来源进行评估。例如，如果所需的技能在现有的劳动力中能够找到，那么可能的话，内部调动、培训和/或晋升就比外部招聘更好一些。（例如，用户部门的采购空缺可以用兼职采购员，在外部招聘之前，我们可以将兼职采购员发展到这一空缺角色。）另外，比起招聘全日制员工来说，组织灵活性的要求使组织更愿意使用临时人员、自由职业或代理人员（或者甚至外包）。例如，业务高峰期使用外包的采购人员。

2.3 部门经理应当会用合理的商业事例证明他们通过外部招聘填补空缺的决定是合理的。接下来，他们必须填写岗位申请书（job requisition），说明招聘的需求和标准；接着该空缺岗位可能得到批准或授权。在此过程中，我们需要确保在适当的时候考虑其他备选方案，确保招聘的决定是符合人力资源计划的要求的。

2.4 不论是使用内部招聘，还是外部招聘，都必须严格地界定空缺的职位，例如职位包含的工作内容是什么？职位（和组织）要求的人员是什么类型的？

岗位分析

2.5 英国标准学会将岗位分析（也称为岗位评估，Job analysis）描述为“确定一个岗位的本质特征”。这些本质特征可能包括岗位职责、关键任务和优先级、履行责任所处的物理和社会环境及条件、对工作持有者的要求等。

2.6 根据岗位的性质，可以按照不同的方式对岗位进行分析。对于日常的或重复性的任务，我们可以观察工作的进展和各种文档证据，用以确定诸如岗位名称、义务和任务、汇报关系、目标和适用的标准、工作条件等基本事实。

2.7 对于缺少规划性的岗位，特别是那些包含“无形”工作的岗位（例如规划、人员管理、创意、关系建立等），则需要用到更复杂的方法。可以利用面试、问卷调查、日记或日志等从工作持有者的经理或主管和/或工作持有者本人那里收集信息。他们让分析师弄清该岗位实际需要什么以及如何对它进行理解，覆盖了诸如工作难度、允许的自由决定权、所需的社交技能、岗位的价值或重要性及岗位各组成要素等一类的定性问题。

2.8 执行岗位分析是有困难的。职工对这种分析的目的可能会有所怀疑，害怕它会被用来施加更高的标准、削减工资或裁员。关于岗位性质，工作持有者和管理层的认识是有差异的。许多研究结果或多或少都具有一定的主观性，尤其是在非常规工作的情况下。在有些背景下，随着灵活的、多技能员工可以执行团队目标在某一时间要求的任何角色，“岗位”自身是终将消失的东西。

2.9 尽管如此，岗位分析是非常有用的。当岗位出现空缺时，应当将其视为检查和修改现有岗位信息的机会。

职位描述

2.10 职位描述（Job description）是对某一具体岗位的目的、范围、义务和责任所做的充分的说明。它是岗位分析的产品之一。

2.11 职位描述的内容因组织和岗位的不同而千变万化，但一般包括如下信息：

- 岗位名称。
- 商业单元或部门。
- 岗位摘要：岗位总目的、主要职能、在组织结构中的位置。
- 岗位内容：岗位主要任务清单，包括频度、重要性、难点、责任等因素。
- 关键责任：希望工作持有者在关键领域达到什么目标。
- 汇报关系：上级和下属是哪些人；与其他团队成员或部门的合作。
- 工作条件：地理位置，特殊要求（健康危险、身体条件、潜在的压力因素、社会条件）。
- 职业条件：工作时间，工资基础和有权得到的东西，发展机会等。

2.12 图 9-1 是零售环境中一名采购员的基本职位描述例子。

2.13 职位描述提供了如下信息：

- 招聘和选拔（指出岗位的要求）。
- 评估（指出评估的标准）。
- 培训和发展（指出可提高的领域）。
- 工资设定（指出岗位要素及其价值）。
- 绩效改进（指出工作条件中的问题，岗位的必要性，它们彼此的关系等）。

2.14 有人争辩说，职位描述的用途很有限，最坏的情况下，还可能起反作用。它们仅仅能够对特定种类的岗位进行准确、有意义的说明，这些岗位的工作是可观察、可规划和可重复的。如果一个岗位包含了多样性、判断力和适应能力（如同管理岗位所要求的那样），那么职位描述会是不切实际的并且时常会过时。职位描述充其量是一个岗位在某一特定时刻有限的和静态的“快照”。

职位描述

岗位名称　采购员

部门　图书

岗位摘要　在严密监督下开展工作，第一，参与从批发商和出版商目录中选题；第二，与供应商进行采购和促销协议的谈判，对补货和采购订单处理进行管理。

岗位内容（履行义务的一般性质和水平）

1. 检查批发商和出版商目录和促销计划，给书店经理提供新书采购建议。
2. 就采购和促销协议参加与供应商的谈判。
3. 采购订单的分配和协调。
4. 进货处理；按照商定的日期对存货和促销材料的发行进行协调；对供应品项不符的情况进行协调处理；根据被送回的商品的要求发出替代采购订单。
5. 确保满足所有要求和特殊条款与条件。
6. 批准供应商发票以便会计部门付款。
7. 根据销售退货协议，处理退货和信用问题。
8. 处理单个客户的订购活动，与客户服务人员联系。
9. 监督并维持核心存货的水平。
10. 监督并分析新品的销售额，以帮助采购和促销决策，并且为书店经理准备报告摘要。
11. 参加相关的书籍展销会和行业会议。
12. 根据需要，与会计、仓储、快递、客服和其他部门的适当人员进行联络。

该工作持有者的职责不限于上面提到的内容；他/她在面对市场机会和客户要求时必须展示出一定的灵活性。

汇报对象　书店经理。经理会在新的选题上以及采购/促销协议谈判方面给予严密的监督。

直接下级　没有。

特殊条款　偶尔需要负重操作。

经验/教育　一到三年零售采购经验（理想的是在书籍贸易上的经验）。

至少两个 A 级（或相等级别）教育。

提供的培训　根据需要提供最初的在职培训。一年后有机会考取职业证书。

限制性规定　每周工作 38 小时。工资：见单独的等级体系。

编制　人事部

日期　201×年 8 月 10 日

图 9-1　职位描述

9

2.15 如果僵硬地坚持职位描述的内容，那么职位描述会变成一件“紧身衣”：当人们严格坚持他们职位描述中的工作范围和领域，而不是对客户需求、质量改进机会或需要解决的问题进行灵活的应对，那么就会产生分工争端。

2.16 组织灵活性是人力资源管理中一个热点问题。借助于多技能、多专业团队合作、灵活工作时间等途径，对岗位进行重新设计，使之能对变化的任务要求有一定的适应能力和响应性。确实，像威廉·布里奇斯（《岗位转移》）一类的评论员提出的，“岗位”本身是要消失的东西/任务和团队必须经常根据客户和环境的需求进行重新定义。

能力概要和能力定义

2.17 能力概要（Competence profiles）以某一指定业务或领域中的关键成功因素为基础，为传统的职位描述（和人员规格，如下所述）提供了一种灵活的、选项菜单驱动的备选方案。能力（Competence）可以定义为：“按照职业期望的标准，完成一个职业内的活动的能力。这一概念也包含了将技能和知识转移到职业领域内部和相关职业中新情况的能力。”

2.18 能力定义（Competence definitions）通常识别某一职业的关键角色并将它们分解成为能力领域（“单元”）。依次将这些用说明书确切地阐述出来，说明一个有能力的人应当能够在不同的水平上完成的工作，包括：

- 具体的有关活动（能力的要素）。
- 根据什么标准（绩效标准）。
- 在什么背景下（范围说明）。
- 需具备哪些基础知识和认识。

2.19 CIPS在领导与管理学会的指导下，给出了采购与供应专业人员的能力定义，提出采购人员应该能够完成哪些具体的成果。

2.20　以能力为基础的能力概要具有如下优点：

- 它们能直接与组织战略目标和相关职业或专业（例如采购与供应）的最佳实践联系在一起。
- 由于它们对岗位要求没有做出规定，所以它们对变动的环境和要求更容易适应。
- 它们可以应用于组织所有层级的员工（尽管不同层级中所期望的具体行为会有所差异），这也有助于创造一致的组织价值观和实践。

角色分析（Role analysis）**和角色定义**

2.21　角色分析（与岗位分析类似）中会收集与人们所做的工作相关的信息。岗位分析强调的是要执行的任务（一个“岗位”），而角色分析强调的是人们在胜任地、灵活地履行岗位职责的过程中所发挥的作用。“角色概念强调需要灵活性，关乎人们做什么以及如何做，而不仅仅是集中于岗位内容。”（阿姆斯特朗：《人力资源管理实践手册》）

2.22　因此角色概要（Role profile）或角色定义（Role definition）详细说明了：角色的整体目的；人们期望角色持有者取得什么成果（关键结果范围）；他们将负什么责任；以及为达到可接受水平的贡献和绩效所需的行为能力和技术能力。

人员规格（Person specification）

2.23　虽然听起来很明显，但还是值得澄清一下：职位描述说明的是岗位。对胜任某一岗位所需的人的类型所做的说明，被称为“人事规格”或“人员规格”。

2.24 人员规格说明了组织应该为某一岗位招聘的人的类型：教育情况、培训情况、社会经历、个人特质和工作持有者胜任岗位所需的能力。

2.25 亚历克·罗杰（《七点计划》）是英国招聘和选拔系统的先驱，他提出了一种系统的方法。他认为："如果岗位需求和岗位任职人员的匹配要想做得令人满意，那么一个职业（或岗位）要求的说明必须与描述该职位候选者资质采用相同的术语。"

2.26 罗杰的"**七点计划**"强调了与工作持有者或选拔候选人有关的七个要点。

- 身体特征（例如整洁的外表或优点）。
- 成就（包括教育和职业资质）。
- 一般智力（通常用心思敏捷和言语流畅性来定义）。
- 特殊才能（例如精通数学或熟练使用计算机）。
- 兴趣爱好（展示实践能力和社交能力）。
- 性格（或举止：例如友好的或乐于助人的）。
- 背景情况（出生地、家庭情况等）。

2.27 J.芒罗·弗雷泽（《职业面试》）提出另一种结构——**五点人格模式**，强调候选人：

- 对他人的影响（包括身体特征、人格魅力和人际技能）。
- 获得的知识或资质（包括教育、培训和工作经历）。
- 内在能力（包括智力和具体才能：数学、机械、艺术、语言等）。
- 动机（为达到个人目标，选择和追求适当行为的能力）。
- 调节能力（情感稳定性、对紧张的忍耐力、社交技巧）。

2.28 不论采用哪种概括方法，人员规格应当列出某岗位任职每一种基本的、可取的或不可取的（禁忌的）特征。例如，对于采购跟催员岗位，组织能力被认为是基本的特征，社交技巧是可取的，因为要与供应商联络；

不能在压力下工作，则是禁忌的特征。

2.29　图 9-2 反映了图 9-1 中描述的图书采购员岗位的人员规格，以“七点计划”为例。

人员规格

	基本的	可取的	禁忌的
岗位名称	采购员		
部门	图书		
职位描述	Ref 01234		
身体特征	• 说话清晰 • 训练有素	• 年龄 22～40 岁 • 有劲（负重）	• 年龄 22 岁以下 • 慢性病
成就	• 两个 A 级教育 • 到二年零售采购经验	• 图书贸易中获得的采购经验 • 职业证书（采购/图书贸易）	• 缺乏采购经验或图书贸易经验
智力	平均水平以上		不够灵活
才能	• 能够认识到新选题的市场潜力 • 组织能力	• 理解 IT/POS 系统 • 注意到促销机会 • 注意细节 • 谈判技巧 • 管理信息的分析与准备 • 网络技能	• 解决问题能力差
兴趣爱好	• 阅读（广泛的）	• 基于团队的或有方法的活动	只有“单一”的兴趣
性格	• 团队成员 • 能忍受压力 • 耐心的/有方法的	果断的	• 对监督忍受度低 • 反社会的
背景情况	能够工作到很晚	与办公室距离一个小时车程之内（必要时）	

图 9-2　人员规格

2.30　人员规格中用到很多变量，既包括能力方面的（工作持有者应当能够做什么），也包括倾向性的变量（工作持有者应当愿意做什么）。但是，正如职位描述必须经常修改且要灵活运用一样，人员规格如果不随着岗位要求的变化而变动的话就会缺乏实用性。

2.31 另外，从职位描述改编到人员规格时应当注意避免几个具体的问题。例如，“身体特征”和“背景情况”中提到的标准可能会被解释为歧视性的内容：对残疾人的歧视（比如语言障碍者的情况），或者对妇女的歧视（例如，不欢迎家庭责任或即将怀孕的人），或者对某一年龄段的人员的歧视。

2.32 你也应当意识到其他标准背后隐藏的假定。（这也是为什么要求学习与人力资源管理有关的一些行为科学概念的原因。）例如，“一般智力”类别传统上是用IQ或心思敏捷性来测量的，但是现在大家普遍认为存在许多种智力，包括情商、实践智力、空间智力和人际智力，所有这些智力都可能在采购与供应中发挥作用。

有效的采购员工的特点

2.33 采购人员既要求具有一般特征，还要求具有特定的特征。最相关的一般特点如表9-1所示。

表9-1 采购人员要求具备的一般特点

特点	评论
诚实	很明显，只要想想采购人员负责的那么一大堆钱就知道了
工作勤奋	这是一个基本的素质，要能承受艰苦的工作，同时还能获得并保持专业专长
可靠	采购与许多其他职能有接口。失败的采购会导致其他职能发生代价昂贵的中断
主动性和想象力	采购任务很少是有规律的。处理新的、无法预料的问题的能力是基本素质
热情	特别地，采购人员对工作需要充满活力、追根究底
人际技巧，包括沟通	采购的有效性很大程度上取决于和其他职能的联系，以及采购人员之间的联系
数学能力	采购问题的量化特点，尤其是财务问题，不能忽视
信息收集、处理和决策	采购的有效性一个主要组成部分是有能力挑选出关键要素，查明并分析有关信息，并且做出合乎逻辑的决策

2.34 除了这些一般特点，采购人员还需要特殊的技能，以便能完成岗位所包含的专业任务。这是一个动态变化的领域。在采购专业发展早期被认为不那么重要的一些品质，随着采购职能认识上和活动上发生的变化，现在却变得非常重要。具体地说，管理供应商伙伴关系、参与战略规划过程，在早期的短期交易时代关系并非必要的，但是现在，它们却成为对采购人员提出的要求的一部分内容。

2.35 这些特殊技能只有在获取了详细相关知识的基础上才能加以运用。马尔科姆·桑德斯提出，这些相关知识可以分为三个主要领域。

- 商业和管理一般知识，包括战略管理。
- 和采购与供应管理有关的具体知识。
- 与某一行业产品和过程相关的技术知识。

第三节　招聘过程

3.1 招聘的目标基本上有五点：

- 识别、定位和进入可以找到有关人力资源的市场。
- 利用咨询和申请表，吸引人们对公司和岗位的兴趣。
- 提供有关组织和岗位足够的和相关的信息，帮助申请者决定是否申请、如何申请。
- 向外部世界展示正面的公司形象。
- 有效地、低成本地实现上述目标。

（你可以将这一过程直接与物料及其他输入品的采购过程进行类比，它们的目标是非常相似的。）

招聘政策和程序

3.2 应当在指导管理决策的一贯政策或行为准则的框架内，修改并执行详细的招聘程序。

3.3 有很多因素会影响到招聘政策。人力资源计划为组织整体提出了技能要求以及首选的人力来源。法律和规章在诸如平等机会、歧视和规定条款（最低工资、工作时间、灵活工作安排等）等领域影响着招聘方法和标准。组织的文化价值观反映在它想要招聘的人的类型和它对待申请求职者的方式上。另外，组织期望的雇主品牌（它在人才市场上的形象，使它能够吸引并留住高素质人才）影响到它处理人才市场关系的方法。

3.4 典型的招聘政策会涉及如下一些问题：

- 空缺和招聘广告的审批。
- 在外部招聘之前（或者除外部招聘之外），在公司内部发布空缺广告。
- 迅速、高效并且有礼貌地处理所有工作申请。
- 向所有潜在申请者提供直接而准确的信息。
- 对申请者提交的所有申请书和个人信息保密。
- 根据是否适合岗位挑选申请求职者，不能有任何歧视。

进入人才市场

3.5 组织联系潜在岗位申请求职者的方法有很多。

3.6 主动查询和利用现有的联系人和人际网，这种招聘形式是比较廉价的，具有预选择的优点：组织会对申请求职者有所了解（只要他们表现出主动性）。可是，保持全体员工的现有特点，而不是系统地选拔适合岗位要求的申请求职者，这种做法是有危险的。这不仅会阻碍组织的变革，而且也有可能会被视为变相的歧视：例如，如果全体员工绝大多数是男性，那么通过员工人际网进行招聘的时候，组织就很有可能会保持这种趋势。

3.7 其他招聘方法可以使组织接触到求职者的登记表，这些登记表常常预先筛选过，并且必要时给下一步的选拔提供帮助和建议。下面举几个例子。

- 参考资料：工会、商业协会和专业团体（包括 CIPS）保存的求职者成员的登记表。
- 政府赞助的求职登记表：通过地方代理机构网络提供的求职者登记表和工作机会登记。
- 私营职业代理机构常常根据职业（会计人员、媒体和广告等）或合同类型（临时的、非正式的等）的不同而各有专攻。
- 学校、大学和培训机构的就业服务。
- 基于网络的就业数据库和职位搜索工具。

3.8 更加系统的招聘、筛选和选拔服务是由各种类型的咨询机构提供的。招聘顾问会代表组织开展一系列的招聘广告发布工作和申请者筛选程序。新职位介绍顾问专门为要被裁掉的或面临提前退休的员工寻找新的职位。搜索顾问（有时被称为“猎头”）则代表一个组织，主动地接近（或“窃取”）另一个组织中的专家或管理人才。

3.9 利用外部顾问的优势在于他们拥有广泛的联络、专业的招聘和选拔技能及资源：他们能为企业节省一般管理费用，为帮助选拔决策给出专家意见。不过，也存在一些缺点：顾问对组织文化价值观和其他选拔标准可能没有深入的认识（除非进行过详细的介绍或建立了深入的关系）；他们将内部申请人员排除在外（而内部人才市场对组织来说是很重要的）；他们不对选拔决策的后果承担责任。当然，也会发生费用。

3.10 最常用的招聘方法都要求组织准备并发布职业机会和具体空缺的信息：换而言之，是指**招聘广告**。根据目标对象的规模、地理位置、特殊的兴趣和联络成本，我们可以通过许多媒介找到目标对象。

3.11 我们也应该考虑目标受众的相关性。例如，通过公司内部杂志、公告栏或内部网，可以最有效地发布内部招聘信息。在外部人才市场上，通过报纸和杂志的专栏或特刊，或者通过有关的贸易、技术或专业网站和期刊（例如采购与供应链专业人士订阅的《供应管理》杂志），可以找到特殊的技能人才。

3.12 互联网越来越成为寻找求职者和职位空缺的媒介。

- 互联网的全球渗透力给我们带来了比其他广告媒体更多的受众，但其代价就是要处理海量回信。
- 招聘广告可以链接到招聘数据库进行定期更新和交互，让招聘人员和申请人搜索到相关信息（岗位和雇主详细信息，可下载的表格等）并能立即通过电子邮件进行联系。
- 它是低成本的：大多数企业都会开发一个基本的门户网页，在上面“求职招聘”一页中列有空缺信息。更多的交互工具提供了在线申请和电子筛选功能（利用预设的基本标准和可取标准过滤申请），不用花钱雇人做这些工作。
- 它允许我们对招聘的效果进行电子监督（可以统计网站上的点击数、提交的申请、下载了却没有提交申请表的数量等）。
- 它“预先筛选”了熟悉技术的申请人，而这些技术对于某一空缺可能是也可能不是基本要求。
- 它可以利用多媒体演示且传播广泛、成本低，还具有交互性的优点。

3.13 招聘广告在某种意义上说已经属于选拔过程的一部分。它们应该被投放到合适人才可能看到广告的地方，这样就实时预先选择了那些人才。类似地，广告包含的信息应该促使目标人群进一步缩小范围。

3.14 广告内容的依据，应该是空缺的职位描述和人员规格中提供的信息、组织的招聘政策（例如关于平等机会方面的）、公司身份认同要求（Logo 的使用、一般使命和文化陈述等）。招聘广告的典型内容包括以下基本要素：

- 组织名称和所在行业（可能还带有其使命和文化的简单陈述）。
- 岗位名称、部门和所在地理位置。
- 岗位的主要义务和责任。
- 影响工作的特殊因素或条件（如果有的话）。
- 基本的和可取的资质、经历、技能和特征。
- 报酬和机会（适当时可以面谈）。
- 申请信息：如何申请，向谁申请，截止日期。
- 显示组织是“平等机会雇主”或“人力投资者”的陈述或标识（适用时）。

筛选申请书

3.15 可以要求以各种格式提交（或接收）申请，例如：

- 通过信件、电子邮件或“上门”（通常询问未登广告的空缺或一般工作机会）。详细情况常常被放在文件中，假如有合适的空缺，询问者将受邀通过更加规范的方法提交申请，例如下面方法中的一种。
- 通过个人履历（CV）或简历，常常还附一封信，将负责招聘的人员的注意力吸引到 CV 或简历中具体与岗位有关的地方。
- 通过申请表（纸质的或在线的）。

3.16 CV 和申请表在选拔的最初阶段可用来筛选申请人，以便将那些明显不适合岗位或组织的申请人筛选出去，或者发现那些值得进一步面试或测试的申请人。该阶段给予的信息常常也是后来面试讨论的出发点。

3.17 CV 或简历基本上总结了申请求职者的教育、资质、工作经历和任何其他申请者认为与工作申请有关的信息。它常常包括一个或多个人员（推荐人）的联系方式，推荐人应该愿意并且能够确认申请求职者可聘用性方面的信息并愿意提供担保。从申请人的角度来看，CV 是一种灵活的自我推荐工具，可以让他或她突出优势并掩盖弱点。但从招聘人员的角度来看，这也许被视为 CV 的一个缺点。

3.18 申请表一般用于较低层次、相对标准化岗位人员的大规模招聘。它确保信息是以一种明确而一贯的方式进行收集的，使选择者能够迅速找到信息项，并且对一组中（或者在不同时间的不同组之间）不同的申请求职者进行客观的比较。

3.19 对于管理岗位和专业岗位，可能要用更为复杂的申请包，以便收到更加复杂的回复和解决问题的证据（例如心理调查问卷，或者对案例研究情景的反应）。以能力为基础的问题也可以用来引导申请人描述他们的工作经历或关键事件，突出展示与岗位工作相关的特殊能力。

3.20 应当根据招聘广告、职位描述和/或人员规格中的关键标准对收到的申请表进行分类。然后进行初步的筛选，将申请分为三组：

- 不适合的申请人：招聘人员向他们邮寄标准信件，简短、得体地通知他们申请没有成功。
- 可能适合的申请人：被用于进一步的审核，筛选出短名单，以便进行面试或其他选拔程序。
- 处于边缘者：保留并等待严格审查的求职者，以防止缺少更多合适的求职者。

3.21 选择者通常拟出一份最佳求职者的短名单，并邀请他们参加面试。面试仍是最常用到的选拔技术，尽管面试在预测求职者是否真正胜任这一岗位的能力有限。面试过程可能附带某种适当形式的选拔测试。下面我们将详细讨论这些选拔方法。

3.22　如果求职者被发现是适合人选，而且他们的证明材料和推荐人也确认他们适合，那么他就会得到一个工作机会。记住，这并非必然是招聘过程的结束，有些求职者确实拒绝过工作机会。高素质的申请人可能已经收到其他的工作机会。他们通过近距离地观察可能没有充分被该组织、岗位或提供的报酬所吸引。他们也许只是为了测试一下人才市场或者锻炼一下他们的求职技巧。由此，应当保存少数备选的求职者信息。

3.23　即使求职者收到并接受了工作机会，招聘人员可能还想和其他称心如意的、但可惜不成功的求职者保持联系，以便将来招聘之用。给这类求职者应该邮寄内容稍稍不同的其他版本的标准“拒绝”信件，例如信中可以提到：“我们将会把您的资料存档，以备将来出现合适的空缺。”

第四节　选 拔 过 程

4.1　有效的选拔程序对组织有下述三个好处：

- 使组织更有可能获得对某一岗位或角色合适的技能、经验、价值观和特征。
- 因为通过选拔程序发现求职者非常“适合”岗位要求和组织文化，从这个意义上说，选拔程序提高了员工安守岗位（留任）的可能性。
- 确保所有可能的求职者都得到公平和礼貌的对待，与平等机会法律、组织道德价值观和它期望的“雇主品牌”（或者在人才市场上的声望）保持一致。

选拔面试

4.2 面试让组织有机会更多地了解求职者，不仅仅通过提问诱出回答并验证信息，而且通过近距离观察了解求职者的人际交往技能和问题解决技能及其他特征。同时，这也是一个双向的过程：求职者将留神收集关于组织、岗位和未来上司的信息和印象。

4.3 根据选择者想要创造的效果和他们需要收集的信息类型，面试的组织和实施可以多种多样。

- **个人或一对一面试**，其优点是求职者和面试官之间可以进行直接的面对面交流并建立潜在的和谐关系。如果选择者愿意，面试形式也可以非常随意，将环境对求职者造成的紧张和不自然的感受降到最低。缺点就是单独的面试官在其判断中可能带有偏见，或者缺乏有关的知识去评估或测试某一领域的求职者。
- **小组面试**，即两个或三个人一起面试求职者，解决了一对一面试中出现的问题。这种面试可以让 HR 和相关技术专家获得对求职者全面的认识并且互相验证他们的印象，而且减少了一对一面试所需的大量信息交换。不过，这么多面试官会让求职者更加怯场。他们在正式的、虚拟的和紧张的情况下的行为可能无法真正反映出他们处理工作任务和压力的能力。

4.4 不论采用哪种面试方式，选拔面试的准备和实施都应该是精心设计的，要诱导出所需的信息，同时创造出期望的雇主印象，并且让求职者感觉到他们受到了公平的对待。要达到这些目标，有时需要运用一些具体的策略。

- 有些面试官会通过烘托一种挑衅的或审讯的气氛来测试求职者在压力下的行为（“压力”面试），而另一些面试官则会让求职者放松下来，以便让求职者表达自我并且表现出更自然的人际行为。

- 有些面试可能是结构化的：针对申请表或人员规格提问；运用案例研究及“你将怎么做”类型的问题来测试求职者的问题解决技能（“情境”面试）；或者请求职者描述他/她过去是如何应对工作挑战的（“行为”面试）。结构化的面试可以让面试官在可利用的时间限度内获得最多的相关信息，并且利用一致的标准对求职者进行比较。不过，结构化的面试能够获得的信息类型是有限的。
- 另外，非结构化的面试可以让求职者畅所欲言，面试官比较重视求职者的自我表达。在结构化的面试开始或结束时，也可能有一段时间采用非结构化的面试，让求职者放松神经，或者引出求职者感觉相关的更多信息。

4.5 面试过程的实施应当被看作是高效的和公平的。应该做出相应的安排，欢迎并指引求职者到达合适的面试地点。面试的房间应该具有一定的私密性，并且免受打扰和分心。不管对求职者多么蓄意挑衅，面试官应该在语调和态度上表现得很专业。

4.6 面试官应当学会使用不同的提问类型。

- 开放型问题，鼓励面试者用自己的话来回答。
- 探索型问题，对敷衍的、没有重点的或可能不诚实的回答进行盘问。
- 封闭型问题，可以用一个词（是/否/或者）给出明确的回答。
- “问题解决”型问题，请求职者就假设的情况进行回答。
- 引导型问题，将面试者引向期望的答案。

4.7 面试官还必须能够运用口头和非口头暗示（身体语言、外表、面部表情等），积极地、批判性地倾听面试者在说什么、想要说什么，或者想要回避什么。

4.8 面试的基础应该是求职者在申请表或 CV 中提供的初步信息，以及摘自职位描述、人员规格和/或招聘广告的关于组织要求的信息。这些来源为面试官提供了需要确认、盘问或进行进一步考察的领域。也必须给予求职者机会来收集有关该岗位和公司、工作条款（需要谈判）、选拔过程下一步（如果有的话）等方面的信息。

4.9 面试是组织所采用的最为流行的选拔方法。面试具有以下优点：

- 具有很强的互动性，允许进行灵活的问答互动。这让求职者和面试官一样，有机会提出问题（例如关于岗位和公司的问题）。它可以使问题和回答与面试的导向及风格相适应。
- 面试提供了使用非言语沟通的机会，这种沟通可以确认或削弱口头讲出来的答案（例如求职者在声称具有某些能力时东张西望或局促不安）。当询问或探查有关求职者申请书或回答中的不一致或差距时，这种沟通对面试官特别有帮助。
- 面试提供了观察求职者个人外表（在考察修饰及是否遵守社会准则等有关领域）、人际和沟通技能的机会。
- 面试提供了评价求职者与其未来同事和上司的友好关系的机会。

4.10 尽管面试方法得到如此广泛地应用，但是研究结果表明，面试在预测求职者在工作中的表现方面并不尽如人意。M.史密斯和M.亚伯拉汉森所做的调查表明，面试是最受欢迎的选拔方法（94%的受调查组织使用了面试），但是在“预测正确性”方面的得分仅为0.17分，这里所采用的刻度是1到0，其中，1代表面试技术可靠地预测了求职者之后的工作表现；0代表面试技术的预测效果没有优于随机结果。换而言之，面试在选拔员工方面的表现比起掷色子来好不到哪里去。

4.11 面试在实践中有一些局限性。

- 面试的范围有限。面试过程太短暂，不足以对求职者的能力和动机获得足够深入或复杂的认识，无法让雇主预测他们在千变万化的工作场景中的行为。

- 面试是人造的情境。面试并非一定能考察出求职者在真实工作环境中表现出的特征和行为（好的和坏的）。
- 面试会受到求职者的操纵。面试行为可以训练和实践，使求职者培养“面试技巧”，来伪装他们真实的特征和行为。
- 面试还会面临面试官的错误判断。不熟练的面试官所具有的各种形式的偏见、歧视、模式化思维、未经检查的假设、文化差异、没有效果的倾听和其他认知或逻辑错误，可能会扭曲对求职者的判断。下面举两个例子：
  - 光环效应（Halo effect），面试官根据一个单独的、明显的特征（例如外表或说话流利）形成对一个人最初的综合判断，然后戴着有色眼镜肯定地或否定地认识其他的特征。
  - 模式化思维（Stereotyping），面试官认为某些特点属于某个“群体”，然后假定群体中的所有个体成员均拥有某一特点。
- 对于任何一方或双方来说，面试还可能受到低劣人际和沟通技能的影响。责任首先在面试官这一方，他应该能引导和控制讨论并从求职者口中套出需要的答案。

9

选拔测试

4.12　在某些被认为与岗位要求相关的领域对求职者进行某种形式的测试，也是选拔面试的一个辅助环节。

- 能力和学识测试考察求职者在与岗位有关的具体任务方面展示出的能力。
- 心理测试考察像天赋、智力和人格等一些心理因素。

4.13 **能力测试**（Proficiency tests）用来考察求职者当前具有的执行岗位相关具体任务或操作的能力。**学识测试**（Attainment tests）对求职者在某一技能上达到的标准进行类似的测量。现在有许多能力测试材料，包括书面的和计算机交互程序的“公文筐测试”（模拟工作任务）。在史密斯和亚伯拉汉森的研究中，工作采样（例如能力测试和工作组合）在预测正确性方面获得了最高的分数，0.57 分。

4.14 **天赋测试**（Aptitude tests）用来预测求职者胜任某一岗位或学习新技能的潜质。现在有许多得到广泛认可的可测量的天赋：推理能力（言语的、数学的和抽象的或形象的问题解决能力）；视觉—空间能力（实践能力和创新力）；认知速度和准确性；“心智”能力（机械、手工、音乐或运动表现中包含的手眼协调、肌肉控制和其他反应）。这些天赋领域中有些尤其与工作相关：在起草和谈判供应协议中言语和数学推理能力比较重要；在协调采购订单和送货单时认知速度和准确性就比较重要。

4.15 **智力测验**（或“认识能力”测验）用来测量个人记忆、认知速度、语言流畅度、逻辑推理和问题解决技巧。这些要素通常属于 IQ 的范畴。这样一种测验反映不了人类智力的范围（例如，丹尼尔・戈尔曼宣扬的“情商”）。要排除这类测验引起的偏见，为来自不同教育和社会背景的求职者提供公平的机会（尤其是对于测验语言并非其母语的求职者），是非常困难的事情。在史密斯和亚伯拉汉森的研究中，认知测验（Cognitive tests）在预测正确性上得到 0.54 的高分。

4.16 **人格分析**（Personality profiling）用来测量求职者人格中的各种特征和倾向，以便反映出他/她在一般情况下、在具体工作环境中、在面对具体管理风格时，可能做出什么样的表现。例子有 16PF、迈尔斯人格类型指标和 DISC 四象限行为评估（之前讨论过）和明尼苏达多阶段人格清单

（MMPI）。如果根据与岗位的相关性进行选择，并且加以适当地利用与解释，这类测验在某种程度上能够预测工作绩效（根据史密斯和亚伯拉汉森的研究，预测正确性得分 0.4）。然而，关于人格因素的相关性，关于特征测量的准确性以及在测验设计和解释中消除文化和性别偏见的困难，一直存在着许多争论。

4.17 大多数测验形式存在与选拔面试相似的局限性。我们必须留意测验标准的相关性、测验设计者和解释者的专长和客观性。大多数测验形式使用特定文化的假设，由此都带有偏见。多数也会受到求职者的操纵：从雇主的观点中常常可能猜出“正确”的或期望的回答，通过训练或练习培养有效的测验技术，甚至是记住具体的答案。

4.18 对选拔测验的运用存在几种趋势，例如：测验的制造者和来源越来越多样化，扩展的测验包（包括练习本、计算机软件和应用程序以及在线测验资源），越来越强调消除测验中的偏见和不公平性。

评估中心

4.19 对于管理职位，在选拔过程的最后阶段可以运用评估中心（Assessment centres）或**团组选拔法**（Group selection methods）。该方法是由一系列的测验、面试和团组练习组成的，在两天的时间内由 6～8 位求职者组成的团组完成这些测验、面试和练习，并由有资格的技术顾问团队进行评估。

4.20 如同个人面试和测验一样，评估中心一般会使用如下工具：团组角色扮演练习模拟人际情境（冲突、谈判或团队建设）；案例研究分析和问题解决；“公文筐测试”模拟工作量管理以及任务表现；个体和团队展示；无领导小组讨论法（LDG）可以评估求职者的沟通和决策技能、判断力和领导潜质。

4.21 由于评估中心可以让选择者对求职者进行更长时间的、更广泛的并且（假如只是在模拟中）更真实的评估，所以它对未来管理人员的招聘尤其有用。评估中心可以让组织评估诸如沟通、谈判、合作、领导、劝说和冲突解决等作为重要管理技能的人际因素。它们不仅仅抽象地展示了求职者的特征和态度，而且实际上影响了其他人（在模拟团队中）和求职者自己的表现（在模拟任务中）。评估中心可以让我们在潜在的求职者之间直接进行对比。

4.22 但是，这种评估要求组织对专门知识、时间和设施进行投资，所以它常常只适用于管理层或管理学员。另外，它仍旧只是一种模拟，而不是在真实组织环境中工作表现的预报器，特别是团组练习会产生一种兴奋或"情绪高涨"的作用，这会扭曲求职者的正常行为。而且，它们仅评估远离工作场所的事情，必然有失偏颇。

其他选拔方法

4.23 面试、测验和团组选拔是最常用的选拔方法，但也有其他一些方法，例如：

- **背景和推荐人调查**。目的是验证求职者的教育背景和之前的工作经历。尽管推荐人本身在史密斯和亚伯拉汉森预测正确性刻度上只能得到 0.13 分，这仍旧是对其他选拔方法的重要支持。
- **体检**。有些组织在选拔过程最后一个阶段会要求进行体检，通常是为了确保身体健康情况可以胜任对身体条件有要求的岗位，发现任何预先存在的、可能会取消未来保险赔偿资格的情况，并且（在基因筛查的例子中）发现潜在的健康和安全风险。对于有些测试，例如 HIV/AIDS 或吸毒和酗酒，可能存在政策上或法律上的限制。体检必须展示出与工作紧密的相关性、避免歧视和保护隐私。
- **简历资料分析**。简历资料（传记信息）可以通过家庭背景、个人态度等多选问卷调查进行收集：将个人的概况和某岗位的"理想"概况（基于与该岗位优秀工作表现的统计相关性）进行比较。简历资料的预测正确性得分是 0.40 分。

招聘和选拔中的平等机会

4.24 招聘和选拔领域在平等机会或避免歧视方面是极其敏感的。例如，总是存在一种风险，即一位失望的岗位申请人将失败归因于歧视，特别是当公司的全体员工中明显缺乏来自与申请人同一少数民族、性别或其他群体的代表的时候。

4.25 平等机会方面的法律框架将在第十一章讨论，不过招聘人员需要留意如下领域：制定清晰的、客观的、与岗位相关的和合理的选拔标准；发布招聘广告（不要有明示或暗示的歧视，并且将广告投放到少数族群也能看到的地方）；避免在面试、申请表和选拔测验中对一些团组问及与工作无关的问题，而对其他人就不问；在申请的所有少数族群申请人中，至少面试一位求职的少数族群代表；保存详细的面试记录和选拔决定的理由。

对招聘和选拔进行评估

4.26 史蒂芬•康诺克在《HR 视野：培养高素质劳动力》一书中提出，应当在不同层次上对招聘过程进行审计。

- 应当对招聘过程中的每一个阶段，都建立**绩效指标**。关键绩效指标包括：收到的申请数量；参加面试的申请人比率；面试者通过面试的百分比；处理申请所花的时间（或处理每个申请所花的时间）；所监测的类别（妇女、少数民族、残疾人）中申请人的百分比；新人随后被认为胜任工作的百分比；一/两年后聘用者仍旧在岗的百分比；每个申请人或填补职位的成本。

- 应当对所用招聘和选拔方法的**成本有效性**进行测量，以每个申请或每个合格（短名单中的）申请人所花费的成本为单位进行计算。
- 作为执行公平机会政策的一部分，为了识别受监测组别未被充分代表的领域，并且确认这种情况是否是由招聘媒体或选拔方法不当造成，应当监测**劳动力的组成**和**每批新聘人员的组成**。
- 应当调查**新聘人员的态度**，发现他们在招聘和选拔不同阶段的感觉和体验：收到的信息是否准确、组织周转申请的速度，面试中传达的组织形象等。这些可以通过人员态度调查或入职过程中的面谈来实现。
- 需要调查实际情况**偏离计划标准和政策目标**的领域，从而采取适当的纠正措施。例如，处理申请过程中较长的周转时间可能是让求职者最为沮丧的事情之一。如果选拔面试和测验结果不符合求职者随后的工作表现，那么可以考虑开展面试官培训或改变测验机制。

第五节　入　　职

5.1　入职（Induction）是一个人正式加入和融入一个组织或系统的过程。入职培训有以下目的：

- 帮助新聘人员找到方向。
- 开始让新聘人员适应组织文化。
- 对最初的表现提供支持。
- 识别持续的培训和发展的需求。
- 降低在工作第一年由于最初的磨合问题和适应难度造成的人员流失（被称为“入职危机”）。

5.2 正式入职培训的优点如表 9-2 所示。

表 9-2 正式入职培训的优点

对于组织的好处	对于个人的好处
减少了新聘人员由于入职后危机（与安顿下来的困难有关）造成的离职风险	降低了在不熟悉环境中开始工作的方向障碍、不安全感和紧张感
速度调整，人际网络和能力发展，以促进最初的工作表现，帮助新聘人员遵守行为准则和标准	将新聘人员与支持的社会和信息网联系在一起
培养员工士气，促使他们留在公司并付出承诺	让新聘人员在组织中获得正面的（令人安心的）体验
提高雇主在人才市场上的品牌	帮助新聘人员根据价值观和行为准则进行调整，以便“相处融洽”
启动持续的发展规划过程	

职业生命周期和入职危机

5.3 职业生命周期（Employment lifecycle）反映了一系列决策点，在这些点上员工在他们与组织的关系中经历着危机：这些就是人才流动最可能发生的点。职业生命周期中的阶段如下：

- 第一次入职危机：刚刚进入公司后的决策点，这时所有事情都是新鲜的并且也许是困难的，忠诚度还不足以克服挫折。危机触发器可能包括建立工作关系的困难（例如闯入富有凝聚力的团组或人际网）；与新人之前经历过的文化（行为准则、管理风格）之间的碰撞；期望破灭（也许是因为在招聘期间做过不切实际的要求）。这在许多公司都是人员流动高发的时点。
- 差别转变期：雇主与雇员之间互相适应和调整的时期。冲突的领域得到了解决，该过程的结果可能是还有人员流动。
- 第二次入职危机：双方都到达新状态的时期，引起了和第一次入职危机同样的调整问题（尽管没那么严重）。

- 稳定关系期：已经建立了互相的适应和忠诚，离职可能性大大降低。

入职培训

5.4 典型的入职培训的一般安排如下：

- 一般性的欢迎，并且简要介绍组织的地理位置、结构和文化。
- 引导参观工作设施，既是为了了解工作流程，也是为了使新聘人员熟悉环境。
- HR 经理简要介绍 HR 政策和程序：工作条件、工资和福利、培训和发展机会、病假和事假程序、假期安排等。（在这一阶段可能指导新聘人员完成最初的职业文书工作。）
- 将新聘人员介绍给同事和其他关键人物（经理、健康与安全官、工会代表等）：理想地，指派一位同事（通过协商）作为教练或导师，持续对新聘人员进行培育，使之融入公司。
- 简要介绍相关的公司政策和程序：处罚程序和申诉程序；健康和安全的规章、规定和负责人；计时和弹性上班制程序等。
- 下发《员工手册》，供新人随时了解政策、程序、规章和其他有关事宜。
- 与 HR 和/或部门经理或导师碰面，计划、商议并执行最初的员工发展计划，包括开始工作所需的训练、指导和培训。
- 让新聘人员参加参与式练习，并与其他员工交流，既有关于工作的（例如，“与内莉坐在一起”，或者工作跟随），也包括非正式的（鼓励社会交往）。
- 直接上司、主管或导师作简要介绍。解释岗位性质和每项任务的目标、新聘人员岗位目标、部门整体目标。突出强调重要的规章和程序要求。明确新聘人员的汇报对象，有申诉或问题时该找谁等。

- 监督新聘人员最初的进展情况，开始反馈、检查、问题解决和发展规划各环节组成的不间断的循环。

5.5　三个月、六个月或一年后，应该对新人的表现进行正式的评估和讨论。入职过程应该被视为持续过程的开端，而不是一个一次性的简介。

本章小结

- 人力资源规划的目标，是要确保在正确的时间以正确的价格获得正确数量的正确的技能。
- 系统性的招聘和选拔方法是这一过程一个重要组成部分。
- HRP 过程所包含的工具包括岗位分析、职位描述、能力分析、角色分析和人员规格。
- 对采购员工既有一般特性上的要求（例如诚实、可靠），也有为完成其专业职能所需具体技能的要求。
- 招聘过程包括建立政策和程序、进入人才市场、筛选申请。
- 选拔过程包括面试、测验和评估中心。
- 入职是指一个人正式被介绍和融合到一个组织或系统中的过程。在大型组织中，一般是借助于正式的入职培训来完成入职过程的。

9

自测题

括号内数字为参考答案所在段落。

1. 给出人力资源规划的定义。（1.1）
2. 描述系统性的 HRP 方法中的各阶段。（1.8）

3．在什么情况下招聘是必要的？（2.1）

4．请列出职位描述的一般内容。（2.11）

5．以能力为基础的能力概要的优点有哪些？（2.20）

6．请列出罗杰“七点计划”和J.芒罗·弗雷泽五点人格模式的要点。（2.26，2.27）

7．列出采购员工所需的一般特性。（表9-1）

8．招聘的目标是什么？（3.1）

9．互联网作为招聘广告手段的优点是什么？（3.12）

10．有效的选拔程序的优点是什么？（4.1）

11．面试作为一种选拔方法的优点是什么？（4.9）

12．请解释选拔中人格分析的用途。（4.16）

第十章

培训与发展

对应大纲内容

4.4 制订采购与供应职能中人员的培训与发展计划

- 培训的成本和收益
- 培训的方法、实施和评估
- 培训需求分析
- 个人发展计划的应用
- 培训绩效评估

引言

本章中，我们将考察支持人员发展至关重要的管理角色。首先，我们辨析该领域一些关键术语，包括“学习”、“培训”和“发展”。然后，我们解释这些过程或干预对个体、团队和企业绩效的重要性。

接下来的几节阐述一个培训计划与管理的系统方法，并且讨论培训与发展的各个不同阶段，从培训需求识别到通过各种方法和媒体实施培训及培训评估。

最后，我们考察更广的绩效管理过程，在该过程中对学习、培训和发展干预进行规划，包括绩效评估过程。这一主题没有在课程大纲中明确提出来，但它是所有系统性的、计划好的培训方法的基础。培训的首要目标是提高绩效，同时，绩效管理既确保培训干预的目的是要满足明确的改进或能力需求，又要认识到培训是可用来促进绩效提高的各种干预措施之一。

第一节　学习、培训和发展

1.1　在员工发展领域有几个相关的术语，我们首先对它们进行区分。

- **学习**（Learning）可以定义为“作为实践或经验的结果而发生的行为上相对持久的改变”（巴斯和沃恩）。
- **培训**（Training）可以定义为“为了达到有效执行一个或一系列活动的目的，通过学习体验来改变态度、知识或技能行为的一个计划了的过程”。换而言之，培训是用来帮助人们更好地完成他们当前岗位角色的学习过程。
- **发展**（Development）是指更广的个人知识和能力增长过程，其目的是帮助人们应对变革，渐渐地发挥他们的潜质。发展包括个人的各种活动和关系，通过这些活动与关系，个人获得自我管理的学习机会；获取经验，以便能在不同时间承担更多的责任或者承担不同的岗位角色；获得指导和支持以形成和追求个人和职业发展目标。

1.2　人力资源发展的现代方法可以定义为“通过授权人们取得并贡献他们的最好的成果，从而实现杰出的组织绩效的过程”。

组织和个人的学习与发展

1.3　培训和发展旨在建立并维持长期竞争优势或者提高服务水平，它们是有战略意义的活动。人们曾经误以为培训是 HR 专家管的事情，但现在人们越来越认识到，培训必须与以下活动结合在一起：

- 企业的战略规划和方向，考虑到企业当前和未来活动和挑战所需的知识、技能和能力。
- 在部门层级和团队层级对人员的直线管理。
- 员工自己对发展过程的责任。

1.4 汤姆•博伊德尔在《发现培训需求指南》一书中提出，学习和发展可以在四个层次上进行。

- 个人：包括个人发展、技能和职业发展。
- 团组发展：例如，通过团队建设活动或者向员工传达新政策和程序，来整合跨职能采购团队。
- 职业和专业发展：培养与具体职业或专业团组（例如采购与供应链管理专业人员）有关的技术能力和职业道德。
- 组织发展：例如有计划地变革干预，以提高组织的绩效和成员的幸福感（例如实施全面质量管理）。

1.5 对人力资源发展的追求越来越从传统系统**培训**过程（强调通过正式课堂授课直接获得具体岗位有关知识和技能）转移到**学习**方法，它强调持续的、自我管理的和体验式的学习，目的在于发展广泛的、可转移的能力（例如人际上的、管理、团队合作和学习技能）；持续不断地改进；学会学习（为了促进终生学习）。

1.6 自我管理的和经理/教练指导的学习和发展活动常常建立在所谓“机会性”学习行为的基础上，利用体验式的学习、训练和基于问题的学习，利用工作过程中自然产生的学习机会。

1.7 尽管如此，大多数组织仍然实施有计划的正式学习干预，旨在满足具体的、明确的绩效改进需求或者填补知识、才能或技能上的缺口。

系统的培训方法

1.8 图 10-1 描绘了一种系统的、有计划的培训项目方法——我们将在本章后面的内容中进行详细的阐述。

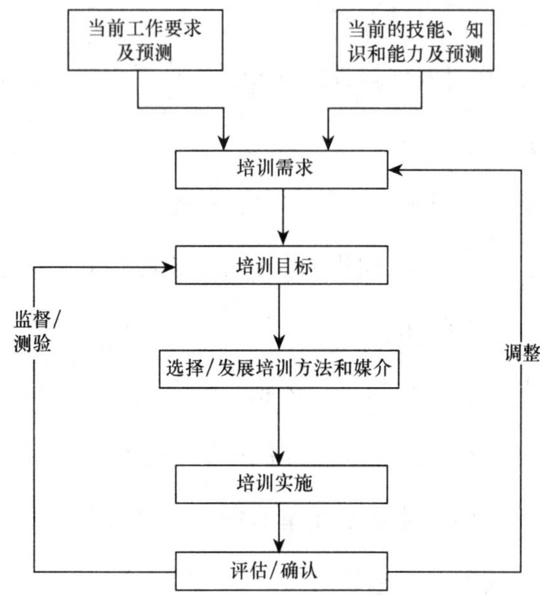

图 10-1 系统的培训方法

1.9 马林斯强调了一种有计划的和系统的培训管理方法所包含的要素，如表 10-1 所示。

表 10-1 培训的系统管理

承诺	自上而下对于学习、培训和发展清楚地承诺（反映在充足的资源提供上），由直线经理提供支持
培训需求分析	在组织、部门和个人三个层面开展有效的能力缺口分析（见本章第三节）
参与	应该在培训中让员工有种自主和合作的感觉
目标和政策	培训项目应当确定谁将接受培训、他们应该学习什么、如何实施培训、如何评价结果
培训范围和节奏	培训应当反映培训需求中的优先领域，避免信息超载：规划好可管理的学习“模块”和巩固复习时间

（续）

培训方法	针对学习需求和学员学习风格，必须考虑运用合适的培训方法
培训实施	应当考虑到劳动力中少数人和弱势群体的培训需求、进行成人学习的障碍；适应多样性的合理方法（例如关于残疾人、老龄化、语言等）
检查和评估	应当对培训过程进行持续监督；帮助式的绩效管理系统（在本章最后部分讨论）；保存培训记录。可能的话，评估应当采用客观的、可测量的指标，例如增加的产出、减少的故障或客户抱怨、下降的缺勤率等

培训政策

1.10　组织（以及采购与供应一类的单个职能）制定培训和发展政策，需要明确下述问题：

- 关于培训对于战略目标和 HR 计划的贡献，是如何设想的。
- 培训的预期结果（技能、知识、能力、认识和态度、就业能力、道德等），以及如何监督和测量结果。
- 如何确定培训需求和目标。
- 培训权利：什么类型和级别的员工才有权接受不同类型和级别的培训，平等机会承诺。
- 培训启动、规划、实施和评估的责任。
- 组织在培训和发展投资上做出多大的承诺。

第二节　培训的目的和好处

2.1　人们普遍相信，员工培训和发展是一件“好事”。毕竟，现在都认识到人（及其承诺、贡献和能力）是组织增加价值和获得竞争优势的关键资源。但是组织为什么要将发展放在优先考虑的事项中呢？它们不是只要招聘到所需的技能、并且用好它们招到的人就行了吗？

2.2 测量或量化员工发展的好处并不总是容易的事情。比如，员工满意度值多少钱呢？将组织变革时面临的压力降低，又价值几何呢？即使经过训练或培训，个人或团队的绩效经测量得到了提高，但由于还存在其他许多变量，你又怎么知道绩效的提高是由于经过培训呢？

发展对组织的好处

2.3 培训对于雇佣公司来说，最明显的好处也许是提高了全体员工的知识、技能、能力、意识、道德规范等，培训应当：

- 在生产力、质量、客户服务等方面提高劳动力的工作绩效（可能是竞争优势的重要源泉）。
- 为组织人力资产增值（代表股东价值）。
- 有助于提高过程效率（例如降低故障和减少浪费）和盈利性。

2.4 现代战略管理的一个基石，即成功的绩效和竞争优势不仅仅是通过项目和活动取得，也是通过人力取得的，人力给物料、资金、信息和其他资源增加价值。这在不断变化的、网络化的、基于知识的、以客户为中心的商业环境中显得至关重要。人力资源发展的现代方法可以定义为“通过授权人们取得并贡献他们的最好的成果，从而实现杰出的组织绩效的过程”。人力现在被视为企业的重要资源和资产，人力使企业提供服务、将其自身区别于竞争者、与其客户发生联系，以及利用知识和创造性。

2.5 发展活动也反映了组织对员工参与和授权的承诺，并且让员工有机会对工作产生更大的兴趣、迎接更大的工作挑战、获得更大的个人发展和自信。管理学领域的大多数现代学者都认为，这些“更高层次”需求的满足是提高员工满意度和动力的重要因素，员工满意度和动力的提高反过来又为组织带来了正的收益。

- 获得更大的员工承诺和贡献。
- 忠诚度和安于职守，降低人员流动引起的技能流失。
- 减少缺勤、纪律问题、冲突和士气低落，从而带来成本节约。
- 提高“雇主品牌”：组织作为雇主的声誉（例如“人力投资者”称号），在与人力市场上的其他组织展开竞争时，有利于吸引并留住高素质人才。

2.6 同时，发展员工的能力促进了员工授权，从而使员工更广泛地参与决策、承担更大的责任、表现出更大的主动性，促进组织各层级之间的信息共享。这反过来会带来许多好处：

- 更加积极的雇员关系（行业冲突更少，对限制的行业关系谈判和冲突解决机制的需求更低）。
- 有利于一线的（直接面对客户或供应商的）和技术专业人员的创新和问题解决。
- 客户服务更迅速的响应、更大的授权，这被视为品牌差异和竞争优势的关键来源。
- 减少了严密监督的需要，将管理人员解放出来，使他们能够更加积极主动。

2.7 对变化的客户需求的响应，对越来越充满变数的商业环境的适应，也是许多组织优先考虑的事情。员工发展对灵活性和变革管理提供了重要的支持。

- 提高了劳动力的可转移性——特别是当培训的后果是培养多技能人员，这样这些人就能够完成许多不同的团队角色，而且团队领导人就可以突破岗位或技能划分障碍分配任务。这种职能上的灵活性反过来又促进了更有效的人力利用，提高了人力适应任务要求变化的能力。
- 使组织前瞻性地根据未来战略要求发展相应的技能。
- 逐步建立为满足内部和外部变化和挑战所需的人力资源和核心稳定性。

- 使个人和团队培养应对变化的关键技能（对变化处理不好，反而会成为压力和抵触的原因）。
- 促进持续学习、提高、体验和信息共享的文化。这也就是所谓的“学习型组织”文化。

2.8 发展也支持了组织的公司社会责任（CSR）目标。发展可以用来：

- 提高员工在外部人力市场中的就业能力、价值和流动性。（由于职业的安定已经不再有保证了，所以这点是雇主和雇员之间现代“心理契约”的重要组成部分。）
- 在晋升前景受到限制的情况下（比如受到延迟退休的影响），促使岗位工作更加丰富（增加岗位工作的挑战性、责任感、多样性和满意度）。
- 提高职业健康和安全水平。
- 保证遵守最佳实践、参照标准（例如“人力投资者”）和政府在发展职业技能方面的政策。

对个人的好处

2.9 我们已经了解了培训和发展对个人带来的一些好处。最为明显的是，得到提高的知识、技能和能力的预期收益。事实上，这些好处反过来又带来：

- 心理上的好处，表现形式包括自尊增强、岗位安全性提高、成就感增强。
- 财务上的收益，表现为有机会提高绩效报酬。
- 提高了晋升和职业发展的机会。
- 工作扩展（任务种类更多）和/或工作丰富化（更大的责任、更大的挑战和自主权）。
- 对职业和工作生活质量更大的满意度。

- 有机会让员工扩展他们自己的兴趣、技能和社会交往，满足他们自身的发展需求，提高他们在人才市场上的价值和流动性。
- 培训需求分析的附带好处（假如培训并不是已发现问题唯一的解决方法）：改进的工作方法、系统等。

2.10 我们也许注意到，培训对范围更大的社会而言也是有好处的：例如，学习技能会增加就业和促进经济增长；让个人学会终生学习和自我发展的技能；支持民主进程和提高公民的责任感。

培训总能带来这些好处吗

2.11 培训能够（并且应该）提高绩效，但仅仅“完成培训”却不是包治百病的灵丹妙药。对于员工表现处于期望标准之下的情况，必须采取权变法。问题可能不是出在技能缺口，不是用培训的方法就可以解决的：出问题的地方可能是系统、技术、程序、动机或态度、组织结构、领导等。意见咨询、处罚措施和问题解决可能是更有效的干预措施——我们将在本章第七节，在更广泛的绩效管理背景下讨论这一问题。

2.12 如果存在技能缺口，我们就必须要认识到它的确切特性和程度（通过绩效测量和培训需求分析），这样才能对症下药，将培训直接定位到绩效提高要求，才能将培训资源调整和分配到最需要的地方。例如，琼斯和奥利费对下面的概念进行了区分：

- “聚焦的”培训（有效的），员工仅接受直接与工作相关技能的培训，在这些技能方面他们发现存在技能或知识缺口（经过系统培训需求分析发现）。
- “未聚焦的”培训（常常没有效果），培训是员工或经理人、培训公司推销或整体培训政策临时要求的（例如为了保证花完培训预算）。

2.13 必须针对培训需求和学员的学习风格合理地设计和实施培训，以取得最大的学习效果，实现学习到工作的最大转化。所以，课堂学习并不适合像操作一个具体的电子采购系统这一类的“手手相传”的培训需求。

培训的成本

2.14 培训的直接成本包括下述几项：

- 培训和授课的教室和设备。
- 培训材料和资源。
- 内部参加培训人员的薪水。
- 外包培训活动、顾问、第三方课程提供商等的成本。
- 参加培训课程的员工的时间成本（带薪学习），培训造成的产出减少的成本（或者临时代班或加班工作的成本）。
- 参加外地培训课程的员工的差旅费。
- 员工时间、培训场地、设备等的机会成本（否则这些可以用于更加直接的增值活动）。

2.15 培训的间接成本包括：

- 初期问题、学习曲线、将学习转移到工作中的调整不适或困难，会破坏工作模式和产出。
- 在“试错”学习过程中产生的故障和废品（如果这种学习是“在岗学习”，还可能有额外的成本）。
- 由于提高了受训员工的技能组合、就业能力和职业流动性，增加了人员流动率（尽管发展机会也因为可以带来工作满意度而有助于挽留住人才）。

第三节　培训需求分析

非正式培训需求的识别

3.1　有些培训需求是在工作过程中相当偶然出现的。

- 法律、技术或工作方法的改变会造成知识或技能上的缺口。为了使个人维持足够的绩效水平（或者提高他或她的职业潜质），组织必须弥补这些缺口。如年龄多样性法律的引入或新软件的采购与投入应用。
- 对关键事件（影响团队有效性的关键领域的问题或事件）进行观察、报告，然后分析，有可能反映出培训需求：例如，客户抱怨，项目的重大超支，关键供应商的减少，或者纪律处分问题。个人、团队领导人或第三方利益相关者（例如客户或供应商）都可能发现关键事件。
- 可以利用对发展的探讨（例如绩效评估、训练或指导），关注个人的目标及其强烈的愿望，从而识别要达到它们所需的学习（或者其他干预）。经理人充当着“教练”，是和团队成员讨论这些事宜的理想人选。
- 自我评估和个人发展活动促使个人发现他们对自己表现不满的领域或者还可以成长的领域。这可能包括对公布的培训课程的非正式自我提名，或者更加系统的评估（例如运用培训需求调查问卷，或者 360 度反馈评估报告）。

3.2　可是，也需要对培训需求进行更加系统的评估。一个更广泛、更客观的视角，可以使领导人（以及组织整体）在给定组织的战略和人力资源计划的情况下，考虑组织未来的技能要求。这也可以促使培训和发展更深入的结合，以提高整体绩效（而不是仅仅提高个人的绩效）。

3.3 自我评估培训需求的问题在于，个人很难完整而客观地认识到他们目前拥有的技能（因为并非总有可能知道你所不知道的事情）以及随着工作和团队的发展他们所需要的技能。

系统的培训需求分析

3.4 培训需求分析非常简单，它包括下述过程。

- 测量员工为了胜任地完成工作并达到一定的绩效标准，所需要具备的工作能力。
- 测量员工实际具备的工作能力。
- 发现上述两者之间的“缺口”，即为学习、培训和发展的潜在需求。

3.5 在职能或部门层级上，当部门角色发生变动时，常常会开展正式的培训需求分析；其他开展需求分析的时机还包括部门重整、政策变动（例如由于新法律出台）或新系统的引进（例如因为出现新技术）。这些情形表示组织需要或有机会发现整个职能或部门的技能或知识“缺口”（学习需求）。比如，采购部门接管运输的责任，或者引入一个 EDI 系统，现在它需要能够做什么？需要做哪些以前不能做到的事情？

3.6 在工作岗位这一层次，正规的培训需求分析在以下几种情况下是最常见的：新员工团组，出现抱怨或问题时，或者是产生新岗位的地方。在这个岗位上的人员需要具备哪些工作能力，才能完成以他们目前能力可能无法完成的事情？

3.7 在员工个人这一层次，培训需求分析就没那么正式了，常常是一种自我评估，或者来自上司或导师的持续反馈，比如，哪些领域可以得益于改进？在以下情况中也可能运用正式分析：如果一个人是第一次接触岗位工作，或者如果一位员工正在经历问题，或者作为个人持续评价和发展规划的一个组成部分。为了做得更好或者得到晋升的考虑，这名员工还需要具备哪些能力呢？

3.8　更详细的培训需求分析（TNA）过程如下所述：

- 对胜任岗位所需的水平进行界定，就必须达到的关键领域和基准标准达成协议（例如运用岗位分析和职位描述，或者能力定义）。
- 通过双方共同议定的评估或测验方法，对员工现有的能力水平进行测量（包括自我分析、能力测验或系统的绩效评估）。
- 将现在的能力与基准或目标绩效进行比较：发现知识或技能缺口（缺口分析）。
- 为了弥补缺口，对干预（包括培训）进行设计和实施。
- 适当的时候，对进展进行监督、检查和反馈。

培训目标

3.9　应当以具体的、可测量的目标对培训需求进行重新界定，最好详细说明：行为（学员应该能够做什么）；标准（达到什么绩效水平）；背景（在什么条件下，才能发挥出实际的绩效水平）。

3.10　这对应于能力评估用到的方法。能力可以定义为："根据期望的职业标准，完成某一职业中岗位活动的能力。这一概念也包含了将技能和知识转移到职业领域之内或之外相关职业中新情况的能力。"

设定 SMART 培训目标

3.11　对目标进行评价的常用框架是 SMART——尽管我们更喜欢扩展的版本即 SMARTER，如表 10-2 所示。

表 10-2 SMARTER 目标

具体的（Specific）	用清晰的、明确的术语进行陈述：准确描述想要的结果或可交付成果是什么
可测量的（Measurable）	可以接受监督、检查和测量（如果能以定量或数量化表达则更理想），这样我们就能知道何时、实现进展到何种程度
可实现的（Attainable）	目标结果和标准，以及它们得以实现的环境和时间期限，必须是运用才能、能力、意愿以及可利用的资源切实能够达到的
相关的（Relevant）	目标必须与单元和企业整体战略目标有关：它们必须具有某种意义
时间限制的（Time-bounded）	目标中必须包括目标时间表和截止期限：它不是永久持续下去的
经过评估的（Evaluated）	由于追求目标需要投入时间和精力，因此目标必须经过评估并被认为是值得追求的：这可能会涉及某种形式的损益分析
负责的（Responsible）	鉴于单元（和组织）对重要利益相关者所负有的道义上的责任，目标中必须考虑对重要利益相关者的潜在影响

培训计划

3.12 商业单元或职能典型的培训计划可能包括下述内容：

- 培训目标。
- 参加培训的人数。
- 培训时间表或进度表。
- 选定的方法。
- 所需的资源（人员、机器、场地、材料）和支持（审批、时间）。
- 培训预算。
- 如何对培训进行测量和评估（培训后测验、工作的观察和取样，对结果的影响等），以及由谁来进行评估。

3.13 培训项目可以是以工作为基础的（涵盖岗位本身的流程、设备、关系和工作负荷），以技能为基础的（目的是获取或提高某一具体技能，例如谈判），或者是学术的或职业的（目的是通过考试或能力评估获取大学或专业资质证书）。

第四节　培训方法和实施

脱产培训

4.1　脱产培训是由大型组织的培训部门提供的。企业内训可以用来对与组织具体产品和市场有关的技能进行培训，此外还包括更一般的培训，例如谈判、面试、团队合作等。脱产培训也可以由外部培训供应商提供：大学和学院、私立培训机构和顾问或代理人，以及远程学习课程的发布者。

4.2　内部的或外部的培训提供者可能用到的方法多种多样：

- **培训室指导**：类似于在职授课培训，但是它是在一个专门的培训环境中，利用的是对工作场所设备和方法的模拟。
- **讲座或训练班**：它可以结合授课、案例研究、角色扮演和其他技术的要素，以克服被动信息吸收的限制。**“小模块学习”**（Bite-sized learning）是指将培训分解为短小的、多种多样的模块以促进学习。
- 运用**案例研究**、**角色扮演**、**公文筐测试**等手段，模拟工作问题和人际场景。这些方法可以让学员试验相关技能，却不用承担在岗位中试验的风险。
- **开放学习或远程学习**。员工在他们方便的时间和地点，利用培训手册、练习本、视频（团组视频会议）、录像带、基于计算机的课程包等，获取技术辅助课程。组织可能利用一些面对面的辅导，定期评估或强化学习效果，或者增加更多的互动和小组作业。

- **参观和访问**。学员有机会观察其他场所、部门、操作等。
- **发展中心**。学员团组参加由培训师提供帮助、评估和反馈的各种模拟课程、角色扮演和其他学习活动。
- **户外培训**。在富有挑战的环境下的体力任务和活动，目的是在动力、领导、团队合作和问题解决等方面培养自我意识并获得技能发展。有一位培训协调人会在事后帮助大家回忆和分析各个决策及过程。
- **在线学习**（我们在前面章节有过介绍）。

CIPD 认为在线学习有如下好处：直接的可利用性；轻松和灵活的访问；信息连续，节约成本（节省了培训师成本和学员的时间）；易于跟踪结果和课程完成情况。但在某些环境中也存在一些在线学习的障碍，例如技术基础薄弱、IT 技能不足、内容不丰富、员工动力不足等。

团组培训（T-团组）法

4.3 团组学习的目的如下：

- 通过其他团组成员的反馈，让每个人对其行为和他在别人面前的形象获得更加深入的认识。
- 理解组内过程和动力学，包括沟通、影响、领导等。
- 发展大家在控制和参与组内过程和动力学中的技能。
- 通过提高意识、发展人际关系，增进对多样性的认识和管理。
- 鼓励人们互相学习、分享知识和技能，进行团队建设并培育持续学习导向。

4.4 团组培训（运用 T-团组）是以“交友小组”（Encounter groups）为基础的，在协调人员的指导下，可以让人们在受控团组中练习人际技能并且从团组成员那里接受反馈。T 团组规划常常比较小，有 8~12 位参加者，没有主持人，形式比较自由，没有日程，也没有计划了的活动。当团组努力处理情况时，协调人将团组的注意力吸引到团组行为方面。鼓励参加者更乐于接受他人的感觉、行为和需要。学习的主要机制在于从团组其他成员那里接收关于个人是如何沟通、联系和响应的反馈。

4.5 这是**敏感性培训**（Sensitivity training）常用的一个工具，重点强调帮助个人：

- 理解自身的行为，对于他人如何看待有所洞察；理解自身行为选择的后果和影响。
- 提高行为上的灵活性，这样就能为了取得更加有效的结果（协议、合作等），根据具体情况或关系的要求，对自己的行为进行调整。

4.6 这种方法的一个理论基础就是**乔哈里窗口**（Johari window）：获得自我洞察的一个框架，常常用来指导 T–团组过程中的分析。根据个人是否知道或不知道，以及他人是否知道或者不知道，将个人行为按照一个矩阵进行分类，如图 10-2 所示。

	自己知道	自己不知道
他人知道	公开的	盲目的
他人不知道	隐藏的	未知的

图 10-2 乔哈里窗口

4.7 T–团组的一个重要作用就是创造开放和信任的气氛，这样就可以鼓励成员做到下述几点：

- 通过获得来自他人的反馈，增强对他人的觉察力，以减少“盲目的”行为（例如身体语言或者无意识的讲述方式）。
- 通过适当地自我表露，并借助于来自团组的关于他们习惯上是否将自己隐藏过多或过少的意见，来减少“隐藏的”行为（包括向他人隐瞒的感觉和思想）。

在职培训方法

4.8 工作场合的在职培训是很常见的，尤其是所涉及的工作没那么复杂的时候。在职培训可能用到下列多种方法：

- **任职培训或入职培训**：一位新聘人员被介绍进并且融入到一个组织或团队中。入职培训的目的是：帮助新聘人员找到他们的位置；开始使他们适应团队文化生活；为新聘人员最初的表现提供帮助；识别持续培训和发展的需求。
- **“和内莉坐在一起”**：学员坐到一位有丰富经验的员工（内莉）的身旁，通过观察她的工作进行学习并且模仿她的工作方法，并在监督指导之下用工作中实际的材料和设备进行作业。（如果内莉传递的是不好的工作习惯，那么这种方法就不那么有效了。）
- **系统的岗位指导**：在“和内莉坐在一起”这一方法之外，还可以增加系统的岗位指导，对于不容易通过观察得到的技能进行解释。
- **辅导**（Coaching）：CIPD 对辅导的定义是“培养个人的技能和知识，使他们的工作绩效得到提高，并且有望实现组织目标。尽管它也可能会对个人的私人生活有所影响，但是它的目标是提高工作绩效。通常持续较短的时期，比较关注具体的技能和目标”。辅导是一种合作的、以结果为导向的发展系列讨论会，在此期间，教练辅导学员讨论通过学习目标并且探索适宜的学习方法（主要是自我控制的学习）。必要时，教练提供教学、指导以及对进展或成果的反馈。辅导也被看作是一种领导风格，强调通过指导式和帮助式相结合的行为对人才进行培养。

团队领导人有许多正式的和非正式的机会，进行指导、协调、质疑并提供业绩和进展上的反馈。

- **指导**（Mentoring）：是一种长期发展的关系，集中关注个人或职业发展方面更广泛的问题。它一般是由一位更高层级的组织成员实施的（通常不是被指导人员的直接经理，所以讨论有关事宜和问题的自由度很大）。随着学员（及关系）的不断发展，导师在组织中所具有的角色可能是该学员个人的"博学的（或重要的）朋友"、老师或教练、顾问、角色模范、拥护者或担保者。导师应当帮助学员获得更深刻的自我意识；鼓励学员建立并明确职业和个人发展目标；帮助学员承担自我发展的责任。
- **从行动中学习**（Action learning）：这是一种团队学习方法，其中，小规模团组碰面合作处理大家面临的真实的、大大小小的组织问题。其目的是促进团组成员互相帮助和学习。协调员会帮助团组询问执行任务的情况并对过程反馈进行交流，这样学习既覆盖了内容（问题的解决方案），也覆盖了过程（如何合作解决问题）。

4.9 **体验学习**（学员通过在其岗位上练习新技能，或者经历不同的角色而进行的学习）可以借助以下几种方法来完成。

- 实践、反馈、思考和调整（通过"试错"学习），将日常工作当作学习和改进机会。
- 岗位轮换或"工作跟随"：依次给学员提供不同的岗位，以获得更广泛的经验。
- 暂时的晋升或职位"助理"：个人经历或观察更富挑战性的角色。
- 项目或委员会工作：将学员增选到项目团队或委员会中，以求获得组织活动相关领域的经验，以及多职能团队过程和问题解决的经验。

选择正确的培训方法

4.10　应当根据下列标准选择最适合的培训方法。

- 要培养的技能、能力或知识的性质（比如，需要理论知识还是手手相传的实践经历）。
- 岗位背景之外学习的好处（风险小、注意力不容易分散、标准化、适合理论的和思考的学习者）和岗位背景之内学习的好处（与岗位、团队和环境相关，对学习的转化更佳、适合手手相传的学习者）。
- 学员的能力和学习偏好或风格（例如运用哈尼和芒福德分类）。
- 各种备选方法的可利用性和成本有效性。

4.11　各种培训方法及其优缺点如表 10-3 所示。

表 10-3　几种主要的培训方法的比较

方　法	优　点	缺　点
在职培训		
“和内莉坐在一起”	• 在环境中学习 • 直接的反馈与调整 • 在学习技能的同时，建立关系	• 最多和“内莉”做得一样好 • 工作文化的传递（不一定是最佳实践）
辅导	• 根据学员步调和需求进行灵活的调节 • 让学员参与问题解决 • 与岗位绩效有关联的学习	• 要求具有辅导的技巧
轮换或跟随	• 在可控风险的条件下，学员试着承担责任 • 可能提高工作满意度 • 支持管理继任计划	• 可能会被认为不是“真实的”工作 • 固定职工可能会认为它太麻烦
从行动中学习	• 建立关系 • 解决真正的工作问题 • 建立学习、问题解决和人际等方面的技能	• 要求熟练的协调能力

（续）

方　法	优　点	缺　点
脱产培训		
培训室指导	• 确实是在学习，但没有生活工作的压力 • 适合很多学习风格	• 没有考虑真实的工作环境
讲座或训练班	• 适合理论型和思考者的风格和主题，以理论或原理为基础 • 适合于有大量的学员	• 不适合活跃的或实用主义的风格 • 被动吸收大量信息有困难 • 在个人学习需求上不太灵活
案例研究，角色扮演，模拟	• 允许试验，没有风险 • 可以主动地解决问题和参与	• 可能不会转移到真实的工作环境中 • 培训中“做对事情”的欢乐可能会造成工作中的低谷
开放的或远程学习	• 省钱，尤其是当学员在地理上特别分散的时候 • 针对学员步调、需求和环境，具有灵活性	• 有效性有赖于材料与课程的设计 • 可能不适合活跃的或实用主义者风格
访问和参观	• 对学习的推广和应用提供帮助 • 提高全局意识	• 内容深度有限 • 对于个人学习者的需要来说，缺乏灵活性
在线学习	• 如果有硬件和软件，就比较省钱 • 可以灵活地适应学员的学习步调和学习需要 • 标准化的培训	• 技术让学员有种疏远感 • 学习者可能并非熟练用户 • 可能无法转移到真实的工作环境

第五节　发　　展

5.1　从个人的角度来看，发展过程包含了许多综合的过程，这些过程或多或少得到了组织的支持或帮助。

- **管理发展**（Management development）是指一系列有计划的和深思熟虑的发展过程，旨在提高管理能力，确保组织拥有起作用的经理人，以实现组织当前和未来的计划。

- **职业发展**（Career development）是指组织内部职业发展（和/或晋升）的一系列有计划的经历和道路，旨在（从个人的观点来看）提高或恢复工作所能带给个人的内在奖赏，（从组织的观点来看）发现并培养有职业晋升潜力的人才，来支持管理继任计划。
- **专业发展**（Professional development）是指一系列有计划的发展过程，旨在提高现有岗位角色的绩效，提高技能和能力以备将来工作角色或组织革新之用；获取可转移的技能和能力以提高就业能力或为职业变动做准备；作为 CIPS 这样的专业团体的成员，需要保持最新的知识和技术能力（例如“持续专业发展”或 CPD）。
- **个人发展**（Personal development）是指促进个人成长和成熟以最终达到“自我实现”（个人潜质的发挥）的一系列过程，包括持续的能力提高、学会学习、自我意识成长和情感能力提高等。当个人在发现并利用个人发展机会的过程中承担主要责任的时候，这可被称为“自我发展”。

管理发展

5.2 各种领导理论不再认为“领导人是天生的，不是后天培养的”。人们已经将注意力转移到如何培养管理和领导技能上。管理发展是指“通过有计划的和深思熟虑的学习过程提高管理有效性的尝试（芒福德）。”

5.3 近几十年来，由于多种原因，人们越来越关注系统的管理发展。

- 管理发展能够促进业绩能力的提升——既针对经理人，也针对他们管理的团队和流程。经理人对流程和绩效负责，（可争辩的）其他人或者途径都不可能优化流程和绩效。
- 管理发展可以支持管理继任：计划了的可提拔人员库，当原有岗位上的人员被晋升或调动、退休或离职的时候，就有人来填补领导岗位的空缺。

- 组织对职业发展的支持可以帮助组织吸引并留住高素质管理人才。

5.4 管理发展项目一般包括某些形式的正式管理教育和培训——从基于技能的短期培训课程（例如时间管理和领导力方面的课程），到长期的能力发展（例如利用内训或国家认可的能力框架），再到 MBA 一类正规资质的攻读。另外，也有可能利用：绩效管理（通过长期目标设定、训练和辅导来培养能力）；工作经历（例如角色跟随）；体验式学习；辅导；有计划的职业生涯管理。

职业发展

5.5 职业可以定义为跨越个人工作生命的工作相关经历的模式。职业发展过程可以促使个人对于其发展的目的和方向、对工作组织的贡献，做出有意识的努力。

5.6 管理发展包括职业发展和组织继任计划，它反过来要求我们注意一些问题：

- 潜在经理人必须具有的经历的类型：例如在不同企业职能，或者在一般管理，或者在各种国际化分支机构中的经验。
- 在组织中个人的向导和角色榜样。应当鼓励有潜力的个人对照同行的标准来衡量自己（评价他们自身的优劣势）并且效仿成功的角色榜样。例如，可以通过任命一位导师，从而正式认可这一过程。
- 为发展中的员工提供的机会和挑战的范围与种类。太早承担过多的责任，会给员工带来破坏性的压力，但如果没有提供足够的挑战，那员工永远不可能发挥出他全部的潜质。
- 提供职业生涯管理项目，例如：识别组织内的职业道路；职业规划指导、信息和意见；发展课程；正式辅导；帮助适应职业中期问题（例如职业停滞期）和职业后期问题（例如临近退休）。

5.7 当前组织结构趋于减少层次和去集权化，这种趋向给创造职业向上发展机会带来了困难。我们不得不考虑其他备选的职业行动，例如横向调动、项目团组借调、短期外调等。

专业发展

5.8 专业技术和管理技术在不断发展，变得更加复杂和深奥。像 CIPS 一类的专业机构已经认识到这种情况，为它们的会员提供机会，让他们能跟得上最新的进展。

5.9 **持续专业发展**（CPD）是一个自我控制的过程，其中，个人在面临变革的情况下对其学习需求进行重新评估，努力通过可利用的手段来满足学习需求。一个专业团体的会员资格要求专业人员不断发展并维持能力和职业道德标准。团队领导人可以充当团队成员 CPD 的导师或监督者——同时，为他自己寻求类似的支持、指导和反馈。

5.10 多布尔，伯特和斯塔林在《世界级的供应管理》一书中提出，专业采购经理应当确保他们的团队成员可以接受以下领域最新思想和技术的培训：需求的开发、供应源选择、定价、成本分析、谈判和供应商管理，以及职业道德和职业标准。

5.11 职业道德培训对于采购人员的专业发展来说，是一个重要的组成要素。多布尔等人提出，“所有采购系统的成员应该尊重他们作为其雇主代理人的角色，必须代表他们组织的最大利益”。有关人员应当接受所在组织的职业道德和专业行为准则方面的定期培训或辅导。

个人发展

5.12　个人发展，考虑了员工更广泛的需求和志向，看起来好像是一种不必要的奢侈品，不过企业界正在给员工提供越来越多的、更广泛的发展机会，而不是仅仅强调他们当前岗位所需的技能。商业案例论据表明，个人发展培养了更多全面的、有能力的员工，他们对组织未来的需求会做出更具有创新性和灵活性的贡献。它也有助于培养工作满意度、忠诚度和承诺，创造一种珍视学习和灵活性的文化：即学习型文化。

5.13　下面是一些个人发展的工具：

- **个人发展计划（PDP）**是个人职业发展的行动计划，它可以促使个人负责寻找和组织学习和发展的机会。
- 运用**个人发展杂志**（PDJ）或**学习日志**：这是一种利用经验学习曲线的结构化的方法，它将发现的问题和关键事件（作为可能的学习需求）记录下来。这让个人可以获得经验，将盲目的和未知的行为转变为自觉的意识，对行为的效果进行分析，并在将来计划改变不成功的行为。
- **自我发展和支持团组**，它们开会讨论个人发展和工作问题，提供互相的反馈等。
- 寻找并利用**反馈信息**：自我分析调查问卷、自我评估过程、个人 SWOT 分析等，目的是提高自我意识并识别学习和发展的需求。
- 利用**体验式学习**，将日常工作经验转化为思考、学习和改变的契机。
- 运用**知识共享**系统，例如互联网和公司内部网；其他人员（特别是教练和导师）；以及实践的社区。

5.14　持续发展计划常常建立在运用协商的**个人发展计划**（PDP）或**学习契约**的基础上。PDP 一般是由个人及其直线经理准备的。当直线经理担当指导导师或HR/培训经理时，他们一般负有监督学员进展情况的责任。

5.15 导师或HR顾问的角色（埃里克·帕斯洛和莫尼卡·雷，《训练和辅导》）将会是：提供PDP准备方面的指导（例如帮助识别学习需求）；探索自我控制学习（例如提供有关学习机会的信息）；在执行中必要时提供支持、指导和反馈；帮助评估（常常是由直线经理或主管进行的正式评估）。

5.16 个人发展规划过程可以总结如下：

- **分析您目前的能力概况**：例如，运用个人SWOT（优劣势）分析；能力检查；学习需求的自我评价。
- 制定学习和发展目标。
- **制订一份行动计划**，包括：SMART目标；所采用的方法；时间进度，进度检查和最终评估的方法。
- **就行动计划达成一致**，与教练、导师或直线经理**签一份“学习契约”**，以便落实责任，并在资源获取、监督、反馈和评估方面获得帮助。

第六节　对培训和发展进行评估

6.1 对培训活动进行评估很重要，可以弄清楚：

- 是否达到了具体的培训目标（并且因此判断规划过程和执行培训的过程是否有效）。
- 培训是否“值得”，是否体现了组织投资的回报。
- 可能的话，未来还需要在哪些方面进行提高。

6.2 我们可以在培训过程中的各个阶段执行上述评估过程：培训前（检查计划是否可行、成本是否是有效的）；培训中（是否可以对计划中的不足之处及计划执行进行“实时”调整，以便优化结果）；培训后（评估培训效果并且在必要时对未来计划进行调整)。

柯克帕特里克模型

6.3 培训可以用不同的标准、在不同的层次进行评价。**柯克帕特里克模型**(Kirkpatrick model,唐纳德·柯克帕特里克,《培训课程评价:四个层次》)提出了四个层次上的评价。

- 第一个层次:可以测量**学员对经历的反应**。可以运用口头反馈或者反馈表格及态度调查问卷,询问学员培训课程是否与其工作相关,是否对他们有用。
- 第二个层次:可以测量**学员的学习**,查看课程达到具体学习目标的程度。运用培训后能力评估或测验,以及与培训师的讨论,可以完成这种测量。
- 第三个层次:可以测量**学员工作行为的变化和业绩**,测量学习在多大程度上转化或应用到工作任务中。运用观察法或工作采样,或者绩效评估,可以完成这种测量。对于更为广泛的培训项目,可以利用评审小组(通过调查问卷或团组讨论)从培训的利益相关者样本中获得输入。
- 第四个层次:也可以在更高的层次上监测绩效,以便评估培训对组织结果和组织文化的影响。培训可以改变对质量、职业道德等的态度。它也反映了对人员流动、事故率和其他 HR 指标的间接影响。这通常留给高级管理层对培训做一个全面的评审。

损益分析

6.4 应当在系统性的损益分析中,对培训的费用和取得的收益进行对比。前面提到过培训的直接成本。培训项目的许多收益是定性的,而非定量的,因此难以用货币单位来计量。

- 收益可能包括（劳动力、管理层、客户基础或供应链中）长期的模式转化和文化转变，这些需要时间才能显现出可测量的投资回报。
- 培训可能对团队精神、技术变革、沟通、创意等产生连锁影响。可能会在一些预料不到的领域中带来增值，而组织对这些领域并没有作为培训验证系统的一部分进行监测，培训对其产生的效果也可能被忽视。
- 从诸如提高员工的士气、满意度和忠诚度等培训软结果中获得的收益是难以准确预测和测量的。
- 影响岗位绩效和提高的因素有许多。将可量化的培训后的增值归因于培训单独产生的效果，这似乎很难。

标杆比较："人力投资者"

6.5 识别知识和技能缺口，尤其是在职业领域，已经成为英国政府几十年来优先考虑的大事，以便能提高英国与全球竞争者相比的技能人才供应。政府（和有关机构）的一个作用是通过刺激雇主对技能的需求来鼓励并促进组织的培训：研究并促进企业中的学习和发展，并树立标杆，如"人力投资者"(LiP)。

6.6 英国政府"人力投资者"计划的启动，是为了提供关于雇员培训和发展投资的一个国家标杆标准。在该计划框架中寻求认证的组织，必须对他们目前的培训实践和规定进行审计，并且将它们与国家公布的标准进行对照。标准的重要原则如表 10-4 所示。

6.7 LiP 的收益（或者按照 LiP，后续进行培训和发展活动所产生的收益）包括：提高了员工绩效、收入、生产率和盈利能力；使客户满意；提高了员工士气；降低了成本和浪费（因为人员会不断检查自己的工作以便取得潜在的提高）；提高了质量；得到了公众的认可。

表 10-4 “人力投资者”标准

原则	关键指标（与绩效评估相关）	证据要求示例
制定提高组织绩效的战略	清晰地界定组织绩效提高战略并进行宣传 对学习和发展进行计划，以实现组织的目标	员工能够解释团队和组织的目标，并且说明为了制定和实现目标，他们需要做哪些工作 经理能够解释团队学习和发展需求，解释这些需求是如何与具体团队目标的实现发生联系的，如何评价后果
采取措施提高组织的绩效	经理在领导、管理和培养人才方面发挥有效作用 认可并且珍视人才对组织的贡献 人员可以有效地学习和发展	经理能够举出例子，说明他们如何定期以及在适当的时候给下属提供建设性的绩效反馈 人员能够描述他们是如何对组织做出贡献的，并相信他们对组织绩效产生积极的作用。 人员能够描述他们的学习和发展需要是如何得到满足的，他们学到了什么，他们如何将学到的东西应用到岗位上
评价对组织绩效的影响	对人的投资可以提高组织的绩效 对人的管理和发展的方式绩效持续的改进	经理能够举例说明学习与发展如何提高了团队和组织的绩效 经理能够举例说明他们在管理和发展人才上所做的改进

6.8　该标准可以让组织有机会对照公认的标杆检查自己当前的政策和实践；为组织提供了规划未来战略和行动的框架；以及提高其培训和发展活动有效性的结构化的途径。

第七节　绩 效 管 理

绩效管理

7.1　绩效管理是指持续地识别个人和团队绩效的不足和弱点，并通过各种类型的改进或发展干预进行弥补的过程。

7.2　康诺克在《HR 视野：培养高素质劳动力》一书中指出，“在 20 世纪 80 年代，重心已经从绩效评估转移到了绩效管理。设定清晰、可测量的目标一直是早期计划的重要部分，重点更多地放到对过去绩效的评估上。而在绩效管理中，则强调两个重点：为随后的检查期间设定关键责任、目标、措施、优先级和时间进度；期末对绩效的评估”。

7.3 阿姆斯特朗在《如何成为一位更好的经理人》一书中对绩效管理过程做了一个有用的概括：“绩效管理是一个持续的、灵活的过程，其中涉及经理人及其在一个框架中作为伙伴进行管理的对象，这个框架规定了他们为了取得所要求的结果如何最好的合作。它强调的是未来的绩效规划和改进，而不是回顾性的、历史的绩效评估。它为经理人和个人或团队之间针对绩效和发展需求方面进行定期和频繁的交流奠定了基础。”

7.4 绩效管理包含四个重要活动。

- **起草绩效协议**（也称为绩效合同）。这些协议确定了个人或团队的目标、测量绩效的方法、达成目标和实现企业核心价值所需的能力。
- **制订绩效和发展计划**。其内容包括所识别出的为实现绩效协议而要求的绩效和个人发展需求。
- **管理全年的绩效**。包括如下内容：持续的提供绩效反馈的过程；召开非正式的进展情况评审会；必要时利用诸如激励和奖励、顾问、教练、培训和惩罚措施等干预手段解决绩效问题。
- **检查和评估绩效**：考察个人到目前为止的进展情况，并且就将来应该做些什么达成协议。绩效评估应该是具有合作性的、解决问题的、发展的讨论——而不是“面试”。最好将它们和出于奖励安排目的的绩效评估区分开来，以便消除讨论可能产生的评判和对抗成分，从而使大家更关注发展。这些评审的结果可能是采取一系列的发展和改进干预措施，包括协商、培训、惩罚措施、激励（改进目标、奖励和鼓励）——或者问题解决和工作情况、方法和技术的调整。

绩效检查与评估

7.5 评估可以定义为："对绩效定期的和系统的检查以及对可能情况的评价，其目的在于制定出工作和个人发展的行动计划。"评估有时也被称为"个人发展评审"（PDR）。

7.6 在所有组织中，每个员工的绩效是由人进行评价的。这经常是个人的直接上司在日常工作中所做的一种主观的、临时的行为。可是，现在越来越多的组织选择将评估和反馈过程正规化，并将它用于积极地提高企业绩效和管理员工持续的技能和职业发展。

7.7 不同的组织使用绩效评估的目的也不相同，下面列出的是绩效评估的一些可能的用途。

- 得出个人和团队绩效反馈并进行交流，为管理层提供相关信息，为员工的学习和激励提供反馈。
- 对照有关标准评估过去的业绩，以便确定绩效工资奖励，或者（更一般地）确定下一个合同期的工资水平。
- 判断员工职业发展潜质，制定组织中的管理继任计划。
- 识别个人或团体的培训和发展需求，以便对适当的课程进行计划并且进行随后的评价。
- 为辅导服务和问题解决创造一种氛围，消除阻碍员工绩效的任何障碍。
- 促进持续学习、质量和服务的提高以及创新：为公开讨论绩效问题创造一种氛围，鼓励自下而上的沟通，加强员工"一线"知识和承诺。

7.8 记住，系统性的评估不仅对组织及其管理层有好处（绩效管理信息、发展、继任计划等），而且对员工个人也有好处（清楚地了解目标和指标，学习反馈，激励的强化和奖励，讨论工作问题和发展需求的机会）。特别地，它是关注需求和关注提高的员工培训和发展方法的基础，它反过来为组织带来了很多好处，例如提高了绩效、获得竞争优势，并且促进了变革管理。

系统性的评估方法

7.9 因此，典型的绩效评估系统包括以下几个阶段：

- 确定（或检查）评估标准。
- 由被评估者的经理（或者在适当的情况下由其他人，例如在自下而上的评估、同行评估或 360 度反馈的情况下）准备一份评估报告，根据有关评估标准对被评估者的绩效做出反馈。
- 评估面谈，可以对评估结果、问题解决、改进目标设置等进行意见交流。
- 如果需要确保程序的公平性，则要规定对评估进行检查（或者提起申诉）。
- 行动计划的准备、协商和执行。
- 对进展的后续监控。

这种评估一般是半年一次，或者一年一次。

7.10 这样一来，系统性的评估方法就是一个典型的控制系统，在一个持续的循环中整合了规划、绩效测量、对照计划的绩效比较、绩效或计划的调整，如图 10-3 所示。

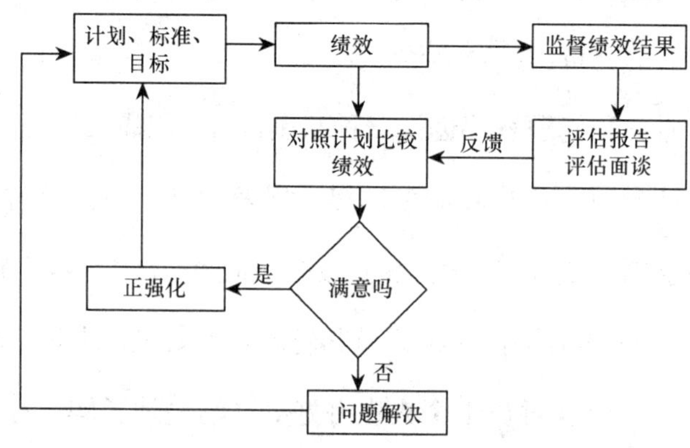

图 10-3　作为一个控制周期的正式评估

选择检查和评估的标准

7.11　绩效评估的有关标准，其基础可能是岗位、角色或能力说明、部门或团队计划、绩效标准和目标或者单独协商的目标和指标。为了促进员工的动力、学习和发展，绩效测量应该是：

- 有意义的、具体的，并以工作中关键的成功因素为基础。
- 可测量的：与客观的、可观察的行为和结果有关。
- 强调工作绩效和结果，而不是个人品质（例如“可靠度”或“忠诚度”）：换而言之，是被评估者对单元和组织目标贡献的反映。
- 与被评估者控制范围内的领域和结果有关。

多种途径的绩效反馈

7.12　最常见的是被评估者的直接上司进行的评估。供应商通常对于个人执行的任务及其工作环境具有详细的知识，因此处于一种有利的位置，来评估被评估者的绩效好坏，了解任何可能影响绩效的问题。然后，我们可以将评估视为持续绩效管理过程中的一个环节。但是，由上司单独进行的评价，如果没有得到很好的管理，可能会受到随意的主观判断，从而影响有关各方的工作关系（或者受到工作关系的影响）。

7.13　为了对个人的绩效获得一个更加全面的认识，我们可以从员工工作中一系列关键的利益相关者那里寻求反馈评估。

- **同行评估**作为更全面评估过程中的一个组成部分是很有用的，尤其是在关于人际标准的方面，例如与他人合作的能力、沟通、冲突解决等，这些标准最好是由相关的另一方来进行评价。但是，这一方法很难执行，合作者不愿向管理层传递负面的反馈，不愿意判断或“背叛”自己的同事和工作团组。（相反的，管理层不应凭借来自同事的正面反馈来固化印象。）

- **自下而上的评估**（是指由被评估者的直接下属作出的评价）没有得到广泛地运用，但用的人越来越多。在评价经理人领导风格对团队成员所起的效果时，它是一种特别有效的工具。但是，它可能因为害怕报复难以获得负面反馈。
- **内部客户评估**也许可以用于采购与供应相关的评估，对提供给其他部门的服务的质量和关系管理进行评价。内部客户满意度应当是一个重要的绩效测量指标。
- **供应商所做的采购员绩效评估**可能会是特别有用的反馈，因为它对于组织维持关键供应商眼中“优秀客户”的地位（以及它所带来的利益）是很重要的。关于在签约、谈判、合同和关系管理等方面的效果和效率方面提供反馈，供应商处于一个很有利的位置。但是，可能会由于供应商不愿意离间一位他们在业务上有所依赖的采购员，这种评估也许难以获得有意义的反馈。

7.14 **多途径评估**（360 度反馈）的基础是，员工的直接上司并非唯一可以评价其绩效的人选（或者不一定是最佳的人选）。它的目标是促使与个人绩效有关联的一系列利益相关者（包括被评价者自己）做出评价并给出反馈。信息通常是通过调查问卷来收集的（必要时，采取不记名的方式）。

7.15 多途径反馈的好处是，它使我们对员工绩效有一个全面的认识。它是更为完整和更中肯的评价，减少了偏见的风险。它也促进了组织中与任务和绩效有关的沟通。

评估面谈

7.16　梅尔（1958）在一项很有影响的分析中提出，评估面谈有三种基本的方法：

- 在“告诉和销售法”（Tell and sell method）中，评估员告诉个人他的绩效是如何进行评估的，然后努力让被评估者接受评价和改进计划。这一方法要求评估员具有不寻常的人际技巧，以便克服评判（来自评估员的）和被动性（来自被评估者的）问题；以一种建设性的方式将反馈传达给被评估者；对于前瞻性的行为改变进行激励。
- 在“告诉和倾听法”（Tell and listen method）中，评估员告诉个人他的绩效是如何评价的，然后倾听被评估者的意见。评估员不再主宰着整个面谈过程，被评估者有机会接受改进辅导服务，而不仅仅是接受命令。鼓励被评估者参与改进目标和方法的检查与确定。这一方法认为，被评估者的技能或动力不是绩效不足的唯一原因：面谈可以让评估员有机会对岗位设计、方法等方面产生的障碍收集有用的反馈。
- 在“问题解决法”（Problem-solving approach）中，评估员完全地放弃了评判的角色，而是成为一位绩效教练、顾问和学习协调员。面谈成为一种双向的对话，强调的不是对过去绩效的评价，而是关注个人工作问题、绩效障碍和积极主动的改进建议的未来解决方案。鼓励个人发现问题、想出解决方案、承诺学习与改进。这样的方法是更加面向未来的、更具参与性的、发展的和使双方都可以满意的。它也会激发创造性的问题解决。

7.17　梅尔认为，许多组织浪费了绩效管理对自下而上沟通和组织学习和发展所带来的机会。以发展为重心的组织应当通过询问正面的和激发思维的问题（如工作中还能做出哪些改变来提高绩效？你还拥有哪些技能、知识或才能可以更好地为组织所利用？），从而激发员工的激情和能力。

提供反馈

7.18 除了这些正式的绩效管理方法（或者其中一部分）之外，经理人在给团队成员绩效反馈的过程中发挥着关键的作用。正如第四章中阐述的，反馈包括两种广泛的类型。

- **激励性的反馈**（表扬、鼓励）用来认可、奖励和鼓励团队成员的正面行为或绩效。其目的是提高团队成员的自信心。
- **发展性的反馈**（建设性的批评、训练或辅导服务）用来在团队成员绩效需要改进的领域，帮助个人发现问题，为改变做出计划安排。其目的是提高团队成员的能力。

本 章 小 结

- 培训与发展的主要目的是提高能力，从而提高绩效标准。它也涉及员工的个人发展需求，促进和激励员工发挥他们的潜质。
- 有效的培训和发展，既能为员工，也能为组织增加利益。不过，在某种程度上它要取决于一个“中心”，围绕这个中心来识别培训需求，让培训资源调整到有关的、促进绩效提高的领域。
- 系统性的培训方法包括：分析培训需求；制定培训目标；选择、规划和实施培训方法，将组织、任务和学员的需求考虑在内；监督与评估培训结果。
- 培训需求的产生有以下几种可能：变革或危急事件；标准或能力框架的设定；员工自我评估；或者利用岗位分析和技能审计进行的系统的分析。

- 我们可以利用很多培训方法、媒体和技术。它们大体上划分为在职和脱产两类方法。在职方法具有和工作背景直接相关的重要优势，学习转化程度高。脱产方法的重要优势在于消除了工作环境对学习过程造成的风险、压力和扰乱。
- 发展过程包括员工获得经验、接受上级命令和指导；通过培训和教育提高他们能力和潜力；设定职业目标；利用组织为他们提供的机会。
- 绩效管理是指持续地识别个人和团队绩效中的弱项和不足，并通过各种改进和发展干预加以弥补的过程。它包括正式和非正式的员工绩效评估过程。

自测题

括号内数字为参考答案所在段落。

1. 区分学习、培训和发展。（1.1）
2. 列出一种系统的、有计划的培训项目方法的各个阶段。（图 10-1）
3. 列出员工发展对灵活性和变革管理促进的方式。（2.7）
4. 培训和发展对个人的好处是什么？（2.9）
5. 培训需求分析包含哪些过程？（3.4）
6. 列出培训计划中的典型要素。（3.12）
7. 团组学习的目的是什么？（4.3）
8. 列出在职培训的方法。（4.8）
9. 持续专业发展（CPD）是指什么？（5.9）
10. 柯克帕特里克模型的四个评估水平是什么？（6.3）
11. 绩效管理四项关键活动是哪些？（7.4）

第十一章

法 规 基 础

对应大纲内容

4.3 制定一份能够满足采购与供应职能技能和知识要求的招聘和选拔计划。

- 有关采购与供应职能中人员雇用的法律问题
  - 各种形式的歧视和骚扰
  - 有关人员雇用的法规

引言

本章介绍了规范雇主和雇员关系的各种法律、法规。（当然，在采购与供应管理领域还有许多其他法律内容，但它们超出了本课程的教学内容。）

在这些领域，出现了越来越多的对管理决策的法律上和政治上的约束，其目的是：在获得和保留就业机会的过程中保护雇员免受偏见、歧视和剥削；保护雇员免受职业安全和健康风险；等等。在最近几年，欧盟的社会政策助长了这种趋势：欧盟通过了官方指令，并使其成为各成员国在平等就业、行业民主和就业权利等领域的法律内容。有些问题就是最近才发生的事情：例如在性歧视和年龄歧视领域出现的全新法律。因为要求在变化，所以学员们必须留意 CIPS 学生网站上的定期更新。如果学员不在欧盟国家范围内，那就研究一下学员所在地区这方面的法律。

本章阐述法律环境为什么对变革管理具有非常重要的意义。然后，我们考察课程中具体提到的那些领域的最近的和即将到来的立法。

第一节　雇佣法律基础

1.1　法律环境是由政府（通过颁布法律或法规）、法庭（通过建立司法判例或判例法）和监管机构制定的法律、规章、自愿性实务规范以及其他要求所组成。

1.2　对于环境监控和变革管理来说，这是一个特别重要的方面，因为：

- 组织的应对措施不是自己能够选择的或者可以留给公司管理层面处置的：服从法律是由各种约束和处罚所要求和强制的。
- 这种要求是不断变化的，因为法院和法庭会通过他们的决议对要求进行定义，并且立法者和监管机构会发布新的条款和修正案。

1.3　法律条文从很多方面影响企业：公平交易和竞争；合同；数据保护和隐私；版权和知识产权；法人组织和公司治理；财务报告等方面。不过本教学大纲聚焦于就业法律的新近动向：在同工同酬、机会均等、多样性、职业安全和健康、工作时间和工作条件、职业保护权利等方面的法律法规。

《欧盟就业指令》

1.4　除了英国法律（议会法案）和有关法规，还有广泛的欧盟有关就业的指令。这些指令仍旧处于有待通过成为成员国法律的过程之中，包括英国，所以这是一个值得持续关注的领域。一些重要的指令总结如下，如表 11-1 所示。

表 11-1 欧盟就业指令

主　题	年　代	相关的英国法律
保障雇员在企事业单位调动的权利	1979	企业调动（就业保护）法规 1981[TUPE]
雇主有义务把有关合同或雇佣关系的条件告知雇员	1993	就业权利法案 1996
工作时间的安排	1996	工作时间法规 1998
欧洲工作委员会的建立，或通知并咨询雇员的程序	1999	雇员跨国信息及咨询法规（1999）
育儿假	1999	产假和育儿假等法规 1999
兼职工作	2000	兼职人员（预防受到不利对待）法规 2000
就业和职业中的平等待遇	2006	平等法案 2010

职业和平等机会法律的影响

1.5 可以从各种视角来看就业和平等机会以及法律对采购职能管理的“积极影响”：管理层的视角（法律如何使任务更容易），组织的视角（它如何提高了绩效）以及雇员的视角（它如何提高了工作生命的质量）。

1.6 站在上述三方面的立场，我们可以引述如下关于积极影响的论述。

- 它通过拓宽人才资源、塑造正面的雇主品牌和营造多样化劳动力的氛围，提高了组织吸引和留住高素质、熟练员工的能力。
- 它通过让组织在其市场中有更多的代表，提高组织及其品牌对日渐多样化的消费者群体的吸引力。
- 它促进了工作场合的平等和正义。雇员权利提高了，对管理层和组织也是有益的，所以这不单纯是个道德问题：例如，在关心的问题上咨询雇员代表，就能够促进变革管理、培育创新和促进问题解决。
- 它为工作场所的各方提供了最低保护标准，例如在职业健康和安全方面，并降低了合规性风险。
- 它让个人（包括经理人）能够在工作与生活之间取得平衡，比如通过家庭友好政策和要求灵活工作安排的权利。

- 它创造了组织内部的透明度，符合利益相关者和一般公众的利益。
- 它支持管理决策、政策制定及遵守。利益相关者顾问、法律规定和有关行为准则，为采购经理人提供了有关就业关系中良好实践的清晰的指导方针。

1.7 可是，在这种情况下，看到它的反面也是很重要的：守法的成本和行政负担（增大了官僚机构、法律顾问）；工人权利的提高所带来的成本；管理特权丧失（经理人管理的权利），尤其是在危机情况下；多样性导致的管理和组织文化的变化；“过分敏感”的权利主张和潜在的可能冲突；等等。长期以来英国企业喜欢在法律上自愿地自我控制，但随着最近年龄歧视和性别骚扰规定的出台，有时候有必要借助法律来强化优秀的实践做法。

第二节 平等机会

2.1 就业中的“平等机会”意味着人人都有平等获得工作、获得培训和福利、参与晋升竞聘的机会，而不论个人差异或少数族群的地位。它实际上是反歧视的。

以前的法律框架

2.2 在英国，在歧视方面的法律框架包含几个特殊歧视领域的核心法规：即与具体“受保护的特征”有关的法律。

- 《性别歧视法案 1975》（以及随后的修正案）宣布就业中由于性别、婚姻状态、变性等原因的歧视违法。
- 《种族关系法案 1976》（以及许多随后的修正案）涵盖了由于肤色、种族、民族或民族起源的不同而导致的歧视。

- 《平等就业（宗教和信仰）法规 2003》禁止以宗教或信仰为理由的歧视。各种组织仍旧正在探索这些正在执行的规定的完全含义，不过他们可能会引起下述问题：处理宗教庆祝和节日假期的请假要求；佩带宗教头饰和标志的权利（这有可能与公司着装行为规范相冲突）；保护员工不受宗教迫害和诽谤的影响（包括冒犯的笑话）等。有些积极主动的组织走得更远：例如，留出供祈祷用的房间，在公司餐厅提供犹太教所规定允许的和伊斯兰教律法的合法食物。
- 《残疾人歧视法案 2005》宣布雇主针对残疾人士的歧视非法，例如决定面试或者雇佣哪类人的时候，或者在发放录取通知书的时候；关于就业和晋升、调动、培训或其他福利等机会；在决定有关裁员和解聘事宜的时候。
- 《就业平等（年龄）法规 2006》宣布对年龄的直接歧视（例如，不为年龄超过 50 岁以上的雇员提供医疗保险）、间接歧视（例如，要求所有新聘人员参加老年人觉得难于通过的体检和身体测试）和骚扰非法。

《平等法案 2010》

2.3 经过数年的复审和规划，上述所有法律所包括的复杂多样的保护措施已经在一个重要的新法律中得到合并与统一：《平等法案 2010》。这一法案提供了一个条理清晰的法律框架："保护个人的权利，促进所有人的机会平等；更新、简化并加强以前的法律；发布简单的、现代的、可理解的保护个人免受不公正待遇的反歧视法律框架，并且促进一个公平和更加平等的社会的形成。"

2.4 该法案的一个重要目标，就是要使反歧视法律更易于理解及遵守，为组织消除不必要的负担，以便支持从 2009 年以来的经济衰退中恢复。它适用于所有受保护特征的歧视：年龄、残疾、变性、婚姻和公民伙伴关系、怀孕和产妇、种族、宗教和信仰、性别和性倾向。

歧视和骚扰的形式

2.5 该法律明确了五种基本的违法歧视类型。

- **直接的歧视**：由于某一受保护的特征的原因，职位申请人、雇员或前任雇员受到比起另一个人来不太有利的对待。
- **间接的歧视**：对于具有某一受保护特征的人士，比起不具有这一特征的人士来说，雇主所做的事情产生了更坏的后果——除非他们能证明他们所做的或打算要做的事情客观上是合理的。（例如，一位雇主为某一岗位的求职者提供了一次面试机会，而严守教规的穆斯林可能由于宗教仪式无法在规定的时间出席。如果雇主不能客观地证明没有灵活安排时间的合理性，那么这一事件就会成为对宗教和信仰的间接歧视。相同的事例还有，考虑改变倒班方式，以覆盖清晨开始的时段，它会对照看小孩的妇女不利。）
- **受害者**：个人由于对歧视发了牢骚或者为了维护他们自己或其他人的平等法律权利有所举措，而受到不利地对待。（例如，由于一位合格的求职者曾经因受到的歧视起诉雇主，所以雇主拒绝将这位合格的人选放入供最后面试用的候选人名单中。）
- **骚扰**：雇主一定不能骚扰职位申请人、雇员或者前任的雇员。骚扰定义为侵犯个人尊严的讨厌行为，或者对某一人创造一种威胁的、怀有敌意的、有辱人格的或令人不快的环境氛围。
- **残疾引发的歧视**：是一个新的定义，是指雇主由于与残疾关联的事情不利地对待一位残疾人士，如果他们不能证明这样的待遇客观上是合理的，并且他们明白或被合理地期望明白求职者是一位残疾人士。

2.6 这些规定有几种例外。

- 如果雇主能够证明某一受保护的特征是某一职位的关键所在（**真正的职业要求**），他们能够坚决认为只有具有那一受保护特征的人士才适合这一职位。例如，由于戏剧表演中的真实性；出于体面或隐私的原因（例如同一性别的辅导员或更衣室服务人员）；或者出于法律或风俗限制的原因（例如在英国之外的工作中）。
- 雇主可以在如果没有这么做就会违反另一条法律的情况下考虑某一受保护的特征。（例如，由于法律规定驾校教练年龄必须在 21 岁以上，驾校就不得不以年龄为由拒绝一位 19 岁的求职者。）
- 如果有保护国家安全的需要，雇主可以将受保护的特征纳入考虑范围。
- 如果雇主是一个宗教或信仰组织，它可能要求求职者属于相应的宗教或信仰，或者（例如像宗教牧师一类的职位）必须有或者必须没有某一受保护的特征，进行这样的安排是有必要的，可以避免与具有大量追随者的虔诚宗教信徒发生冲突。
- 其他组织，例如教育机构、民事和武装机构，也许能够提出具体的特征要求（例如女性教师，或者某一民族的人士）。

2.7 法律不允许正面的歧视（Positive Discrimination）：不顾岗位的真正适合性或限制，给具有受保护特征人士提供优先权的举措。然而：

- 鉴于人们意识到残疾人士会面临着多于常人的工作障碍，组织对残疾人士的待遇可能比健全人士更加有利。
- 法案鼓励自愿的正面措施：雇主为鼓励那些具有劣势或低参与度群体的人们接受就业机会所采取的步骤，这些就业机会包括岗位、培训、晋升、调动或其他发展机会。

特别规定

2.8 关于**招聘和选拔**，雇主：

- 必须在招聘的所有环节避免所有形式的歧视，并且为残疾人士做出合理的调整。
- 对于那些记录在案具有劣势或低参与度群体的人们，可以采取“正面的措施”鼓励他们申请工作。
- 在提供工作机会（彻底地或有条件地）之前，不可以询问求职者的健康或任何残疾。只有在以下情况下是可以询问的：如果询问他们是为了对招聘流程做出合理的调整；如果问题直接与一个人完成职位涉及的一项核心职能有关；如果某种特定伤残是职业的要求。（例如如果一位雇主想要招聘一位具有盲聋个人体验的盲聋项目工人。）
- 不能因为一个妇女怀孕、罹患怀孕有关疾病或在休产假就拒绝聘用，无论一位女性的年龄多大或者婚姻状态如何都不能询问她是否打算要孩子。（这不应该成为决定是否适合岗位的考虑因素。）

2.9 关于**工作时间、灵活工作安排和放假**，就业法规定人们有以下的权利：工间休息，年假，产假、育儿假、收养假，探亲假，由于承担公众责任和工会责任而享受的假期；以及要求灵活工作安排的权利（兼职、学期时间工作、部分时间在家工作、灵活工作时间等），并有权要求对这些要求得到慎重地考虑。从平等法的观点来看，雇主：

- 在决定关于雇员应该在什么时间工作、是否可以灵活工作、什么时候放假等事宜时，一定要避免任何形式的歧视。
- 必须针对残疾人士做出合理的调整。

- 在宗教和信仰有关的方面提出改变的要求时（例如用于祈祷的休息时间），必须客观地说明无法灵活安排工作时间的合理性。
- 如果病假与残疾或怀孕有关时，一定不能对他们不好。
- 对于雇员提出的休产假的请求，一定不能歧视（例如以性倾向或年龄为由）。

2.10　关于**工资和福利**，雇主：

- 必须在工资和福利决策中避免任何形式的歧视。
- 必须公平地运用客观的标准（例如职位市场行情、岗位的技能和资质或业绩要求）。

2.11　关于**职业发展**（培训、晋升和调动），雇主：

- 必须在职业发展的方方面面避免任何形式的歧视，并且为残疾人士做出合理的调整。
- 一定不能因为雇员怀孕或休产假就阻止他们参加培训，除非已经确认对健康和安全存在特殊的风险。
- 一定不能因为雇员怀孕或休产假就否决他们的晋升机会。

2.12　更进一步的详细规定是与另外的管理问题有关的，例如：

- 设施使用权（例如祈祷室或哺育设施）。
- 衣着行为规范的非歧视应用。
- 评估、绩效管理和惩罚程序的非歧视应用。
- 关于解雇、裁员（例如裁员对象选择）和退休的程序和决定的应用。

歧视的补救措施

2.13　如果求职者、雇员或前任雇员相信他们受到了歧视，那么他们可以采取三种措施。

- 通过非正式途径向雇主抱怨
- 运用组织的正式申诉程序，或者如果问题需要升级在声称的歧视发生的三个月（减一天）内，向劳资审裁处申诉。举证的首要责任落在原告身上，他/她要说服劳资审裁处发生了歧视。举证的责任然后转移到雇主身上，他/她需要证明本组织实际上并没有歧视。

2.14 发现非法的歧视时，劳资审裁处可采用的主要补救措施如下：

- 宣布雇主确实存在歧视。
- 判定货币补偿和精神赔偿。
- 提出建议，要求雇主在规定的时间内采取措施消除或减少对原告的负面影响。

平等政策

2.15 除了要对法律规定做出回应外，许多雇主已经开始主动积极地解决可能的平等机会问题。制定并宣传有效的平等机会和多样化政策，需要关键利益相关者的认同与支持。

2.16 执行一项有效的政策，可能需要采取如下一些措施。

- 分析商业环境，确定组织是否反映了人口和客户群体，反映的程度有多大。
- 详细界定多样性及其商业利益。
- 在高级管理层委任平等机会负责任，将问题提高到公司层面的议程中，确保公司战略中涵盖多样性价值观。
- 建立一个有代表性的工作组来制定政策和行业准则。
- 政策宣传与贯彻，全员参与（多样性手册，意识培训、讨论组、辅导计划、培训、内部网页等）。

- 依靠 HR 流程促进政策的执行：在选拔标准、培训和训练（尤其是面向领导人的）、职业生涯管理和奖励中包含多样性。
- 定期监督进展并对照标杆进行比较（多样性记分卡、雇员调查、必要时依照法令的监督和汇报）。

实践中的平等

2.17 工作时间和职业形式上的**灵活政策**促进了承担家庭责任的妇女的就业。《就业法案 2002》规定，6 岁以下儿童（或者 18 岁以下的残疾儿童）的父亲和母亲有权要求灵活的工作安排。可以采用的方法包括灵活工作时间、兼职工作、学期时间工作或年度小时协议（考虑到学校假期）。组织可能会制定职业中断及返回岗位的计划，包括对返回岗位的妇女的培训。对于较大型的组织，在工作场所提供小孩看护设施是另一种可能的选择。

2.18 妇女和少数族群的**加速发展**的途径有：短学制离校（及毕业），内部张贴管理空缺广告，为目前处于组织较低层级的群体沿着权力阶梯向上移动提供更多的机会。可以采取积极的行动来培训处于不利地位的群体，或者鼓励他们在他们以前没有得到充分代表的领域（允许正面歧视的一个领域）参加培训。例如，伦敦警察署试点"预培训"培训计划（在识字、算术、时事、身体健康和人际技巧方面），培训来自少数族群的求职者，使他们能够在平等的基础上展开对所培训职位的竞争。

2.19 在**残疾人**方面，有类似的积极行动政策，如提供轮椅通道、盲人用点字法或大字印刷版本的参考资料、以文本为基础的通信系统、译员等方面。

2.20 更为普遍的是，许多组织正努力解决隐含的歧视态度和行为：提供关于认识和/或敏感性方面的培训，针对歧视或骚扰行为的特点和影响教育经理人及其员工；建立辅导服务和纪律框架以控制冒犯的行为；为妇女和少数族群提供增强自信心的培训。

第三节 健康与安全

3.1 随着消费者对组织社会责任越来越高的要求（也是吸引并留住高素质人才竞争的需要）以及灾难事件（如博帕尔化学厂和派珀阿尔法石油装置爆炸事件）的大量曝光，人们对健康和安全问题越来越关注。那么，组织为什么应该为工作中的健康和安全做出计划呢？

- 为了保护人们免受痛苦和煎熬。
- 为了遵守相关法律和政策标准。
- 为了降低事故和疾病引发的成本（包括误工费、疾病救济金、修理费、替代人员费用、合法索赔等）。
- 提高组织吸引和留住高素质人才的能力。
- 避免负面的公众关系（PR），提高组织在公司社会责任方面的雇主品牌和声望。

健康与安全的管理

3.2 《职业健康和安全法案 1974》要求，所有雇主都具有保证所有雇员工作中健康、安全和福利的一般义务，只要是合理的和切实可行的。该法案及随后的法规中包含了这一责任的方方面面，如表 11-2 所示。

表 11-2　雇主和雇员在控制健康和安全方面的义务

雇员的义务	雇主的义务
《职业健康和安全法案 1974》	
• 雇员有责任在工作中合理地照顾自己和受自己行动或疏忽影响的其他人 • 与雇主合作履行自己的义务（包括加强安全规章） • 不得故意或鲁莽地妨碍任何符合健康和安全的机器或设备	• 提供安全系统（工作实践） • 提供安全和健康的工作环境（合适的照明、温度、通风、卫生条件等） • 按照必要的安全标准维护所有的设备和器材 • 通过宣传、指导、培训和监督促进安全的工作实践 • 与受到承认的工会所委派的安全代表进行协商 • 如果有必要，委派一名安全委员来监督安全政策的执行 • 向所有员工清楚地、书面地宣传安全政策和措施
《职业健康和安全规定 1992》的管理	
• 将可能产生危险的所有情况告知雇主	• 持续地对所有工作危险进行风险评估，通常是书面的方式 • 引入控制机制来减少风险 • 评估其他受他们工作活动影响的人员所面临的风险 • 与其他雇主交流危险和风险信息，包括相邻建筑物的雇主、其他场所居住人和进入建筑物的所有分包商 • 按照上述内容起草或修订安全政策 • 识别面临特别风险的雇员（其他法律引述为怀孕妇女、年轻工人、倒班工人和兼职工人） • 提供最新的和适当的安全事宜培训 • 向雇员（包括临时工）提供健康与安全方面的信息 • 雇佣有能力的安全和健康顾问
《健康和安全（与雇员的协商）规定 1996》	
	• 在健康和安全事宜上与所有雇员进行协商（例如健康和安全培训的规划、可能影响职业健康和安全的设备或程序的改变、引进的新技术对健康和安全的影响）

第四节　就 业 权 益

工作时间、间歇和假期的权利

4.1　《工作时间条例》要求，不得要求工人每周平均工作 48 小时以上（在 17 周的期间内计算的平均值），除非工人自愿书面同意。

4.2 对于年轻工人（年龄在 15～18 岁之间），该条例要求，不能让他们每周工作 40 小时以上或者每天工作超过 8 个小时。这些限制适用于每一天、每一周，也就是说，它们不能用长期内的平均值进行计算。该条例也存在有限的例外。

4.3 成年工人有权利在七天的一个周期中休息 24 个小时，同时，如果他们工作日长于 6 个小时，那他们有权利获得一次不少于 20 分钟的不间断休息间歇。年轻工人有权利在七天的一个周期中休息两天时间，同时，如果他们工作日长于 4.5 个小时，那他们有权利获得一次不少于 30 分钟的休息。

4.4 所有工人有权获得带薪休假（节日），从他们开始工作之日算起，每工作一个月可以享受全年带薪假期的十二分之一。从 2009 年 4 月开始，英国的年度带薪休假时间是 28 天（在以前 20 天的水平上有所提高）。

产假的权利

4.5 育儿权益广泛而复杂，采购经理最好寻求专家的意见。

- **母亲权益**包括不被歧视的权利，或者不因怀孕或生产被解雇的权利；法定产假的权利（英国为 52 周，其中带薪的时间可达 39 周）；休完产假回去工作的权利；法定产假工资（SMP）的权利，以及预产期看护假期。
- **父亲权益**包括：法定产假（两周）；以及产假工资。
- 对于**收养小孩的父母**（在收养机构找到适合他们的小孩之前，只要他们已经连续为目前的雇主工作 26 周以上）可以利用法定收养假期（52 周）。

灵活的工作安排

4.6 任何人都可以要求其雇主提供灵活的工作安排，不过法律（《就业法案 2002》；《工作与家庭法案 2007》）为一些雇员提供了法定权利，在以下情况下可以提出这样的要求：

- 如果他们已经为雇主连续工作达 26 周并且在最近 12 个月内没有提出相同的请求，并且
- 如果他们对 7 岁以下儿童或者 18 岁以下残疾儿童（正在接受残疾生活补助）具有或预料会有监护责任。
- 如果他们是成年配偶、伙伴、近亲或同居者的护理者。

4.7 这种请求必须是书面形式的，要写清工作小时、工作时间和工作地点（例如某些时间在家工作），并且可能包括不同工作模式的请求（例如倒班）。

4.8 法律规定，雇主必须“认真地考虑”申请，并且只有当存在合法的商业、经济或技术理由允许雇主不得不拒绝的时候，雇主才能拒绝申请。（这项权利是指请求灵活工作安排——不是得到它。）

《就业法案 2002》

4.9 《就业法案 2002》（以及随后的修正案，包括《争端解决条例 2004》）涉及范围很广，覆盖了与经理人相关的许多问题。其中的主要规定如表 11-3 所示。

表 11-3 《就业法案 2002》

对工作父母的支持（使企业保持他们的技能）	• 有工作的父母和监护人要求灵活工作安排和要求得到“认真考虑”的权利 • 父亲和养父母享有带薪的产假、收养假的新权利，与提高的母亲带薪产假权利一样
工作场合的争端解决	• 鼓励对工作场合争端的内部解决，通过引进最少的内部惩罚和申诉程序，鼓励雇员在诉诸劳资审裁处之前跟他们的雇主提出不满 • 要求提供有关书面就业细节中包括的纪律和申诉程序的信息 • 改变不公平解雇的判定方法，这样如果解雇方式是公平的，雇主在程序上的小小缺点就不会受到惩罚 • 提请更有效的劳资审裁服务
固定期限工人（支持灵活工作安排）	• 固定期限雇员有权利获得与为同一雇主工作的类似的长期雇员至少相同报酬和条件，除非雇主能够证明不同待遇的合理性 • 对使用连续的固定期限合同（即实际上的长期工作）有所限制

11

《雇佣关系法案 2004》

4.10 《雇佣关系法案 2004》在 2004 年 10 月和 2005 年之间按阶段生效。它是另一个关于集体劳动法和工会权利方面涉及内容广泛的法律（修订了《就业权益法案 1999》：它提醒了人们，法律在不断地经受检查和更新），包括：

- 改进法定工会认可程序的措施：澄清劳资谈判协议的“主题”；促进工会和工人之间的早期沟通；在认可或不认可投票期间保护工人免受威胁。
- 对于采取正式的、合法组织的罢工的雇员，加强保护其免遭解雇。
- 改善某些个人就业权利的措施（例如，澄清申诉和纪律听证中“同伴”的作用）。

第五节　就 业 保 护

雇佣关系的终止

5.1 雇佣关系的终止没有在本课程的教学大纲中明确提到。事实上，它毫无疑问应该放在“人事聘用的法规内容”的标题下加以讨论，同时，它是人力资源管理的一个重要议题，因为 HR 计划可能要求为了解决人力短缺而进行招聘，也可能要裁减多余的人力。

5.2 通过辞职、固定期限合同结束或退休，雇员可能会自愿地或根据协议离开组织。可是，如果要求他们离职，则需要保护他们的权利和生计，使他们免遭雇主的不公正待遇或剥削。这也是就业保护法律适用的领域。主要的法律规定覆盖了解雇和裁员。

5.3 **解雇**（Dismissal）是雇主在通知或没有通知的情况下终止雇员合同，包括固定期限合同终止时不再以相同的条款续订。如果雇主终止聘用合同时进行了通知，那么通知期一定不能少于法定最低时间期限或者聘用合同规定的期限。

5.4 在很少的几种情况下可以合法地不做通知地进行“即决的”或立即的解雇。保护雇员不被“不公正的”解雇的法律要求，即决的解雇限于严重违反合同的情形，例如恶劣的胡作非为（偷窃、暴力、公开拒绝遵守合理的命令、使其他员工遭受危险），或者严重渎职、违背信托或影响组织业务的利益冲突。即使那样，雇主有义务证明解雇是公正的。

5.5 在英国的习惯法框架下，如果雇员能够证明他们是在雇主违反合同的情况下被解雇的（例如，没有做到合同所要求的提前通知，或者“没有合理的原因或借口”）并且他们因此遭受了损失，那么他们有权对**错误解雇**提出索赔。雇员可以要求损害赔偿金，来补偿所遭受的损失：应被提前通知的权益的赔偿，固定期限合同规定的应得工资的补偿等等。在实际中，既然不公正的解雇有更广泛的补救办法，这种索赔是不常见的。

5.6 《就业权益法案 1996》规定（以及《雇佣关系法案 1999》的一些规定），不到正常退休年龄并且已经连续被雇佣满一年的所有雇员，不论兼职还是全职，都拥有不被不公正解雇的法定权利。

5.7 为了证明解雇是公正的，雇主可以提出五种基本的理由。

- 缺乏完成工作所需的能力或资质（如果已经提供了足够的培训和警告）。
- 行为不端（如果已经对违反的情况做出合适的警告）。
- 裁员（如果所采用的选拔方法是公正的）。
- 法律障碍：雇员不违反法律义务或限制就不可能继续职位中的工作。

- 其他一些“实质性”原因，例如与竞争者结婚，或者拒绝接受为了企业利益和得到其他雇员同意的重组。

5.8 如果给出的解雇原因是如下几种，那么解雇自动地被视为不公正的：

- 不公正的裁员选拔。
- 实际的或被推荐的工会或工会活动的成员身份。
- 按照《事业转移（就业保护）条例》即 TUPE 的规定，进行事业转移（除非存在 ETO 原因，即经济的、技术的或组织上的原因）。
- 怀孕，除非有理由证明雇员无法胜任她的工作。
- 为避免职业安全和健康危险或者为了加强法定就业权利（例如平等报酬）所采取的措施。
- 根据《就业权益法案 1999》规定，在争端的前八周期间内的罢工。
- 根据《公众利益披露法案 1998》规定，泄露了那些该雇员相信可以揭露玩忽职守、不公正或职业健康和安全危险的信息。

5.9 为了对不公正解雇提出索赔，雇员必须证明他是一位合格的雇员，却实际已被解雇。然后雇主有义务陈述解雇的主要理由，证明理由的合理性，并且证明曾经给过正式的警告、提供了培训、开展了应有的调查并保存了有关记录，遵守了公正的解雇程序（具有上诉的权利等）——尽管《就业法案 2002》对一些程序要求有所放松。

5.10 受理不公正解雇申诉的劳资审裁处可能会命令采取各种的补救措施，包括复原（让雇员返回他原来的岗位）、再就业（为雇员提供与他原来岗位相当的工作）和赔偿：基本赔偿金（Basic award），按照与裁员工资相同的级别计算；针对任何额外损失（收入、津贴）的补偿性赔偿金（Compensatory award）；惩罚性的额外赔偿金（Additional award），例如雇主不合理地不遵守复原或再就业的命令。《雇佣关系法案 1999》对不公正解雇赔偿金提高了最高限度，对于被当作“告密者”而解雇的雇员，应该在赔偿方面没有限制。

裁员

5.11 在英国，裁员定义为以下条件下的解雇：

- 雇主终止了业务。
- 雇主终止了雇员得以聘用的领域的业务。
- 雇员执行某种工作的业务要求终止或消失，或者预期会终止、消失。
- 出于“与所涉及的个人无关的”原因。

5.12 裁掉的雇员有权利以遣散费（Redundancy pay）的形式获得补偿，用于补偿就业保障损失并且鼓励他们在不损害雇员关系的情况下接受裁员。可是，如果他们到了或超过领取养老金的年龄，或者如果雇主为他们提供了另一份“合适”的职业但他们“不合理地”拒绝了，那么被裁掉的雇员就没有资格领取补偿。

5.13 单从人道主义观点来看，很明显，与雇员或他们的代表协商并对即将到来的裁员给予警告是可取的。除此之外，雇主具有法定义务，与任何独立的及被雇主认可的工会进行关于劳资谈判的协商。如果没有这种工会，雇主必须邀请（并且必要时，进行培训并做出相应安排）经过选举的雇员代表听取信息。

5.14 协商必须在“第一时机”进行，限定在任何一个企业第一次解雇 100 个以上雇员之前至少提前 90 天，或者第一次解雇 10~99 名雇员之前 30 天。它必须包括解雇理由、雇佣数量和解雇数量、解雇实施期限。它不仅必须覆盖到即将被解雇的人，还要覆盖到那些受解雇影响的人——例如，那些不得不承担额外工作的人员。

5.15 被裁员的雇员享有更进一步的权利，享受“合理”的带薪假期，以便寻找另一个工作或者安排培训，在协商的试用期内接受雇主提供的另一份工作并且在试用期末拒绝那项工作（如果不合适的话）且不影响其遣散费。

5.16 在裁员选拔方面有许多不同的方法，例如“后进先出法”（新入职的人在老职工之前被裁掉，尽管这会对年龄小的群体形成歧视），根据业绩留人（按照绩效或增值标准），执行提前退休，或者寻求志愿者。每个方法对雇员士气和组织效益均会产生不同的影响；而且不论采用何种方法，应该保持（或者被认为是）严格公正。

5.17 可能的话，组织应当提前对程序和利益包计划好（作为一项应急措施），而不是在削减经费和充满敌意的氛围中采取被动的措施。许多大型组织提供裁员服务和超过法定最低要求的很好的福利，如提供咨询、提前通知期、合同期、辅导服务、求职帮助、新职介绍培训等方面的裁员服务——甚至让员工去咨询那些经常经受规模缩小带来创伤的“幸存者”。

《事业转移（就业保护）条例 2006》

5.18 《事业转移（就业保护）条例 2006》（1981 年条例的修订版）于 2006 年 4 月实施，旨在保护雇员在下列情况中就业保护、条款和条件的权利。

- 当一个企业或其中一部分转移到一个新的雇主（与原来条例所规定的一样）。
- 当发生“服务提供发生变化”的时候。这是 1981 年条例的重要改变，包括服务外包、内包或客户决定从一个分包商重新分配给另一个分包商。

5.19 该条例要求，聘用的雇员在企业被转移或者转手时，在同等的条件下，自动成为新雇主的雇员。

5.20 新雇主必须接手所有雇员的聘用合同：他们不能挑挑拣拣。他们不能因为企业转移解雇雇员，除非存在合理的 ETO 原因（经济的、技术的或组织上的原因）必须改变劳动力：在这种情况下，解雇会被定义为裁员，适用通常的权利和程序。否则，解雇会被劳资审裁处认为不公正。

5.21 新雇主承担聘用合同产生的所有权利和义务，除了针对老年人和无效力的一些规定。他们也必须接手代表雇员利益的劳资协议，这些协议在转移之前就已经生效。

5.22 任何受到该转移影响的雇员的代表（例如他们承认的工会）都有权利收到关于该转移的通知，并且就有关这些雇员的任何提议的措施展开协商。另外，修订的《条例》要求原来的雇主有义务向新雇主提供被调动劳动力方面的信息，这称为“雇员责任信息”。

5.23 请注意，这是更广泛的就业权利和保护法律体系的组成部分。解雇、裁员和工会协商都是复杂的事情，都超出了本课程的范围。如果有疑问，采购经理在采取任何措施之前应当咨询组织的 HR 或法律部门。

本 章 小 结

- 影响采购与供应工作的就业法律和法规有很多。
- 法规的一个重要领域是有关平等机会的。这一概念是指人人都有平等享受就业权益的机会。
- 雇员和雇主在职业健康和安全方面都负有明确的责任。
- 法律和规章所涵盖的其他职业权利包括工作时间、母亲和父亲的权利和灵活的工作安排。
- 在有关解雇、裁员和事业转移的法规中包括了保持就业的权利。

自测题

括号内数字为参考答案所在段落。

1. 请列出法律对就业和平等机会的积极影响。（1.6）
2. 请说出各种在英国违法的歧视类型。（2.5）
3. 为了执行公平政策需要采取哪些一般措施？（2.16）
4. 列出英国法律背景下员工在职业健康和安全上所承担的义务。（表 11-2）
5. 裁员是什么意思？（5.11）

中英合作采购与供应管理职业资格证书考试（高级）
采购与供应中的管理（课程代码：12373）
样卷

本试卷共 100 分。考试时间为 180 分钟。

KT 公司

背景介绍

KT 公司是一家为三个月至四岁儿童提供托管服务的全国性私有企业。从 1975 年一家托儿所起步，KT 公司目前在全国拥有 200 个服务网点，已经发展成为儿童托管行业最著名的品牌之一。公司的年营业额达到 6 500 万美元，员工约 2 500 人，公司总部设有一个集中化的采购部门。

公司总部任命了采购经理，负责在整个公司范围内节省开支，尤其是关注诸如制服、维护、员工、电脑系统与设备、培训、餐饮服务、游乐场设备等关键支出领域。采购经理已经招募了新团队成员。

新采购团队

新采购专员布莱恩经验丰富、资历深厚，过去十年里服务过公共部门，也效力过私营企业。他需要快速消化公司内部有关采购的相关信息。布莱恩习惯于独立工作，以前的同事对他的评价是“专业、沉稳、但不善与人交往”。

艾莉森和穆罕默德是两位新任的采购助理。穆罕默德满怀热忱，刚大学毕业就应聘了采购助理的工作岗位。他渴望给人留下好的印象，但缺乏工作经验，尽管大学期间他曾在本地快餐店打过工。穆罕默德已经开始享受在 KT 的工作，并且和他的新同事艾莉森成为了好朋友。但他发现很难了解布莱恩，因为两人几乎没有共同之处。

艾莉森也是刚从学校毕业就走向这个工作岗位的。她在学校成绩不错，但一直希望能自己赚钱，并在工作的同时获得专业资格证书。艾莉森性格外向，在工作和生活中直来直往。她工作努力，领悟力强，天性勤学好问，但这却导致了与布莱恩之间的问题，因为布莱恩只喜欢关注自己的工作。

采购经理的角色

首席执行官要求采购经理花些时间对业务进行全盘考虑，以帮助制定明年将重新编撰的企业规划。

首席执行官要求采购团队关注于 KT 整个公司采购的流程标准化。目前，公司还没有诸如采购订单、请购单之类的正式表单，每个服务网点可自行决定什么人可以采购什么物品，规格开发通常是临时安排的，IT 系统则主要关注于采购之外的职能。

采购经理被要求就高开销物品和服务形成全国性的采购协议。KT 整个公司目前向大约 3 000 家供应商采购各种不同的产品和服务。由于现阶段没采用服务水平协议，各网点之间的采购绩效和质量差别很大。

（本案例纯属虚构，仅作考试用途。如有雷同，纯属巧合。）

请结合案例信息，回答第一至四题。

一、本题包括第 1 小题，共计 25 分。

1. 运用适当理论，论述 KT 公司采购经理需要遵循的管理过程，以实现团队最佳成效。（25 分）

二、本题包括第 2 小题，共计 25 分。

2. 运用适当理论，阐述 KT 公司采购经理可用来处理团队现有问题并发挥

新团队最大优势的主要激励方法。（25 分）

三、本题包括第 3、4 小题，共计 25 分。

3．运用适当理论，指出 KT 公司采购团队目前所处的团队建设阶段并说明理由。（10 分）

4．论述采购经理要将新员工组建成有效团队可以采取的措施。（15 分）

四、本题包括第 5、6 小题，共计 25 分。

假设几个月后，由于采购团队内部冲突，布莱恩决定离开 KT，创建自己的咨询公司。

为找到合适人员来填补布莱恩职位空缺，需进行招聘。

5．请提出并论证一个恰当的招聘选拔方案。（15 分）

6．解释成功的招聘选拔方案可能带来的好处。（10 分）

中英合作采购与供应管理职业资格证书考试（高级）
采购与供应中的管理（课程代码：12373）
样卷参考答案要点

一、本题包括第1小题。

1. 答案可能包括：

- 管理的基本概念，为什么KT采购部门的有效管理如此重要。
- 管理相关著名理论，诸如：
  - 阿姆斯特朗的理论。
  - 管理标准中心的理论。
  - 布雷克的理论。
  - 马林斯的理论。
  - 法约尔的理论。
  - 德鲁克的理论。
  - 明兹伯格的理论。
- 结合案例，探讨采购经理在管理过程中可能采取的步骤或阶段，诸如：
  - 通过“人”把工作完成。
  - 结合KT的企业规划和战略，确定方向。
  - 计划：确定目标或期望的结果，规划实现目标的行动路线（战略、政策、流程等）。
  - 解决问题，包括解决团队内部冲突。
  - 决策。

- 组织员工。
- 协调：确保所有员工都为团队目标贡献力量。
- 控制，例如监管预算。
- 满足员工的需要，例如提供合适的培训和发展机会。
- 在 KT 创建有利的工作环境。
- 在 KT 实现目标。
- 指挥员工。
- 激励员工。
- 科技促成：在 KT 的 IT 系统中集成采购职能。
- 与内外部利益相关者进行沟通。

二、本题包括第 2 小题。

2. 答案可能包括：

- 激励的基本定义，为什么激励对 KT 很重要。
- 激励的相关理论，诸如：
  - 马斯洛的需求层次理论。
  - 赫兹伯格的双因素理论。
  - 麦格雷戈的 X 理论和 Y 理论。
  - 奥尔德弗的 ERG 理论。
  - 麦克利兰的激励理论。
  - 弗鲁姆的期望理论。
  - 波特和劳勒的期望模型。
  - 亚当斯的公平理论。
  - 洛克的目标设定理论。
  - 其他合理的理论。

- 结合案例，讨论在KT激励采购团队需要考虑的因素，诸如：
  - 工资。
  - 奖励。
  - 个人发展。
  - 工作环境。
  - 清晰指令。
  - 工作：对于个人而言是否具有足够的挑战性和兴趣？可以通过工作丰富化、工作扩展和岗位轮换等方式改变工作内容。
  - 员工授权。
  - 冲突处理。
  - 提供合适的机会（如升职、更多的责任）。

三、本题包括第3、4小题。

3. 答案可能包括：

- 列举可用于识别KT采购团队建设阶段的关键因素，诸如：
  - 新员工的招聘。
  - 不同的经历。
  - 冲突。
  - 代沟。
  - 不同的个性。
  - 没有近期成功的迹象。
- 引用塔克曼和延森的团组建设理论，主要建设阶段包括：
  - 形成期。
  - 震荡期。
  - 规范期。

  - 执行期。
  - 调整期。
  - 悲痛期或解散期。
- 结合案例与相关建设阶段的典型特征，判断 KT 采购团队目前处于形成期或震荡期。
  - 形成期：适应、良好表现、认识其他团队成员、发现团队成员的喜憎。
  - 震荡期：抱团争斗、争夺权力、厘清角色分工、调查团队成员的优劣势。

4. 答案可能包括：
- 有效团队的定义。
- 结合案例及可能相关的理论（如塔克曼和延森的团组建设理论、马斯洛的需求层次理论、贝尔宾的团队角色理论等），为采购经理提供行动建议，诸如：
  - 采用合适的领导风格。
  - 尝试了解团队成员。
  - 多种方式的沟通，如一对一面谈、简报、讨论工作表现、电子邮件、会议等。
  - 以身作则。
  - 设立愿景，厘清与企业规划相一致的团队目标。
  - 展示冲突解决技巧。
  - 安排社交活动。
  - 提供成长机会。
  - 必要时介入工作。

- 开诚布公地工作。
- 公开表扬，私下批评。
- 影响工作环境——开放式办公室。
- 其他合理的因素。

四、本题包括第 5、6 小题。

5. 答案可能包括：

- 招聘选拔的定义，或招聘选拔对组织的重要性。
- 讨论合适的招聘选拔方案可能包括的步骤：
  - （最好在布莱恩的帮助下）更新职位描述和用人要求。
  - 与团队成员讨论他们的需要和期望。
  - 发布招聘广告。
  - 确定面试名单。
  - 面试候选人（用恰当的问题，确保聘用人员具有团队合作精神）。
  - 选择最合适的候选人。
  - 对雇佣合同的条款和条件取得一致意见。
- 亦可讨论合适的招聘选拔方案应考虑的因素，诸如：
  - 在招聘过程中使用适当的 IT 软件。
  - 遵循合理雇佣和机会平等的法律原则。

6. 答案可能包括：

- 结合案例，解释成功的招聘选拔方案可能带来的好处，诸如：
  - 更平衡的团队。
  - 更好的绩效。
  - 减少冲突。
  - 愉快的工作环境。

  - 协同。
  - 节约。
  - 稳定的团队（减少员工流动）。
  - 经理可以在员工事务方面花费更少的时间，从而在其他方面投入更多精力。
  - 与供应商和其他职能部门改善关系。
  - 更好的企业声誉。
  - 其他合理的好处。
- 亦可讨论招聘选拔方案可能带来的负面影响，诸如：
  - 选拔招聘的成本。
  - 新员工加入后，团队内其他成员工作量的分配。
  - 招聘过程花费的时间。
  - 选拔招聘过程中需要参与的各类人员。

机工经管读者俱乐部反馈卡

完整填写本反馈卡将可以参加幸运抽奖

每月我们将会抽出 10 位幸运读者，免费赠送当月新书一本

加入俱乐部，将会收到我们定期发送的新书信息

获奖名单将公布在 http://www.Golden-book.com 及

http://www.cmpbook.com 上

个人资料

姓名：________________　　性别：□男　□女　年龄：__________

E-mail：_______________　　联系电话：_________________

传真：________________　　手机：_____________________

就职单位及部门：_____________________________　职务：______________

通讯地址：___________________________________　邮政编码：__________

单位情况

单位类型：

□国有企业　□私营企业　□政府机构　□股份制企业

□外资企业（含合资）　□集体所有制企业

□其他（请写出）____________________

单位所属行业：

□食品/饮料/酿酒　□批发/零售/餐饮　□旅游/娱乐/饭店

□政府机构　□制造业　□公用事业

□金融/证券/保险　□农业　□多元化企业

□信息/互联网服务　□房地产/建筑业　□咨询业

□电子/通讯/邮电　□其他（请写出）______________________

单位规模：

□500 人以下　□500—1000 人　□1000—2000 人　□2000 人以上

关于书籍

1. 您购买的图书书名：____________________ ISBN：_____________
2. 您是通过何种渠道了解到本书的？
   □报刊杂志 □电视台电台 □书店 □别人推荐 □其他________
3. 您对本书的评价

内容	□好	□一般	□较差
编排	□易于阅读	□一般	□不好阅读
封面	□好	□一般	□较差

4. 您在何处购买的本书
   □书店 □网络 □机场 □超市 □其他__________
5. 您所关注的图书领域是：
   □投资理财 □人力资源 □销售/营销 □财务会计
   □管理学与实务 □其他______
6. 您愿意以何种方式获得我们相关图书的信息？
   □电子邮件 □传真 □书目 □试读本
7. 如果您希望我们发送新书信息给您公司的负责人，请注明所推荐人的：
   姓名___________ 职务___________ 电话______________
   地址____________________________ 邮件______________

感谢合作！请确认我们的联系方式

联系人：董琛

地址：北京市西城区百万庄大街22号机械工业出版社经管分社

邮编：100037

电话：010-88379081

传真：010-68311604

电子邮箱：cmpdong@163.com

登记表电子版下载请登录：

http://www.golden-book.com/clubcard.asp 或 http://www.golden-book.com

敬请惠赐名片，谢谢！